Marburger Beiträge
zur Kirchlichen Zeitgeschichte

Band 1

Marburger Beiträge
zur Kirchlichen Zeitgeschichte

Band 1

*Vom Ertrag
der neueren Kirchengeschichte für
Kirche und Gesellschaft*

Symposion zum 70. Geburtstag von
Martin Greschat

Herausgegeben von

Jochen-Christoph Kaiser

Tectum Verlag

In Verbindung mit Rolf-Ulrich Kunze, Thomas K. Kuhn
und Roland Löffler

Herausgegeben von Jochen-Christoph Kaiser

Vom Ertrag der neueren Kirchengeschichte für Kirche und Gesellschaft.
Symposion zum 70. Geburtstag von Martin Greschat
Marburger Beiträge zur Kirchlichen Zeitgeschichte; Band 1
ISBN: 978-3-8288-9765-6
ISSN: 1867-7592
© Tectum Verlag Marburg, 2008

Besuchen Sie uns im Internet
www.tectum-verlag.de

Bibliografische Informationen der Deutschen Nationalbibliothek
Die Deutsche Nationalbibliothek verzeichnet diese Publikation in der
Deutschen Nationalbibliografie; detaillierte bibliografische Angaben
sind im Internet über http://dnb.ddb.de abrufbar.

Inhaltsverzeichnis

Einleitung 7

Thomas Kaufmann
Die Relevanz der Reformation und das Relevanzdilemma
der Reformationshistoriographie – Ein Räsonnement . . 17

Hartmut Lehmann
Die Bedeutung des Pietismus für die neueste
Kirchengeschichte im internationalen Kontext 43

Jochen-Christoph Kaiser
Christentum und Kirchen angesichts der Totalitarismen
des 20. Jahrhunderts 59

Thomas K. Kuhn
Kirchen ohne Bekenntnis – Der schweizerische
theologische Freisinn und seine Folgen 85

Norbert Friedrich
Walter Elliger als Kirchenhistoriker in drei politischen
Systemen 105

Ellen Ueberschär
Die Einführung der Jugendweihe – Zähes Ringen im
Staat-Kirche-Konflikt 1954 bis 1958 121

Katharina Kunter
Für Menschenrechte und Demokratie – Protestanten und
die tschechische Bürgerrechtsbewegung Charta 141

Olgierd Kiec
„Wir sind keine Fremden und Einwanderer"
Die Minderheitenkirchen in Polen im 20. Jahrhundert . . 167

Rolf-Ulrich Kunze
„Ungleiche Nachbarn" – Der niederländische Blick auf
den deutschen Protestantismus nach 1945 und die
Modernisierungsgeschichte 189

Roland Löffler
Christliche Zionisten, pro-arabische Aktivisten und
neutrale Vermittler. Reaktionen britischer Anglikaner
und deutscher Protestanten auf den Palästina-Konflikt
1917–1939 213

Martin Greschat
Anmerkungen zur Standortbestimmung der Kirchlichen
Zeitgeschichte 263

Die Autorinnen und Autoren 283

Personenregister 285

Einleitung

Die Kirchengeschichte gehört im deutschsprachigen wissenschaftlichen Fächerkanon traditionell zur Theologie; sie ist eng verbunden mit der Allgemeingeschichte an den philosophischen Fakultäten. Seit sich in der Aufklärung historisches Denken und Nachfragen aus seiner alten Funktion als ‚magistra vitae' herauslöste und sich mit Formierung der historisch-kritischen Methode als eigenständige wissenschaftliche Disziplin etablierte, haben Kirchen- und Allgemeingeschichte lange einvernehmlich ihre jeweiligen Forschungsfelder bearbeitet und sich wohl in ihrem Gegenstand und ihrer jeweiligen Spezialkompetenz, nicht aber in ihrer gemeinsamen methodologischen Verbundenheit von einander unterschieden. Beide wussten sich dem Historismus als alle (geisteswissenschaftlichen) Bereiche des 19. Jahrhunderts umfassendes geschichtliches Leitbild verpflichtet, beide respektierten einander und nahmen sich mit ihren Ergebnissen gegenseitig zur Kenntnis.

Dieses produktive Miteinander wandelte sich nach 1945 allmählich: Jetzt rückte die Kirchengeschichte aus noch anzudeutenden Gründen näher an die theologischen Disziplinen heran, während die Allgemeingeschichte sozialwissenschaftliche Fragestellungen mit einbezog und in Anlehnung an quantitative Fragestellungen neue methodische Standards entwickelte, welche die Kirchengeschichte lange Zeit nicht übernahm. Die beginnende Distanzierung erfolgte von beiden Seiten. Hatte die Kirchengeschichte schon nach 1918 die ‚antihistoristische Revolution'[1] in den geisteswissen-

---

[1] Kurt Nowak, „Die antihistoristische Revolution. Symptome und Folgen der Krise historischer Weltorientierung nach dem Ersten Weltkrieg in Deutschland", in: Horst Renz/Friedrich Wilhelm Graf, Hgg., *Umstrittene Moderne. Die Zukunft der Neuzeit im Urteil der Epoche Ernst Troeltschs*, Gütersloh 1987, 133–171.

schaftlichen *und* theologischen Fächern nicht nachvollzogen, setzte sich dieser Abgrenzungsprozess unter dem Einfluss der Dialektischen Theologie nach 1945 fort: Die Kirchengeschichte rückte von der Mitte an den Rand der theologischen Wissenschaften, wie das Diktum Karls Barths, der ihr nur noch den Status einer ‚Hilfswissenschaft' zubilligen wollte, eindrucksvoll belegt. Auch Gerhard Ebelings epochemachende Tübinger Probevorlesung von 1947 änderte daran wenig, zumal er in missverständlicher Weise der Kirchengeschichte die Aufgabe zuwies, Heilsgeschichte in Form der *Geschichte der Auslegung der Heiligen Schrift* zu ihrem Thema zu machen.[2] Umgekehrt begann nach dem Paradigmenwechsel der Allgemeingeschichte seit den 1960er Jahren – weg von der herkömmlichen Politik- und Ideengeschichte hin zur Sozial- und Gesellschaftsgeschichte – eine zunehmende Distanzierung der allgemeinen Historiographie von religiös-konfessionellen Fragen, für die hier kein Raum mehr schien: Max Webers These von der ‚Entzauberung der Welt' ließ aus dieser Sicht Christentum, Konfessionen und Kirchen zu einer Residualkategorie werden, mit der sich – anders als Alte Geschichte, Mediävistik und Frühe Neuzeit – Historiographie im Zeitalter der Moderne nicht mehr zu beschäftigen brauchte.

Wenn die Dimensionen des Religiösen gleichwohl heute noch immer präsent sind, ist das *auch* dem Umstand zu verdanken, dass einige Kirchen- und Allgemeinhistoriker – unter ihnen Martin Greschat mit an vorderster Stelle – diesen als künstlich betrachteten Hiatus zwischen ihren Disziplinen nicht hinzunehmen bereit waren. Die einen wollten der Allgemeingeschichte die Horizonte religiöser

---

2 Gerhard Ebeling, *Kirchengeschichte als Geschichte der Auslegung der Heiligen Schrift*, Tübingen 1947. – Die von Ebeling anvisierte Gratwanderung einer Kirchengeschichte als Teil und Zweigdisziplin der Geschichtswissenschaft auf der einen und als genuin theologischer Disziplin auf der anderen Seite sollte eine Antwort auf die Herausforderung durch die Dialektische Theologie sein, die nach 1945 die theologischen Fakultäten dominierte. Er selbst ist den von ihm vorgeschlagenen Weg jedoch nicht gegangen, sondern wechselte von der Kirchengeschichte zur Systematischen Theologie.

Sinnstiftung und Reflexion als Kontinuum menschlicher Existenz wieder neu eröffnen, nicht zuletzt auch deshalb, weil bestimmte Spielarten der Sozial- und Gesellschaftsgeschichte Gefahr liefen, nicht nur das Individuum, sondern auch seine kulturelle Lebenswelt aus dem Blick zu verlieren. Die anderen erwarteten von dem Aufbrechen eines weithin hermetisch bleibenden kirchengeschichtlich-theologischen Binnendiskurses durch Einbeziehung der gesamtgesellschaftlichen Rahmenbedingungen religiöser Aussagen eine neue Sicht des religiös-kirchlichen Wirkungsspektrums. Gerade im 20. Jahrhundert nach der zunächst schmerzlich empfundenen Trennung von Kirche und Staat und erst recht nach den Erfahrungen des Dritten Reiches mit der von der Bekennenden Kirche entwickelten Theorie des politisch-gesellschaftlichen ‚Wächteramtes' schien es hohe Zeit, Kirchengeschichte wieder als Ensemble theologischer, anthropologischer, politischer und sozialer Kontexte zu begreifen. Es sieht so aus, als ob dieser gegenseitige Annäherungsprozess, der sich speziell auf die Kirchen- und Allgemeingeschichte des 19. und 20. Jahrhunderts bezieht, heute in vollem Gange ist, während die Behandlung früherer Epochen, vor allem der Reformationszeit, die alten Gemeinsamkeiten weitgehend bewahrt hat.

Dabei dürften die schon erwähnten kulturgeschichtlichen Defizite der Sozial- und Gesellschaftsgeschichte eine wichtige Rolle gespielt haben. Die neuere Kirchengeschichte, vor allem die Kirchliche Zeitgeschichte als ihre jüngste Zweigdisziplin, erkannte ihrerseits, dass die theologiegeschichtlichen, resp. -politischen Debatten um den jeweils ‚richtigen' Kurs in der Zeit des Nationalsozialismus ohne Erweiterung des methodischen Spektrums und flankierender neuer Fragestellungen nicht weiterführen würde. Das primär ideengeschichtlich konstruierte Schwarz-Weiß-Raster von ‚guten' Anhängern der Bekennenden Kirche und ihrem ‚bösen' Widerpart, den Deutschen Christen, ließ sich schon in den 1970er Jahren so nicht aufrecht erhalten. Weder gehörten *die* Mitglieder der Bekennenden Kirche gleichzeitig auch zur *politischen* Opposition, noch verfälschten *alle* Deutschen Christen sämtlich das Evangelium durch völkische Sentenzen und waren zugleich unkritische Anhänger der NSDAP bis zum bitteren Ende. Erst die Übernahme sozial- und mentalitätsgeschichtlicher Kategorien ermöglichte jenseits persönlicher Prägungen, d.h. Sympathien oder Aversionen, einen vergleichsweise ergebnisoffenen Zugriff auf die jüngste Vergangenheit, ohne genuin theologische Konfliktzonen aus dem Blick zu verlieren.

Auf dem Hintergrund obiger Skizze versteht sich das Thema des Symposions. Es möchte mit drei Überblicksvorträgen und einer Reihe von Fallbeispielen die Entwicklung der Neueren Kirchengeschichte unter besonderer Berücksichtigung der Kirchlichen Zeitgeschichte in den letzten Jahrzehnten nachzeichnen. Gerade letztere ist – wie Zeitgeschichte generell – eine Disziplin, die sich mitten im Meinungsstreit um eine Vergangenheit bewegt, die auch für uns Heutige ‚nicht vergehen will' (Ernst Nolte). Die Kultur, Sozial- und Politikgeschichte der alten Bundesrepublik wie der ehemaligen DDR sind vom Trauma der nationalsozialistischen Herrschaft und ihren Folgen bis heute geprägt. Das trifft in gleicher Weise für die Kirchengeschichte der neuesten Zeit zu: Sie beschäftigt sich nicht mit längst abgeschlossen erscheinenden religiösen Lebenswelten, kirchlichen Strukturen, Vorfeldorganisationen oder theologischen Problemstellungen, die zwar für die Christentumsgeschichte nach wie vor von hoher Bedeutung sind, aber weithin kaum noch aktuellen Diskussionsbedarf auslösen. Kirchliche Zeitgeschichte ist im Gegenteil Bestandteil des innerkirchlichen und gesamtgesellschaftlichen Diskurses, ob es nun um theologische Debatten über neuheidnische Facetten des Volksnomos als theologischer Kategorie geht, um die Frage nach Mitschuld und -verantwortung der Kirchen, ihrer Führer und Mitglieder für die Ermöglichung des Nationalsozialismus oder ein zu enges Miteinander im Zeichen des Slogans ‚Kirche im Sozialismus' in der DDR. Kirchliche Zeitgeschichte als theologisch-historische Disziplin greift in besonderem Maße über den religions- und kirchenbezogenen Horizont christlicher Existenz hinaus und berührt damit den gesellschaftlichen Bereich. Es ist deshalb mehr als legitim, ja geboten, nach dem *Ertrag der neueren Kirchengeschichte für Kirche und Gesellschaft* zu fragen. In Übernahme des Bildes von der Ellipse mit den zwei Brennpunkten, das der verstorbene Tübinger Kirchenhistoriker Joachim Mehlhausen benutzte, könnte man formulieren, dass der Auftrag der Kirchlichen Zeitgeschichte sowohl auf *kirchliche* wie auch *gesamtgesellschaftliche* Mitverantwortung zielt. Wird eine der beiden Dimensionen ausgeblendet – so Mehlhausen – gerät Kirchliche Zeitgeschichte in ein binnenkirchliches Getto.[3]

Die ersten beiden Hauptvorträge, die mit Thomas Kaufmann/Göttingen und Hartmut Lehmann, Direktor em. des Göttinger MPI für Geschichte, zwei ausgewiesene Kenner der neueren Kirchen- und Allgemeingeschichte übernommen haben, schlagen einen weiten Bogen von den Wirkungen der Reformationsgeschichte zu jenen des Pietismus bis in unsere Zeit hinein. Der darauf folgende Beitrag über die Kirchen im Kontext der totalitären Systeme des 20. Jahrhunderts soll dann die Brücke bilden zu den Referaten der eingeladenen jüngeren Forscherinnen und Forscher, die zum Kreis der Schüler Martin Greschats zählen oder ihm auf andere Weise seit Jahren verbunden sind. Festgemacht werden ihre Fallstudien an dem neuerdings wieder problematisierten Begriffs eines ‚Widerstehens aus dem Glauben heraus':[4] Lässt sich jeweils zweifelsfrei erweisen, ob Christen in der Verfolgung unter Stalin und Hitler um ihres Glaubens willen starben oder – sofern sie politisch aktiv wurden – ihren Widerstand aus christlich-ethischer Gesinnung gegen diese Regimes leisteten? – Das starke Interesse, das beide Großkirchen an diesem Thema zeigen, wirft freilich die Frage

---

[3] Joachim Mehlhausen, „Zur Methode kirchlicher Zeitgeschichtsforschung", in: *EvTheol* 48. 1988, 508–521, hier 517.

[4] Zu denken ist an die Projekte beider Großkirchen über ‚Märtyrer im 20. Jahrhundert'. Vgl. Helmut Moll (Hg.), *Zeugen für Christus. Das deutsche Martyrologium des 20. Jahrhunderts*, 2 Bde., Paderborn u.a. ³2001. Eine Art paralleles protestantisches Projekt präsentiert der Sammelband von Harald Schultze/Andreas Kurschat unter Mitarbeit von Claudia Bendick (Hgg.), *Ihr Ende schaut an... Evangelische Märtyrer des 20. Jahrhunderts*, Leipzig 2006.

auf, welchen ideellen Gewinn sie sich von einem solchen Martyrologium erhoffen. Steht denn zu erwarten, dass die Vorbildfunktion einzelner Blutzeugen des Christentums in unserer Gegenwart angenommen wird und für Kirche und Gesellschaft etwas austrägt? Damit bewegen wir uns auf das schwierige Feld einer derzeit ebenfalls aktuellen Debatte: Es geht um den *Umgang mit Erinnerung* von Institutionen, Generationen und Individuen und damit in Verbindung stehende neue Aufgaben der kirchlich-zeitgeschichtlichen Forschung.[5]

Zeitgeschichtliches Wissen und kirchenleitendes Handeln sind nicht notwendig aufeinander bezogen: Erstes dient primär der Orientierung über Vergangenheit und macht bestenfalls sensibel für problematische aktuelle Entwicklungen. Auch wenn kirchenleitendes Handeln sich hin und wieder auf den historischen Erfahrungsfundus der jeweils eigenen Institution sowie in allgemeinerem Sinne der Gesamtgesellschaft stützt, zielt seine Aufgabe in erster Linie auf die Bewältigung gegenwartsbezogener Aufgaben und auf darüber hinausgreifende Überlegungen zur Gestaltung der Zukunft. Abgesehen von dem Faktum, dass die Kirchen selbst historisch gewordene Größen sind, deren religiöse Existenz davon abhängt, sich permanent des Zeugnisses der Jünger von Jesus Christus zu vergewissern (was in der sonntäglichen Predigt geschieht), hält die zweitausendjährige Christentumsgeschichte nicht nur heilsgeschichtliche Perspektiven bereit, sondern zielt gleichzeitig auch auf die Wirkungsgeschichte des christlichen Glaubens in dieser Welt, d.h. auf die jeweils wechselnden gesellschaftlichen Kontexte mit ihren Herausforderungen, in denen das Christentum lebt und sich bewähren muss. In allgemeiner Weise ist diese Aussage sicher unumstritten.

---

5 Kurt Nowak, „Die Konstruktion der Vergangenheit. Zur Verantwortung von Theologie und Kirche für den Gedächtnisort ‚1989'", in: ders./Leonore Siegele-Wenschkewitz (Hgg.), *Zehn Jahre danach. Die Verantwortung von Theologie und Kirche in der Gesellschaft (1989–1999)*, Leipzig 2000, 3–20. Ferner Jochen-Christoph Kaiser, „Forschungsaufgaben im Bereich der kirchlichen Zeitgeschichte nach 1945", in: *Mitteilungen der Ev. Arbeitsgemeinschaft für Kirchliche Zeitgeschichte* 20. 2002, 27–42.

Prekär kann es freilich werden, wenn es um Konkretionen geht. Ein wissenschaftliches Verständnis von Kirchengeschichte und Kirchlicher Zeitgeschichte wird sich dann immer wieder an den Realitäten des kirchlichen Alltags und Leitungshandelns reiben, vor allem dann, wenn bestimmte Vorgaben seitens der Organisationshierarchien im Hinblick auf die zu erinnernden Inhalte gemacht werden. Zwar besitzt Wissenschaft in demokratischen Systemen theoretisch und praktisch beachtliche Freiräume. Andererseits ist sie als Kirchengeschichte von religiösen Organisationsformen in mancherlei Hinsicht abhängig, was nicht nur für die (Mit-) Finanzierung einzelner Projekte gilt. Agnostisch inspirierte Fundamentalkritik an den Kernaussagen des Christentums wie an Theologie und Politik seiner Institutionen blieben in der Geschichte der akademisch-kirchlichen Historiographie daher die Ausnahme. Umgekehrt erscheint eine bei den ‚Praktikern' in den Kirchenleitungen gelegentlich zu beobachtende Geschichtsvergessenheit gleichfalls selten. Reibungen ergeben sich meistens dann, wenn geschichtliches Wissen wie neue Forschungsprojekte zur Legitimation kurzfristig wichtig werdender Kirchenpolitikziele instrumentalisiert werden. Wissenschaftlich verantwortete Kirchliche Zeitgeschichte und die Interessen der Kirchenleitungen sind dann nicht mehr kompatibel, – ein Thema, das auf dem Schlusspodium des Symposions diskutiert wurde.

Es galt, mit diesem Symposion einen Gelehrten zu ehren, der mit seinem Lebenswerk der neueren Kirchengeschichte in ihrer Breite von der Reformation bis in die jüngste Vergangenheit hinein, aber auch der Allgemeingeschichte wichtige Impulse vermittelt hat. Greschats Arbeiten setzen mit der klassischen Epoche der neueren Kirchengeschichte ein: dem Reformationszeitalter. Hier schrieb er seine Dissertation über Melanchthon[6], und auch seine Habilitationsschrift von 1971 war noch einem Thema der Frühen Neuzeit

---

6　*Melanchthon neben Luther. Studien zur Gestalt der Rechtfertigungslehre zwischen 1528 und 1537*, Witten 1965.

gewidmet.[7] Seitdem hat er sich über Arbeiten zum Pietismus bis in das 20. Jahrhundert gleichsam vorgearbeitet und gerade auf die letzte Epoche den Schwerpunkt seiner Forschertätigkeit der letzten zweieinhalb Jahrzehnte gelegt. Zusammen mit dem Ende 2001 verstorbenen Leipziger Kirchenhistoriker Kurt Nowak, dem Tübinger Allgemeinhistoriker Anselm Doering-Manteuffel und dem Herausgeber dieses Bandes gründete Martin Greschat 1988 die Reihe ‚Konfession und Gesellschaft',[8] in der bis Mitte 2008 41 Bände erschienen sind; zahlreiche weitere Bände befinden sich in Vorbereitung.

2003 haben Martin Greschat und der Herausgeber gemeinsam mit jüngeren Forscherinnen und Forschern, teilweise aus dem gemeinsamen Schülerkreis, den ‚Arbeitskreis Protestantismusforschung' ins Leben gerufen, der in Form eines lockeren Netzwerks all jene sammeln will, die sich mit Religion, Christentum und Kultur im zeitgeschichtlichen Kontext beschäftigten (www.AKPF.de). Die inzwischen durchgeführten vier Jahrestagungen in der Ev. Akademie Thüringen (Neudietendorf) bestätigten das Bedürfnis nach einer derartigen Einrichtung.

Mit seiner publizistischen Arbeit und seiner langjährigen Lehrtätigkeit an den Universitäten Münster und Gießen prägte Martin Greschat eine ganze Generation jüngerer Forscherinnen und Forscher. Dazu trug nicht zuletzt sein Hauptwerk bei, das in keiner wissenschaftlichen Bibliothek fehlt: Die *Gestalten der Kirchengeschichte*.[9] John S. Conway, der emeritierte kanadische Zeithistoriker aus Vancouver und Herausgeber eines vielbeachteten elektronischen Forums zur Kirchlichen Zeitgeschichte in Deutschland und

---

7 *Zwischen Tradition und neuem Anfang. Valentin Ernst Löscher und der Ausgang der lutherischen Orthodoxie*, Witten 1971.
8 Wenig später trat der Essener Allgemeinhistoriker Wilfried Loth hinzu. Nach dem Tod von Kurt Nowak wurden der Bielefelder Allgemeinhistoriker Frank-Michael Kuhlemann sowie die beiden (kath.) Kirchenhistoriker Wilhelm Damberg/Bochum und Andreas Holzem/Tübingen in den Herausgeberkreis aufgenommen.
9 12 Bände, Stuttgart, 1981–1986, ²1994.

Mitteleuropa, hat Greschat einmal mit vollem Recht als ‚Doyen' der neuesten protestantischen Kirchengeschichte im deutschsprachigen Bereich bezeichnet. Von der wissenschaftlichen Wertschätzung, die Greschat über sein engeres Fach hinaus genießt, zeugen darüber hinaus eine ihm gewidmete Sammlung eigener Aufsätze zum 60. und eine thematisch zentrierte Festschrift zum 65. Geburtstag.[10]

In den oben angedeuteten Debatten um die Öffnung der protestantischen Kirchengeschichte in Richtung innovativer methodischer Neuansätze der Allgemeingeschichte, hat Martin Greschat sich immer wieder zu Wort gemeldet. Am Erfolg dieser Bemühungen, der sich für den Bereich der neuesten Kirchengeschichte heute konstatieren lässt, gebührt ihm wesentlicher Anteil. Es war deshalb nur angemessen, ihm zu Ehren an seinem 70. Geburtstag ein wissenschaftliches Symposion zu veranstalten, das die genannten Fragestellungen und Aspekte dieses Lebenswerks noch einmal aufgreift und zusammenfasst.

Die Tagung wurde dankenswerterweise von der Fritz-Thyssen-Stiftung finanziert und fand in der Katholischen Akademie ‚Franz-Hitze-Haus' vom 29. bis 31. Oktober 2004 in Münster statt. Im Anschluss an die hier abgedruckten Vorträge vertiefte eine Podiumsdiskussion das Thema noch einmal. An ihr nahmen teil Günter Brakelmann/Bochum, Anselm Doering-Manteuffel/Tübingen, Jochen-Christoph Kaiser/Marburg, Manfred Kock/Köln und Wilfried Loth/Essen. Moderator war Jürgen Wandel von der Redaktion *zeitzeichen*, Berlin. – Allen Beiträgerinnen und Beiträgern sowie den Teilnehmern des Podiums sei noch einmal herzlich gedankt.

Es hat einige Zeit gedauert, bis dieser Berichtsband in den *Marburger Beiträgen zur kirchlichen Zeitgeschichte* erscheinen konnte. Für die Erstellung der Satzvorlage gebührt Frau Dr. Katrin Ott

---

[10] Martin Greschat, *Protestanten in der Zeit. Kirche und Gesellschaft in Deutschland vom Kaiserreich bis zur Gegenwart*, hg. v. J.-C. Kaiser, Stuttgart et al. 1994; Anselm Doering-Manteuffel/Kurt Nowak (Hgg.), *Religionspolitik in Deutschland. FS Martin Greschat zum 65. Geburtstag*, Stuttgart et al. 1999.

vom A und O Textservice/Jena ebenso Dank wie Annika-Christine Schmale und Dr. Tobias Sarx, beide Marburg, für die Korrekturdurchsicht der Manuskripte.

Die Relevanz der Reformation und das Relevanzdilemma der Reformationshistoriographie
Ein Räsonnement

von Thomas Kaufmann

Im allgemeinen protestantischen Geschichtsbewusstsein ist die Reformation aufs Ganze gesehen fester verankert als jede andere Epoche.[1] Während die patristischen oder mediävistischen Kollegen, sofern sie als Patristiker oder Mediävisten agieren, in der Gunst der kirchlichen, gesellschaftlichen, zum Teil auch der akademischen Öffentlichkeit nicht selten hinter den Reformationshistorikern zurückstehen müssen, ist die Konkurrenz zwischen Reformations- und Zeithistorikern noch keineswegs entschieden. Denn dass das öffentliche Interesse in der Regel der Neuzeit, insbesondere der Zeitgeschichte gegenüber günstiger ist als jeder ferneren historischen Epoche, wird kaum jemand bestreiten wollen, dem Lehrpläne, öffentliche Debatten, historische Ausstellungen und Feuilletons einigermaßen vertraut sind.[2] Unsere politische Kultur bedarf eines erheblichen zeithistorischen Wissens, und die unaufgebbare

---

1 Vgl. etwa: Stefan Laube/Karl-Heinz Fix (Hgg.), *Lutherinszenierung und Reformationserinnerung* (Stiftung Luthergedenkstätten in Sachsen-Anhalt 2), Leipzig 2002; in Bezug auf museale Inszenierungsräume instruktiv: Stefan Laube, *Das Lutherhaus Wittenberg. Eine Museumsgeschichte* (Stiftung der Luthergedenkstätten Sachsen-Anhalt 3), Leipzig 2003; Anne-Marie Neser, *Luthers Wohnhaus in Wittenberg. Denkmalpolitik im Spiegel der Quellen* (Kataloge der Stiftung Lutherstätten in Sachsen-Anhalt 10), Leipzig 2005; zur Reformation als Erinnerungsort allgemein: Gerald Chaix, „Die Reformation", in: Étienne François/Hagen Schulze (Hgg.), *Deutsche Erinnerungsorte II*, München 2001, 9–27.

2 Als aktuellere Beispiele für konzeptionell überzeugende und zugleich überaus erfolgreiche zeithistorische Ausstellungen sei verwiesen auf: Stiftung Haus

und unabschließbare Arbeit am kulturellen Erbe Deutschlands und Europas rechtfertigt und benötigt eine entsprechend lebhafte Diskussion. Dass diese seit einiger Zeit besonders intensiv im Zusammenhang cineastischer Inszenierungen aufbrechen – wie zuletzt am Film „Der Untergang" –, ist eine neue Entwicklung unserer zusehends vom Bild dominierten Mediengesellschaft.

Da die neuere deutsche Geschichte vornehmlich traumatische Qualitäten und Dimensionen aufweist, kommt der zeithistorischen Diskussion und mittelbar wohl auch der zeithistorischen Forschung die Aufgabe zu, Traumata durch differenzierendes Wissen zu bearbeiten, der Ignoranz zu wehren, moralische Imperative in erinnerungspolitische Maximen umzusetzen und den notwendigen und zwangsläufigen Historisierungsprozess insbesondere der NS-Zeit reflexiv zu begleiten.[3] All dies ist unbestreitbar wichtig, aber gleichwohl mit dem in der Zeitgeschichte selbst gründenden Dilemma behaftet, ein vornehmlich negatives historisches Referenzpotential zu bearbeiten. Die kirchliche Zeitgeschichte hat an diesem Dilemma teil,[4] sofern sie wirklich die Geschichte der Kirchen in engem Konnex mit der Gesellschaft in den Blick nimmt und nicht in trotzig-eskapistischer oder sozial-moralisch besänftigender Manier auf zweifellos vorhandene Lichtgestalten oder Märtyrer zu len-

---

der Geschichte der Bundesrepublik Deutschland, *Flucht, Vertreibung, Integration*, Katalog Bielefeld 2005; Stiftung Haus der Geschichte der Bundesrepublik Deutschland – Zeitgeschichtliches Forum Leipzig (Hg.), *Einsichten. Diktatur und Widerstand in der DDR*, Leipzig 2001.

3 Vgl. die eher feuilletonistischen Bemerkungen Norbert Freis, „1945 und wir", in: ders., *1945 und wir. Das Dritte Reich im Bewusstsein der Deutschen*, München 2005, 7–22.

4 Vgl. Martin Greschat, Der ‚Historikerstreit' in der geistig-politischen Situation unserer Zeit in: ders., *Protestanten in der Zeit*, hg. v. Jochen-Christoph Kaiser, Stuttgart u.a. 1994, 218–226; vgl. auch Klaus Scholder, „Verhängnis und Schuld in der Geschichte", in: ders., *Die Kirchen zwischen Republik und Gewaltherrschaft. Gesammelte Aufsätze*, hg. v. Karl Otmar von Aretin und Gerhard Besier, Berlin 1988, 58–72; Kurt Nowak, „Allgemeine Zeitgeschichte und kirchliche Zeitgeschichte. Überlegungen zur Integration historiographischer Teilmilieus", in: ders., *Kirchliche Zeitgeschichte interdisziplinär*, hg. v. Jochen-Christoph Kaiser (KUG 25), Stuttgart 2005, 445–463.

ken versucht.[5] Die Themen und Zusammenhänge, in denen kirchliche Zeitgeschichte in der kirchlichen oder allgemeinen Öffentlichkeit relevant werden, sind nicht selten von kritischen Tönen begleitet: Die Rolle des Christentums in der Geschichte des Antisemitismus,[6] die Rolle der Kirchen in Bezug auf die Zwangsarbeit,[7] die Verantwortung der Kirchen bei der Vernichtung so genannten unwerten Lebens,[8] der Konnex von Protestantismus und Nationalismus, die Symbiose von Thron und Altar und die Staatsfrömmigkeit des Luthertums, das Verhältnis der Kirchen zur Staatssicherheit gehören zu den hochgradig ressentimentbehafteten, gleichwohl Aufmerksamkeit sichernden Kernthemen, die kirchliche Zeithistoriker zu Differentialanalysen oder profunder Argumentation nötigen und allzu oft ungewollt in die hoffnungslose Rolle des Apologeten drängen. Bestimmte Urteile scheinen unerschütterlich festzustehen.

---

5   Den bisher monumentalsten, produktive Herausforderungen durch römisch-katholische Umgangsweisen nicht verleugnenden Versuch von evangelischer Seite in dieser Sache stellt dar: Harald Schultze/Andreas Kurschat unter Mitarbeit von Claudia Bendick (Hgg.), *Ihr Ende schaut an ... Evangelische Märtyrer des 20. Jahrhundert*, Leipzig 2006; Beispiele für exempla theologisch-pastoral überzeugend agierender ‚Leuchttürme' stellen dar: Peter Noss, „Theologische ‚Leuchttürme' im Protestantismus und die Schicksale der Christen jüdischer Herkunft 1933–1945", in: Manfred Gailus/Hartmut Lehmann (Hg.), *Nationalprotestantische Mentalitäten. Konturen, Entwicklungslinien und Umbrüche eines Weltbildes* (Veröffentlichungen des Max-Planck-Instituts für Geschichte 214), Göttingen 2005, 307–342; Dagmar Herbrecht, *Die mutigen Frauen des Kirchenkampfes in einer protestantischen Männergesellschaft*, a.a.O. 343–360.
6   Vgl. etwa: Peter von der Osten-Sacken (Hg.), *Das missbrauchte Evangelium. Studien zur Theologie und Praxis der Thüringer Deutschen Christen*, Berlin 2002; vgl. ders., *Martin Luther und die Juden. Neu untersucht anhand von Anton Margarithas „Der ganz jüdische Glaub" (1530/31)*, Stuttgart 2002, bes. 275 ff.; Thomas Kaufmann, *Luthers „Judenschriften" in ihren historischen Kontexten* (NAWG 6), Göttingen 2005, bes. 97 ff.
7   Jochen-Christoph Kaiser (Hg.), *Zwangsarbeit in Kirche und Diakonie 1939–45* (KUG 32), Stuttgart 2005.
8   Vgl. etwa: Kurt Nowak, „Eugenik, Zwangssterilisation und ‚Euthanasie'", in: Ursula Röper/Carola Jüllig (Hgg.), *Die Macht der Nächstenliebe. Einhundertfünfzig Jahre Innere Mission und Diakonie 1848–1998*, Berlin 1998, 236–247.

Wie gut, so mag der kirchliche Zeithistoriker in seiner Bedrängnis denken, hat es doch der reformationsgeschichtliche Kollege, der nicht nur im Morast von Schuld und Versagen waten muss, sondern auf der lichten Höhe weithin unbestrittener, positiv besetzter Relevanzbehauptungen, identitätsbildender theologischer Gehalte, noch immer respektierter, ja bewunderter christlicher Charaktere und gelingender Interaktionsformen von Christentum und Kultur in der Epoche der Reformation einherzuschreiten vermag. Wenn ich im folgenden gleichwohl die *historia calamitatum* des Reformationshistorikers anstimme, so geschieht dies nicht – wie ich hoffe – mit der narzisstischen Attitüde des noch immer Bessergestellten, der sich über schwindenden Applaus beklagt, aber gegenüber dem Elend seines zeithistorischen Kollegen gleichgültig bleibt, sondern in der Absicht, die zeithistorischen Wurzeln des Relevanzdilemmas der Reformationsgeschichte offen zu legen und ein Plädoyer für die engere Zusammenarbeit von Zeit- und Reformationsgeschichtsforschung abzulegen.[9] Dass es zu dieser Zusammenarbeit in Zeiten engster finanzieller Ressourcen auch unter fach- und karrierepolitischen Gesichtspunkten keine ernsthafte Alternative geben dürfte, sei nachdrücklich betont.

Worin besteht das *Relevanzdilemma der Reformationsgeschichte*? Es besteht darin, dass die Reformation in der allgemeinen, vor allem aber in der kirchlichen und akademisch-theologischen Öffentlichkeit vielfach in einer Weise präsent ist, gewertet und in Anspruch genommen wird, die von Forschungstendenzen und -ergebnissen der zünftigen historischen

---

9 Dass sich für ein solches Plädoyer kein besserer Bezugspunk als das wissenschaftliche Lebenswerk Martin Greschats denken lässt, ist ausdrücklich zu betonen, zumal der Jubilar heutigentags wohl eher für seine zeitgeschichtlichen als für seine gediegenen Arbeiten zu Reformationsgeschichte und konfessionellem Zeitalter bekannt ist. Unter diesem ragen als noch immer wichtige Bücher heraus: 1. *Melanchthon neben Luther: Studien zur Gestalt der Rechtfertigungslehre zwischen 1528 und 1537* (UKG 1), Witten 1965; 2. *Zwischen Tradition und neuem Anfang: Valentin Ernst Löscher und die lutherische Orthodoxie* (UKG 5), Witten 1971; 3. *Martin Bucer. Ein Reformator und seine Zeit*, München, 1990.

Reformationsgeschichtsforschung entweder weithin unberührt ist oder diesen geradezu widerspricht. Das Spektrum der Phänomene, an denen sich dieses Relevanzdilemma der Reformationsgeschichte konkretisieren lässt, reicht von populären Medien wie dem vor allem in Deutschland viel beachteten neuesten Lutherfilm über wissenschaftlich anerkannte und gar als tiefsinnig geltende systematisch-theologische Interpretationen reformationshistorischer Quellen, die von historisch-kontextuellen Ein- und Rücksichten unbelastet sind bis hin zu ökumenetheologischen Dokumenten, die irenische Schulterschlüsse unter Ignorierung oder gar Verfälschung historischer Quellendokumente zelebrieren und exekutieren.[10]

Die offenkundige Diskrepanz zwischen einem allgemeinen kirchlich-protestantischen Geschichtsbewusstsein und der gegenwärtigen Reformationsgeschichts- und Frühneuzeitforschung,[11] die den Kern des Relevanzdilemmas ausmacht, lässt sich an einigen Einzelaspekten verdeutlichen, die auf je ihre Weise indizieren, dass das Bild der Reformation im allgemeinen, das Luthers im besonderen als Phänomen der langen Dauer zu gelten hat und auf der Ebene der Mentalitäten angesiedelt ist.

Der *erste* Aspekt, den ich ansprechen möchte, betrifft die periodisierungskonzeptionelle Verortung der Reformation.[12] Als das Nachrichtenmagazin *DER SPIEGEL* im Dezember 2003 (Bild 1 am Beitragsende) aus Anlass des wohl unerwarteten Publikumserfolges des Lutherfilms mit Joseph Fiennes in der Hauptrolle einen

---

10 Pars pro toto sei auf die Diskussion um die „Gemeinsame Erklärung zur Rechtfertigungslehre" und die „Gemeinsame Offizielle Feststellung" sowie den lebhaften, führend von Kirchenhistorikern betriebenen Widerspruch verwiesen. Siehe dazu: Eberhard Jüngel (Hg.), *Zur Rechtfertigungslehre* (ZThK Beiheft 10), Tübingen 1998; Johannes Wallmann, *Kirchengeschichte Deutschlands seit der Reformation*, 5. verbesserte und erweiterte Auflage, Tübingen 2000, 318 ff.
11 Vgl. dazu auch: Thomas Kaufmann, *Konfession und Kultur. Lutherischer Protestantismus in der zweiten Hälfte des Reformationsjahrhunderts* (SuR N.R. 29), Tübingen 2006, 3 ff.
12 Vgl. außer den Hinweisen unter Anm. 27: Kaufmann, *Konfession*, 3 ff. (Lit.).

Titel zu Luther produzierte, setzte er eines der heute bekanntesten Cranachschen Lutherporträts auf den Umschlag.

Größere Popularität hat dieses aus der Zeit zwischen 1522 und 1525 stammende Lutherporträt[13] (Bild 2 am Beitragsende), das den Mönch mit gewachsenem Haupthaar, aber bereits wieder ohne Bart, zeigt, im Gefolge der großen Lutherausstellung im Germanischen Nationalmuseum Nürnberg von 1983 erreicht, wo es als Plakat und Katalogumschlag fungierte;[14] seither ist es vielfach reproduziert worden und kann als einigermaßen bekannt gelten. Im Rahmen der Nürnberger Ausstellungskonzeption war die Wahl gerade dieses Bildes besonders plausibel gewesen, zeigte es doch den ganz und gar im Mittelalter verwurzelten, nur vor dem Hintergrund spätmittelalterlicher Frömmigkeit verständlichen Wittenberger Bibelprofessor gleichsam im Übergang zu einer Veränderung, die zunächst an nichts anderem als daran, dass er keine Tonsur mehr trug, deutlich wird. Dieses Lutherporträt Cranachs verbindet Einzelzüge zweier anderer, als Druckgraphiken verbreiteter Lutherbilder: dem Kupferstich des tonsurierten, mit vor der Brust erhobener Hand redenden, die Bibel haltenden Mönchs aus der Zeit unmittelbar vor dem Wormser Reichstag[15] und dem Holzschnitt des ordnungsstiftenden, gegenüber der Wittenberger Bewegung durchsetzungsfähigen, adlig-heroischen Junker Jörg von 1522.[16] Die eigentümliche Mittellage des Cranachschen Gemäldes, das Luther schon weltlich,

---

13 Kurt Löcher (Bearbeiter), *Germanisches Nationalmuseum Nürnberg, Die Gemälde des 16. Jahrhunderts*, Ostfildern-Ruit, 1997, 135 f.; Inventar-Nr. Gm 1570 Germanisches Nationalmuseum.
14 *Martin Luther und die Reformation in Deutschland. Ausstellung zum 500. Geburtstag Martin Luthers.* Veranstaltet vom Germanischen Nationalmuseum Nürnberg in Zusammenarbeit mit dem Verein für Reformationsgeschichte, Frankfurt/Main 1993.
15 Zur Einzelinterpretation vgl. Martin Warnke, *Cranachs Luther. Entwürfe für ein Image* (Fischer Taschenbuch 3904), Frankfurt/Main 1984, hier Abb. 13, 28.
16 Warnke, *Cranachs Luther*, Abb. 30, 50; zur frühreformatorischen Lutherikonographie vgl. auch: Ilonka van Gülpen, *Der deutsche Humanismus und die frühe Reformationspropaganda 1520–1526. Das Lutherporträt im Dienst der Bildpublizistik* (Studien zur Kunstgeschichte 144), Hildesheim u.a. 2002; zu Luther

aber zugleich noch ganz geistlich, ganz im Mönchsstand stehend, aber ihn zugleich schon überwunden habend, noch ‚mittelalterlich', aber doch zugleich ‚nicht mehr mittelalterlich' zeigt, machte es als Leitbild einer historischen Ausstellung plausibel, der an einem differenzierenden Urteil und an einer Historisierung gelegen war und die jede vorschnelle Vereinnahmung der Reformation, wie man sie – nicht ohne Grund – bei den Konkurrenzveranstaltungen in der DDR befürchtete und von vorangehenden Lutherjubiläen her kannte, zu verhindern suchte.[17]

Die Verwendung des Cranachschen Porträts auf dem Titelblatt des *SPIEGEL* lässt deutlich andere Akzente erkennen. Nur für den geschulten Blick ist erkennbar, dass das Bild in dreifacher Hinsicht retuschiert wurde: Der Hintergrund weist im Unterschied zum eher matten Original eine deutlich stärkere Leuchtkraft auf; die leicht schattierte Abdunkelung am oberen Bildrand, verbunden mit punktuellen Aufhellungen auf Gesicht und Hand, erzeugt den Eindruck, Luther stünde im Scheinwerferlicht. Luthers ein Buch – sicher die Bibel – haltende linke Hand ist eliminiert; die in Cranachs Gemälde auffällig sichtbare Gürtelschnalle ist dem Schriftzug am unteren Bildrand zum Opfer gefallen. Die vielleicht wichtigste, aber zunächst unauffälligste Retusche betrifft Luthers Augen: Der Luther

---

und der bildenden Kunst knapp: Freya Strecker, „Bildende Kunst", in: Albrecht Beutel (Hg.), *Luther Handbuch*, Tübingen 2005, 244–249.

17 Zum Lutherjubiläum 1983 vgl.: Gottfried Seebaß, „Ein Luther ohne Goldgrund – Stand und Aufgaben der Lutherforschung am Ende eines Jubiläumsjahres", in: Otto Hermann Pesch (Hg.), *Lehren aus dem Luther-Jahr: Sein Ertrag für die Ökumene*, München u.a. 1984, 49–85; zur Luther-Memoria in der DDR vgl. Hartmut Lehmann, „Zur Entstehung der 15 Thesen über Martin Luther für die Lutherverehrung der DDR im Jahre 1983", in: ders., *Protestantisches Christentum im Prozess der Säkularisierung*, Göttingen 2001, 127–158; ders., „Die 15 Thesen der SED über Martin Luther", in: a.a.O., 102–126; ders., „Das marxistische Lutherbild von Engels bis Honecker", in: Hans Medick/Peer Schmidt (Hg.), *Luther zwischen den Kulturen*, Göttingen 2004, 500–514. Zur frühen Nachkriegsdiskussion instruktiv: Hartmut Lehmann, „Katastrophe und Kontinuität. Die Diskussion über Martin Luthers historische Bedeutung in den ersten Jahren nach dem 2. Weltkrieg", in: ders., *Protestantische Weltsichten*, Göttingen 1998, 174–203.

des Nachrichtenmagazins blickt den Betrachter direkt und in einer Weise an, wie sie bei der Ablichtung von Stars und Models auf Titelblättern üblich ist. Dadurch wirkt Luther im ganzen kommunikativer, dem Zuschauer zugewandter als sein Cranachsches Urbild, dessen versonnen wirkender Blick ins Leere zu gehen scheint. Das für die Bildaussage Cranachs schwerlich belanglose Buchrequisit steht nicht mehr zwischen Luther und uns. Luther rückt näher, wirkt präsenter, sein Blick geistreich zwar und überlegen, aber doch so, dass man ihn ansprechen könnte, ein selbstbewusster, aber doch nicht unzugänglicher Superstar.

Die mit dezenten, gleichwohl wirkungsvollen Mitteln erreichte Vergegenwärtigung des Cranachschen Lutherbildes auf dem *SPIEGEL* manipuliert ein historisches Dokument absichtsvoll. Durch den Wegfall der linken Hand mit dem Buch ist die Bewegung der rechten Hand, die für den Cranachschen Luther einen Beteuerungsgestus darstellt, zu einem unklaren autoreferentiellen Ausdrucksmoment geworden, das das Augenmerk auf das bekannte, überlieferungsgeschichtlich freilich sekundäre[18] und in Bezug auf die welthistorische Szene vor Kaiser und Reich geradezu irreführende Logion lenkt: „Hier stehe ich, ich kann nicht anders." Ähnlich Werbeslogans oder Parolen auf T-Shirts trägt der Wittenberger Reformator seinen Leitspruch auf dem Talar. Neben dem apokryphen und in Bezug auf Luther grob sinnverfälschenden Apfelbaumspruch[19] ist das hier gebotene Lutherwort das bis heute wohl bekannteste. Die Anführungszeichen suggerieren, dass der

---

18 Und zwar in der Form: „Ich kan nit andersz, hier stehe ich, Got helff mir, Amen" (WA 7, 838, 9; vgl. RTA J.R. II, 555 mit Nachweis eines späteren Druckes). Zur Sache grundlegend: Kurt-Victor Selge, „Capta conscientia in verbis Dei, Luthers Widerrufsverweigerung in Worms", in: Fritz Reuter (Hg.), *Der Reichstag zu Worms zu 1521. Reichspolitik und Luthersache*, Worms 1971, 180–207; vgl. auch: Martin Brecht, *Martin Luther*, Bd. 1, Stuttgart ²1983, 431 ff., bes. 439; Reinhard Schwarz, *Luther*, Göttingen ²1997, 122 ff.
19 Vgl. Martin Schloemann, *Luthers Apfelbäumchen? Ein Kapitel deutscher Mentalitätsgeschichte seit dem Zweiten Weltkrieg*, Göttingen 1994.

dem Betrachter zugewandte Kommunikator in seiner *ipsissima vox* vernehmbar wird.

Noch zwei weitere Schriftelemente bestimmen das Titelblatt der *SPIEGEL*-Ausgabe: zum einen der Namenszug des Dargestellten, der die abgebildete Person denjenigen, die sie nicht auf Anhieb oder gar nicht erkennen und dadurch in ihrer Kaufentscheidung negativ beeinflusst sein könnten, bekannt macht. Sodann, typographisch und farblich abgesetzt, die eigentliche Hauptaussage der Seite am unteren Bildrand: „Abschied vom Mittelalter". Während, inhaltlich durchaus belangreich, die Worte „Abschied vom" in moderner Kursive gesetzt sind, ist das auch typographisch massiv und schwerfällig wirkende Wort „Mittelalter" in einer antikisierend oder gotisierend wirkenden Type wiedergegeben. Die farbliche Korrespondenz des Bildhintergrundes und des Wortes Mittelalter unterstreicht die Kernthese: Der als Individuum auftretende Mönch Martin Luther hebt sich vom Mittelalter ab. Die farbliche Korrespondenz des Luthermottos, des Namenszuges bzw. der Hand, die wie sein Gesicht in Inkarnat gehalten sind, setzt dieses „ich" in seinen individuellen Merkmalen (Gesicht, Hand, Name, Spruch) vom übrigen Bild- und Textzusammenhang ab: der lebendige, selbstbewusste Mensch, der hier steht und nicht anders kann, hat Abschied vom Mittelalter genommen.

Diese auf das individuelle Handlungssubjekt fokussierte Generalperspektive des *SPIEGEL*-Titels entspricht dem Motto des Lutherfilms Eric Tills: „Er veränderte die Welt für immer."[20] Einen eindeutigen Hinweis auf die für Luther charakteristischen Inhalte oder ähnliches enthält das Titelblatt des Spiegels nicht. Der Luther gewidmete Artikel,[21] der unter der das Titelblatt zum Teil aufnehmenden Überschrift „Ich kann nicht anders" steht, ist mit reichem Bildmaterial ausgestattet, in dem vor allem die beson-

---

20 Filmanalyse, didaktische Materialien, Rezensionen u.a. zum Lutherfilm sind am einfachsten greifbar unter: http://www.Luther-der-film.de und http://www.Luther-film.de.

21 Ulrich Schwarz, „Ich kann nicht anders", in: *DER SPIEGEL* 51. 2003, 76–89.

ders großformatig reproduzierten Historienbilder des 19. Jahrhunderts, Paul Pötschs biedermeierlich idyllisierende Darstellung der „Familie Luther" (1890), Anton von Werners Gemälde „Luther vor dem Reichstag in Worms" (1877) und Ferdinand Pauwels „Thesenanschlag" (1872) sowie die Bildausschnitte aus dem neuen Lutherfilm ins Auge fallen. Auch ein Foto, das Kirchenführer beider Konfessionen mit Hitler zeigt, fehlt nicht. Das Kopfregest des Artikels fasst seine wesentlichen Aussagen zusammen: „Der Mönch Martin Luther, der vor fünfhundert Jahren die Christenheit aus dem Mittelalter erlöste, hat in den Medien unverhofft Konjunktur als Vater der deutschen Schriftsprache wie als Entdecker der Gewissensfreiheit. Doch der Reformator war nicht nur Strahlemann. Er begründete die unheilige Allianz von Thron und Altar und entpuppte sich im Alter als übler Antisemit."[22]

Vielleicht wird von diesem Zitat her deutlich, was ich mit dem Relevanzdilemma der Reformationsgeschichte meine. Der Autor des Artikels, Ulrich Schwarz, reproduziert ein Geschichts- und Lutherbild, das seinen populären Höhepunkt wohl im Kaiserreich hatte und das mit Deutungs- und Kritikperspektiven angereichert ist, die einerseits von marxistischer Seite (Allianz von Thron und Altar)[23] vorgetragen, andererseits aufgrund der Lutherrezeption im Dritten Reich (Luthers Antisemitismus)[24] zu erklären sind und die in der öffentlichen Diskussion der deutschen Nachkriegsgeschichte zu den selbstverständlichen Elementen jedes Lutherbildes hinzugehören.[25] Während DER SPIEGEL die Kritikstereotype ‚Fürstenknecht' und ‚Antisemit' aufnimmt und kri-

---

22 DER SPIEGEL 51. 2003, 76.
23 Vgl. außer der in Anm. 17 genannten Literatur noch bes.: Siegfried Bräuer, *Martin Luther in marxistischer Sicht von 1945 bis zum Beginn der 80er Jahre*, Berlin 1983.
24 In Bezug auf die Judenthematik vgl. außer der Anm. 6 genannten Literatur noch immer: Johannes Brosseder, *Luthers Stellung zu den Juden im Spiegel seiner Interpreten* (BÖTH 8), München 1972.
25 Vgl. Lehmann, „Katastrophe", wie Anm. 17; Thomas Kaufmann, „Luther zwischen den Wissenschaftskulturen – Ernst Troeltschs Lutherdeutung in der eng-

tisch gegen eine vermeintliche Monumentalisierung Luthers wendet, übergeht der Lutherfilm gerade diese beiden besonders heiklen Aspekte jedes neueren Lutherbildes. Angesichts der beträchtlichen finanziellen Unterstützung, die etwa seitens lutherischer Kirchen in Deutschland für die Werbemaßnahmen für diesen Film aufgewendet wurden und in Anbetracht der bemerkenswerten Akzeptanz, die er als Medium für den Konfirmanden- und Schulunterricht schon jetzt gefunden hat, dürfte dieser Sachverhalt besonders schwer wiegen: Diejenigen Schüler, deren Bild des Wittenberger Reformators wesentlich durch den vom lutherischen Kirchentum maßgeblich mitfinanzierten Lutherfilm geprägt wird, werden nicht instand gesetzt, mit den unter den Bedingungen der Moderne problematischsten Aspekten seiner politischen Ethik und seiner Judenfeindschaft sachgerecht umzugehen.

Der sympathische Sinnsucher und humane Gutmensch des Lutherfilms hat mit den wissenschaftlichen Bemühungen um Luther und die Reformation, wie sie die deutsche Nachkriegskirchenhistoriographie geprägt haben und zum Teil noch heute prägen,[26] weitaus weniger zu tun als mit den bekanntlich alles andere als ideologiefreien Lutherbildern des 19. und frühen 20. Jahrhunderts. Massenmedien wie der Tills-Film oder die genannte Ausgabe des *SPIEGEL* tragen, unterstützt vom Applaus führender Kirchenleute, zur Perpetuierung eines Luther- und Reformationsbildes bei, dem die Reformationsgeschichtsforschung seit mehreren Jahrzehnten erfolgreich entgegengetreten war.

Insofern geht es bei dem von mir so genannten Relevanzdilemma der Reformationsgeschichte durchaus um mehr als um die übli-

---

lischsprachigen Welt und in Deutschland", in: Medick/Schmidt, *Luther*, 455–481.

26 Zum aktuellen Lutherbild insbesondere der deutschen Forschung vgl. Beutel, *Lutherhandbuch*, wie Anm. 10; Thomas Kaufmann, *Martin Luther* (bsr 2388), München 2006; eine konzise Forschungsanalyse im Spiegel des Luther-Buches Lucien Febvres bietet Peter Schöttler, „Nachwort", in: Lucien Febvre, *Martin Luther*, hg. und neu übersetzt und mit einem Nachwort von Peter Schöttler, Frankfurt/Main – New York ²1996, 279–335.

che Medienschelte. Dass Wissenschaft und massenmediale Kommunikation je anderen Diskursregularien unterliegen, ist an sich noch kein Dilemma. Das Dilemma in Bezug auf die Reformation und Luther besteht darin, unreflektiert tradierte oder gar absichtsvoll repristinierte Deutungsmuster der Reformationsepoche gegen die Entwicklungsdynamik einer ganzen Fachdisziplin zu etablieren und dies mit Mitteln zu tun, gegen die die theologische und allgemeinhistorische Fachwissenschaft per se machtlos ist. Die wesentlichen Gründe meines tiefen Unbehagens gegen einen Luther, der dem Mittelalter den Abschied gab und die Welt für immer veränderte, sind folgende:

I.

Das bergende Gehäuse eines deutsch-protestantisch geprägten, im 16. Jahrhundert begründeten und aufs wirksamste von Ranke ausgeformten Geschichtsbildes, nach dem die Reformation das Mittelalter beendete, ist weitgehend zerbrochen. Auch wenn die Betonung des „Umbruch"charakters der Reformation insbesondere in der protestantischen Kirchengeschichtswissenschaft nach wie vor prononciert und meines Erachtens durchaus zurecht vertreten wird,[27] so bedeutet das doch in der Regel nicht, dass man im Vorgang der Reformation oder im Auftreten Luthers einfach nur ein ‚Ende des Mittelalters' sähe. Eher herrscht die Tendenz vor, Epochenübergänge im Sinne breiter Zeitstreifen, die von Kontinuitäts- und Diskontinuitätsmomenten geprägt sind, zu behandeln. Strittig, insbesondere zwischen Kirchengeschichte und allgemeiner Ge-

---

27 Vgl. dazu meine Analyse: „Die Reformation als Epoche?", in: *Verkündigung und Forschung* 47. 2002, 49–63; Bernd Moeller (Hg.), *Die frühe Reformation in Deutschland als Umbruch* (SVRG 199), Gütersloh 1993; zur neueren Epochendiskussion vgl. auch Stefan Ehrenpreis/Ute Lotz-Heumann, *Reformation und Konfessionelles Zeitalter* (Kontroversen um die Geschichte), Darmstadt 2002; vgl. Thomas A. Brady (Hg.), *Die deutsche Reformation zwischen Spätmittelalter und früher Neuzeit* (Schriften des historischen Kolleg Kolloquien 50), München 2001; Olaf Mörke, *Die Reformation. Voraussetzungen und Durchsetzung* (EDG 74), München 2005.

schichtswissenschaft, aber auch innerhalb dieser Fächer, ist allenfalls, welches Gewicht man der Reformation als maßgeblicher ‚Etappe' innerhalb einer spätmittelalterlich-frühneuzeitlichen ‚Epoche' beschleunigten Wandelns zuerkennt und wie man ihre Bedeutung in Bezug auf die unterschiedlichen Gebiete geschichtlichen Lebens bewertet.

Dass Luther nur im Kontext und nur vor dem Hintergrund der spätmittelalterlichen Ordens-, Frömmigkeits- oder Universitätsgeschichte zu verstehen ist, dürfte ebenso selbstverständlich sein, wie dass prägende strukturelle, institutionelle, mentale und ökonomische Sachverhalte von den Vorgängen um den Wittenberger Theologieprofessor ‚am Rande der Zivilisation'[28] weitgehend oder völlig unberührt blieben. Die im Kontext der Troeltsch-Weber Debatte[29] um die Mittelalterlichkeit des Luthertums aufgebrochenen, hochgradig ideologischen theologiepolitischen Selbstbehauptungs- und Positionierungskämpfe um die Gegenwartsfähigkeit oder Modernität der Reformation und v. a. Luthers haben, soweit ich sehe, in der lebhaften Kontroverse um Ernst Bizers Lutherbuch und der Frage nach dem reformatorischen Durchbruch letzte Nachwehen erlebt,[30] sind inzwischen jedoch einem geradezu unheimlichen Schweigen gewichen. Denn die theologische und identitätspolitische Kernbehauptung, mit der Holl und seine Adepten der Troeltschen Abschiebung Luthers ins Mittelalter begegnen wollten, bestand darin, dass der in Anfechtungen innerlich reifende, junge Gewissenstheologe und Exeget in seinem Gottesbewusstsein die Tür zu einem Selbst-

---

28 Vgl. WATr 2, 669,12.
29 Vgl. nur den 8. Band der Troeltsch-Gesamtausgabe: *Schriften zur Bedeutung des Protestantismus für die moderne Welt (1906–1913)*, hg. v. Trutz Rendtorff und Stefan Pautler, Berlin, New York 2001, sowie: Friedrich Wilhelm Graf/Wolfgang Schluchter, *Asketischer Protestantismus und ‚Geist' des modernen Kapitalismus*, Tübingen 2005.
30 Vgl. Thomas Kaufmann, „Die Frage nach dem reformatorischen Durchbruch. Ernst Bizers Lutherbuch und seine Bedeutung", in: Rainer Vinke (Hg.), *Lutherforschung im 20. Jahrhundert. Rückblick-Bilanz-Ausblick* (VIEG.B 42), Mainz 2004, 71–98.

und Gottesverständnis geöffnet habe, das auch für den modernen Menschen belangreich sein konnte und sollte und das den Kern alles Guten, Wahren und Schönen in der Neuzeit in sich barg. Dass eine solcherart neuzeitgenerierende Qualität Luthers in der gegenwärtigen Reformationsgeschichtsforschung noch vertreten würde, ist mir nicht bekannt. Überhaupt sind die Neigungen, Luther als gegenwartsfähigen, modernen Theologen, auf den man unmittelbar zugreifen könnte, zu profilieren, in den Kreisen der Reformationshistoriker eher verhaltener Skepsis gewichen. Dies ist sicher zum einen der unmittelbaren methodischen Interaktion mit der allgemeinen Geschichtswissenschaft zuzuschreiben, zum anderen aber auch eine Konsequenz der innertheologischen Disziplinen- und Methodendifferenzierung. Denn warum soll der Kirchenhistoriker mit Luther Ähnliches tun, wie es der Systematische Theologe mit Luther tun zu können meint? Gerade in Bezug auf Luther ist der klassische Konflikt zwischen historischer und systematischer Methode nach wie vor vital; doch dass es einen Diskurs über die methodischen Differenzen oder gar eine Verständigung über gemeinsame Standards gäbe, ist mir nicht bekannt. Auch das weiterhin starke Interesse an theologiegeschichtlichen Fragestellungen im Bereich der Reformationsgeschichte, das sicher eine markante Differenz gegenüber der allgemeinen Geschichtswissenschaft zumindest vor ihrer neuerlichen Wendung zur ‚intellectual history'[31] darstellte, steht kaum unter dem Anspruch, im Modus historischer Arbeit einen nennenswerten Beitrag zu gegenwartsverantworteter Theologie oder Kirchenleitung zu leisten. Eine über die Theologizität der Kirchengeschichte geleistete Relevanzdefinition des Faches dürfte, wenn ich recht sehe, dem Selbstverständnis der Mehrheit seiner Vertreter widersprechen.[32]

---

31 Instruktiv: Luise Schorn-Schütte, „Neue Geistesgeschichte", in: Joachim Eibach/Günther Lottes (Hg.), *Kompaß der Geschichtswissenschaft*, Göttingen 2002, 270–280; dies., Einleitung zu: dies. (Hg.), *Aspekte der politischen Kommunikation im Europa des 16. und 17. Jahrhunderts* (HZB. 39), München 2004.
32 Einen instruktiven Querschnitt bietet der von Wolfram Kinzig, Volker Leppin und Günther Wartenberg herausgegebene Sammelband: *Historiographie und*

Die für viele Theologen und Kirchenleute noch immer heile Welt einer Epoche der Reformation als Ende des Mittelalters, die auch in den massenmedialen Lutherdeutungen der letzten Zeit einen Anhalt hatte, ist für die Reformationshistoriker, gleichviel ob sie Theologen oder Historiker sind, schon lange versunken. Möglicherweise hängt die große allgemeine Zustimmung, die Luther in der deutschen Öffentlichkeit nach wie vor besitzt – in der ZDF-Sendung „Unsere Besten" wurde er nach Konrad Adenauer zum zweitbedeutendsten Deutschen gekürt – elementar mit einem Geschichtsbild zusammen, das ihn als Beender des gemeinhin noch immer mit Konnotationen der Finsternis und der kirchlichen Gewissenstyrannei verbundenen Mittelalters sieht. Dann aber wäre die Popularität Luthers nichts anderes als der Reflex eines langlebigen Vorurteils und die Reformation gälte aus Gründen als relevant, die die wissenschaftliche Beschäftigung mit der Reformationszeit zutiefst ablehnen muss. Wenn das kein Dilemma ist!?

II.

Ein zweiter, mit dem eben behandelten zusammenhängender Aspekt des Relevanzdilemmas der Reformationsgeschichte besteht meines Erachtens im nach wie vor erdrückenden Übergewicht Luthers in der außerwissenschaftlichen Wahrnehmung der Reformation, das – wie mir scheint – auch auf die wissenschaftliche Reformationsforschung zurückwirkt. Nach dem Zweiten Weltkrieg hatte sich, zum Teil in Anknüpfung an Forschungsperspektiven und -initiativen der Weimarer Zeit, etwa hinsichtlich der Täuferforschung, eine deutliche Ausweitung des Interessenspektrums der kirchenhistorischen Reformationsgeschichtsforschung ergeben.[33] Robert Stupperich initiierte mit Unterstützung Hein-

---

Theologie. Kirchen- und Theologiegeschichte im Spannungsfeld von geschichtswissenschaftlicher Methode und theologischem Anspruch (AKThG 15), Leipzig 2004.

33 Vgl. zum Folgenden meinen Aufsatz: „Heinrich Bornkamm als zweiter und als erster Vorsitzender des Vereins für Reformationsgeschichte (1931–1976)",

rich Bornkamms und des Vereins für Reformationsgeschichte eine Melanchthon-Studienausgabe und die große Bucer-Edition. Das Interesse an Bucer, das während des Krieges von geschichtspolitischen Implikationen im Rahmen der „West-Politik" des Dritten Reiches nicht frei gewesen war, rückte einen vom Humanismus geprägten, für den Abbau innerprotestantischer Konfessionsaversionen in hohem Maße tauglichen Theologen in den Vordergrund, dem der Liberale Walther Köhler bereits seit den 20er Jahren,[34] der dialektische Theologe Ernst Bizer in seinen 1940 erschienenen Studien zur Geschichte des Abendmahlsstreites sowie Stupperich in seiner Schrift „Der Humanismus und die Wiedervereinigung der Konfessionen"[35] von 1936 eine historische Rehabilitation hatten widerfahren lassen. Das Humanistische und das Transkonfessionelle, das Internationale oder besser: das Europäische an ihm ließen ihn zu einer wichtigen Referenzgestalt der theologischen Kirchengeschichtswissenschaft nach 1945 werden. Martin Greschats Bucer-Biographie von 1990[36] ist die reifste Frucht dieser Bemühungen um den Straßburger Reformator.

Neben Bucer rückte Melanchthon, in Anknüpfung an Editionsvorhaben des früheren 20. Jahrhunderts, verstärkt ins Zentrum der

---

in: Luise Schorn-Schütte (Hg.), *Der Verein für Reformationsgeschichte* (SVRG 200), Gütersloh 2007.

34 Vgl. bes.: Walther Köhler, *Zwingli und Luther. Ihr Streit über das Abendmahl nach seinen politischen und religiösen Beziehungen*, Bd. 1 (OFRG 6), Leipzig 1924; zur Bucerforschung knapp: Mechthild Köhn, „25 Jahre Bucer-Forschung 1951–1976", in: Marijn de Kroon/Marc Lienhard (Hgg.), *Horizons Europeéns de la Réforme en Alsace*, Melange offerts à Jean Rott, Straßburg 1980, 161–175; vollständige Übersicht über die Bucer-Forschung jetzt in: Gottfried Seebaß (Hg.), *Martin Bucer (1491–1551)*, Bibliographie, Gütersloh 2005; vgl. auch die Übersicht über die neuere Bucer-Forschung in der französischen (Paris 2002, 271 ff.) bzw. der englischen (Louisville – London 2004, 255 ff.) Ausgabe von Greschats Bucer-Biographie, wie Anm. 9.

35 Robert Stupperich, *Der Humanismus und die Wiedervereinigung der Konfessionen* (SVRG 160), Leipzig 1936.

36 S. oben Anm. 9 und 34.

Aufmerksamkeit.[37] Und auch in Bezug auf Melanchthon dürfte es v.a. das Humanistische, das konfessionsüberschreitend Christliche, das Irenische gewesen sein, was die Beschäftigung mit ihm kirchen- und theologiepolitisch sinn- und in Richtung auf die westliche Integration der Bundesrepublik verheißungsvoll erscheinen ließ. Auch in Bezug auf die wissenschaftsorganisatorische Etablierung der Melanchthon-Edition an der Heidelberger Akademie der Wissenschaften war Bornkamm, der nach seiner als Rehabilitation gewerteten Berufung auf den reformationsgeschichtlichen Lehrstuhl in Heidelberg zum führenden Reformationshistoriker seiner Generation avancierte, die treibende Kraft.[38] Die enge freundschaftliche Zusammenarbeit von Bornkamm, den einige als Kollaborateur beargwöhnten, und Gerhard Ritter,[39] den viele als Widerstandskämpfer gegen das Dritte Reich achteten, im Vorstand des Vereins für Reformationsgeschichte setzte die enge Kooperation zwischen Historikern und Kirchenhistorikern, die seit der Gründung des Vereins im Lutherjahr 1883 bestanden hatte, nach 1945 fort. Mit dem *Archiv für Reformationsgeschichte* und den übrigen Schriftenreihen verfügte der VRG in Fortführung seiner früheren Vereinstradition über publizistisch gut eingeführte Organe, die es auch für die nordamerikanische Reformationsgeschichtsforschung sinnvoll erschei-

---

37 Instruktiv bes. die Einleitung Heinz Scheibles zum 1. Band der Regestenausgabe des Melanchthon-Briefwechsels, Stuttgart – Bad Cannstatt 1977.
38 Walter Thüringer, „Die Melanchthon-Forschungsstelle Heidelberg. Gründung, Entwicklung, Ertrag", in: Johanna Loehr (Hg.), *Dona Melanchthoniana*, FS Heinz Scheible, Stuttgart – Bad Cannstatt 2001, 521–536.
39 Grundlegend jetzt: Christoph Cornelißen, *Gerhard Ritter. Geschichtswissenschaft und Politik im 20. Jahrhundert* (Schriften des Bundesarchivs 58), Düsseldorf 2001; zu Ritters Rolle im Zusammenhang mit der Neuausrichtung des Archivs für Reformationsgeschichte vgl. ders., „Herausgeber in schwierigen Zeiten: Gerhard Ritters Beziehungen zum *Archiv für Reformationsgeschichte* und zur ‚Historischen Zeitschrift' (1930–1950)", in: Matthias Middell (Hg.), *Historische Zeitschriften im internationalen Vergleich* (Geschichtswissenschaft und Geschichtskultur im 20. Jahrhundert 2), Leipzig 1999, 161–200; Bernd Moeller, *Der Verein für Reformationsgeschichte. Vergangenheit – Gegenwart – Zukunft*, in: ARG 68. 1977, 284–301, sowie: Kaufmann, *Bornkamm*, wie Anm. 33.

nen ließen, hier engere Kooperationen einzugehen; sie bestehen bis heute. Die Entwicklungsdynamik der Nachkriegszeit führte auch zu einer Wiederaufnahme des Projektes der Täuferaktenedition in Kooperation mit den nordamerikanischen Mennoniten und ihrem reformationshistorischen spiritus rector Harold Bender.[40] Die Täufer, die gemäß der im angelsächsischen Sprachraum einflussreich gewordenen Thesen Webers und v. a. Troeltschs als die heimlichen Träger sittlicher, intellektueller und politischer Modernität galten, fanden in den ersten Jahrzehnten nach 1945 im führenden reformationsgeschichtlichen Verein Deutschlands soviel Aufmerksamkeit wie nie zuvor.

Zeitweilig schien es so, als ob im Interessenspektrum des Vereins für Reformationsgeschichte vor allem ein Name fehlte: derjenige Luthers nämlich. Dies war insofern erstaunlich, als der Vorsitzende des VRG, Heinrich Bornkamm, auch nach 1945 in erster Linie als Lutherforscher in Erscheinung trat und Luther in zahlreichen Publikationen, die an ein allgemeines Publikum gerichtet waren, als orientierungsvermittelnde geistige Leitgestalt der deutschen Nachkriegsgesellschaft zu imponieren versuchte.[41] Hinsichtlich der interpretativen Haupttendenzen dürfte sich das Bornkammsche vom Gerhard Ritterschen Lutherbuch nur unwesentlich unterschieden haben. Beide standen unter dem prägenden Einfluss Karl Holls, Bornkamm als dessen direkter Schüler, Ritter als von dessen Luther-Aufsätzen inspirierter Interpret, dem der Berliner Meister noch kurz vor seinem Tod zu dessen einflussreichem Luther-Büchlein gratuliert hatte.[42]

---

40 Vgl. über ihn: Albert N. Keim, *Herold S. Bender (1897–1962)*, Scottdale (Pa) – Waterloo (Ontario) 1998.
41 Vgl. die kritische Analyse einzelner Aufsätze Bornkamms durch Hartmut Lehmann, „Heinrich Bornkamm im Spiegel seiner Lutherstudien von 1933 und 1947", in: Thomas Kaufmann/Harry Oelke (Hgg.), *Evangelische Kirchenhistoriker im ‚Dritten Reich'* (VWGTh 21), Gütersloh 2002, 367–380.
42 Postkarte Holls an Ritter 1.5.1925 (BA Koblenz N 1116/177); vgl. Cornelißen/Ritter, wie Anm. 39, 208 Anm. 174.

Die nicht zuletzt durch den VRG ermöglichte enge Kooperation zwischen allgemeiner Geschichtswissenschaft und Kirchengeschichte dürfte Arbeitsverhältnisse ermöglicht haben, wie sie zwischen Kirchen- und Allgemeinhistorikern anderer Epochen kaum existierten. Da die Reformation aber, soweit ich sehe, in der allgemeinen Geschichtswissenschaft nach 1945 kaum mehr ein so starkes Interesse wie in Kaiserreich und Weimarer Republik fand und die vor allem auf Luther bezogenen und mit Luther eingelösten geschichtspolitischen Interessen obsolet geworden waren oder es rasch wurden, bestand in Bezug auf die Reformationsepoche ein dominierender deutungspolitischer Einfluss der Kirchenhistoriker fort. Dass die zeitweilig wissenschaftlich fruchtbarsten forschungskonzeptionellen Impulse im Bereich der Reformationsgeschichte von einem Kirchenhistoriker – Bernd Moeller[43] – ausgingen, verdankte sich auch dessen konsequenter Abkehr von der beinahe alle luziden Geister des Faches in den Bann schlagenden, nach dem Urteil Brechts am Ende für alle frustrierenden Diskussion über Luthers reformatorische Wende.[44] Das Interesse an dem Zusammenhang von reformatorischer Theologie, populären Kommunikationsmedien und sozialen und institutionellen Formationen koinzidierte mit der Öffnung der Geschichtswissenschaft für die Sozialgeschichte. Aufs Ganze gesehen dürften allerdings Moellers Wirkungen in der Geschichtswissenschaft größer und nachhaltiger gewesen sein als in seinem eigenen Fach.

Maßgebliche Vertreter des deutschen Protestantismus waren mit Luther gegen die Weimarer Republik aufgetreten, waren mit Luther ins Dritte Reich marschiert und hatten ihre Ansprüche auf Ge-

---

43 Impulsgebend vor allem: *Reichsstadt und Reformation* (SVRG 180), Gütersloh 1962; bearbeitete Neuausgabe: Berlin 1987.
44 Vgl. Bernd Moeller, „Probleme der Reformationsgeschichtsforschung", zuerst in: ZKG 76. 1965, 246–257; nachgedruckt in: ders., *Die Reformation und das Mittelalter*, Göttingen 1992, 9–20; vgl. Martin Brecht, „Iustitia Christi. Die Entdeckung Martin Luthers". Wieder abgedruckt in: Bernhard Lohse (Hg.), *Der Durchbruch der reformatorischen Erkenntnis bei Luther* (VIEG.B 25), Wiesbaden 1988, 167–211, hier: 167.

genwartsgeltung mit Luther zu legitimieren versucht, Luther als großen Anti-Revolutionär und Ordnungstheologen, kämpferischen Antisemiten, herausragenden „deutschen Mann" und geistreichen Erben des in der „deutschen Mystik" gesammelten deutschen Tiefsinns präsentiert.[45] Einige dieser auch nach 1945, mit nur zum Teil geringfügigen semantischen Retuschen fortgesetzten Inanspruchnahmen Luthers dürften ebenso wie die Luther- und Reformationsjubiläen und die longue durée erinnerungspolitischer Tendenzen und kirchlich-konfessioneller Orientierungen dazu beigetragen haben, dass Luther noch heute als ‚bedeutender Deutscher' gilt, obschon ein ‚deutscher Luther' wissenschaftlich schon länger tot ist. Ordentlich begraben worden ist er allerdings bisher nicht. Gegen die Übermacht Luthers andere reformationsgeschichtliche Themen oder Personen einer allgemeineren Öffentlichkeit zu imponieren, will, so scheint es, nicht richtig gelingen. Die reformationsgeschichtliche Forschung wird wohl auf Dauer mit der erdrückenden Übermacht Luthers und der Persistenz eingefahrener Wertungsmuster, wie sie in den jüngsten populären Formen greifbar werden, leben müssen; aber sie wird ihnen auch regelmäßig entgegenzutreten haben. Denn die Arbeit am Lutherbild ist zugleich eine identitätspolitische Selbstaufklärung der deutschen Gesellschaft.

III.

Ein dritter Aspekt des Relevanzdilemmas der Reformationsgeschichte ist mit kirchenpolitischen Fragen engstens verbunden. Die in vieler Hinsicht sehr zu begrüßende ökumenische Annäherung der großen Konfessionskirchen Deutschlands, die in Bezug auf die evangelisch-katholische Annäherung seit dem Papstbesuch im Jahre des CA-Jubiläums 1980 in eine dynamische Phase eintrat, hat ein neuartiges Interesse an der Theologie der Reformationszeit, insbe-

---

45 Vgl. exemplarisch: Thomas Kaufmann, „,Anpassung' als historiographisches Konzept und als theologisches Programm. Der Kirchenhistoriker Erich Seeberg in der Zeit der Weimarer Republik und des ‚Dritten Reiches'", in: Kaumann/Oelke, *Kirchenhistoriker*, wie Anm. 41, 122–272.

sondere an deren Lehrbekenntnissen, evoziert. Eine implizite Tendenz dieses ökumenepolitischen Interesses an der Reformationszeit besteht freilich darin, Lehraussagen des 16. Jahrhunderts unter dem Gesichtspunkt zu betrachten, ob sie dem gegenwärtigen Lehrstand des konfessionellen Gegenübers entsprechen oder nicht.[46] Die hermeneutische Zugangsweise und der interpretative Zugriff, der bei dieser ökumenetheologischen Arbeit an Lehraussagen des 16. Jahrhunderts dominiert, folgt in der Regel der Logik der dogmatischen Methode und setzt die normative Geltung der entsprechenden Bekenntnistexte voraus. Die lutherischen Bekenntnisschriften haben durch den römisch-katholisch-lutherischen Dialog im allgemeinen Bewusstsein eine Aufwertung erfahren, die sie in der Geschichte des neueren Protestantismus außerhalb des konfessionellen Luthertums und seines Fortwirkens in der Bekennenden Kirche kaum jemals besessen haben.[47] Als Dokumente, die sich bestimmten historischen Entstehungsbedingungen verdankten und im Modus ihrer Historisierung zugleich zu relativieren sind, können solcherart positivierte Bekenntnisdokumente schwerlich verstanden werden.

Die ökumenetheologischen Diskursbedingungen produzieren mithin eine Relevanz reformationsgeschichtlicher Quellentexte und zementieren deren Bedeutung als „Bekenntnisse", die eine differenzierte Umgangsweise mit diesen Lehrdokumenten, wie sie in der Geschichte des Protestantismus außerhalb der neulutherischen Milieus weithin üblich geworden war, normativ verengt. Die Prävalenz konfessionsdogmatischer Umgangsweisen mit Themen und Lehraussagen reformatorischer Theologie im ökumenischen Dialog, die von einer lebhaften römisch-katholischen, aber auch der finnischen Lutherforschung vorbereitet und begleitet worden sind, dürften aufs

---

46 Vgl. nur: Karl Lehmann/Wolfhart Pannenberg (Hg.), *Lehrverurteilungen – kirchentrennend?* (Dialog der Kirchen. Veröffentlichungen des ökumenischen Arbeitskreises evangelischer und katholischer Theologen 4), Freiburg i.Br. – Göttingen 1986, sowie andere einschlägige Publikationen dieses Kreises.
47 Zur Rolle des Bekenntnisses in der Geschichte des neueren Protestantismus vgl. u.a. Martin Ohst, *Schleiermacher und die Bekenntnisschriften* (BHTh 77), Tübingen 1989; ders., Art. Bekenntnis, 4., in: *RGG*[4] 1, 1998, Spalte 1253 f.

Ganze gesehen dazu beigetragen haben, dass das Verständnis für eine in enger Tuchfühlung mit der allgemeinen Geschichtswissenschaft stehende Reformationsgeschichtsforschung in der protestantischen Theologie und Kirche eher schwächer als stärker geworden ist. Durch die ökumenische Diskussion scheint ein von historischen Überlegungen weitgehend unberührter unmittelbarer theologischer Zugriff auf die Reformation ‚salonfähig' geworden zu sein.

Von hier aus in larmoyante kirchen- und kulturkritische Gegenwartsdiagnostik abzugleiten, ist eine Versuchung, der ich mich dadurch zu entziehen versuche, dass ich abschließend noch einige konstruktive Überlegungen anschließe, die sich auf Kaisers Einleitung zurückbeziehen.

1. Die protestantische kirchenhistorische Reformationsgeschichtsforschung wird sinnvoller Weise stärker, als die Geschichtswissenschaft dies in der Regel vermag und tut, theologiegeschichtliche Aspekte berücksichtigen. Dies kann zu Einseitigkeiten führen, ist aber im Grundsatz sinnvoll und notwendig, da der Protestantismus aufs Ganze gesehen eine Auslegungs- und Lebensgestalt des Christentums repräsentiert, in der der Theologie hinsichtlich der Deutungs- und Handlungsmotive seiner maßgeblichen Repräsentanten eine entscheidende Bedeutung zukommt.[48] Die Geschichte des Protestantismus und seiner Kirchen ist phasenweise wohl eminent „theologiegeleitet" gewesen. Ein seinem Gegenstand verpflichteter Historiker wird dies, unbeschadet dessen, dass er möglicherweise kein persönliches Verhältnis zum Christentum und seiner kirchlichen Verfassungsgestalt besitzt, anzuerkennen bereit sein. Insofern scheint mir eine kritisch-konstruktive, ggf. sogar perspektivisch komplementäre Beziehung zwischen Theologiegeschichte,

---

48 Vgl. dazu auch: Friedrich Wilhelm Graf, „Wozu noch Theologie?", in: ders., *Die Wiederkehr der Götter*, München ³2004, 249–278.

Kirchengeschichte und allgemeiner Geschichte sinnvoll, notwendig, aber auch selbstverständlich zu sein.

2. Meine spärlichen Hinweise zum Relevanzdilemma der Reformation haben hoffentlich deutlich gemacht, dass der Reformationshistoriker nach meinem Verständnis seiner Aufgaben gut daran tut, wenn er sich immer auch um ein gewisses Maß an zeithistorischer Kompetenz bemüht. Denn viele Deutungen der Reformation, die innerhalb aber vor allem auch außerhalb der wissenschaftlichen Diskussion begegnen, gründen in Traditionen der „langen Dauer", die zu erfassen um der historischen Arbeit selbst willen unverzichtbar ist. Insbesondere die zeithistorische Kompetenz befähigt den Kirchenhistoriker, fragwürdigen Deutungen und Inanspruchnahmen kirchenhistorischer Sachverhalte entgegenzutreten.

3. Der Reformationshistoriker wird in der Regel auch ein besonderes Interesse an und Verständnis für die Theologie der Epoche, die er erforscht, aufbringen. Er kann damit auch einen Beitrag dazu leisten, verstehbar zu machen, wie sich Menschen einer fernen und fremden Vergangenheit verstanden haben. Er kann Konzepte und Modelle menschlichen Selbst- und Gottesverständnisses vorstellen und damit Menschen unserer Gesellschaft helfen, sich selbst am Fernen und Fremden der Reformation besser zu verstehen. Er kann dazu beitragen, dass Menschen die Reformation als Teil einer Geschichte verstehen, zu der sie selbst noch gehören wollen und insofern tatsächlich gehören. Und er kann dazu beitragen, dass die unerreichte Realistik reformatorischer Anthropologie, die Sünde, Schuld und Versagen, aber auch Hoffnung und geschenktes neues Leben im Horizont des menschenfreundlichen Gottes auszusagen weiß, eine Kraft entfaltet, die Menschen zu einem neuen Verständnis ihrer Selbst und ihrer Welt verhilft. Sinnfragen anzustoßen ist auch einem Historiker möglich, der gerade dann, wenn er ganz und gar

Historiker ist, nichts unversucht lassen wird, um den Sinnhorizont seines geschichtlichen Gegenstandes abzuschreiten.

Bild 1: Der SPIEGEL-Titel Nr. 51 v. 15.12.2003

Bild 2: Lutherportrait von Lucas Cranach d.Ä. (1522/25)

Die Bedeutung des Pietismus für die neueste Kirchengeschichte im internationalen Kontext

von Hartmut Lehmann

Die Bedeutung des Pietismus für die neueste Kirchengeschichte im internationalen Kontext lässt sich nicht auf einen, einfachen Nenner bringen; dieses Thema löst sich vielmehr auf in verschiedene Fragestellungen, es differenziert sich, wie Soziologen sagen würden, in verschiedene Problemfelder.

Es soll somit nicht der klassische Pietismus des 17. und 18. Jahrhunderts behandelt werden. Neueste Kirchengeschichte heißt vielmehr die Beschäftigung mit dem 19. und dann vor allem mit dem 20. Jahrhundert. Damit ist der Ausgangspunkt für meine weiteren Überlegungen vorgegeben: Es ist der vor wenigen Jahren erschienene dritte Band der neuen *Geschichte des Pietismus*, den Ulrich Gäbler herausgegeben hat und der dem Pietismus des 19. und 20. Jahrhunderts gewidmet ist.[1]

Die Entscheidung, die Geschichte des Pietismus bis in die unmittelbare Gegenwart hinein fortzuführen, fiel Mitte der 1980er Jahre nach langen, kontroversen Diskussionen. Andreas Lindt, der ursprünglich den dritten Band herausgeben sollte, plädierte seinerzeit dafür. Aufgrund meiner eigenen Arbeiten über den württembergischen Pietismus stimmte auch ich ihm ausdrücklich zu. Andere, so Johannes Wallmann, hatten Bedenken. Es gelang uns schließlich, in den Reihen der Mitglieder der Historischen Kommission zur Erforschung des Pietismus für unser Konzept, das eine Erweiterung der traditionellen Pietismusdefinition implizierte, eine Mehrheit zu

---

1 Göttingen 2000.

finden. Andreas Lindt und ich argumentierten damals historisch und typologisch. Wir wiesen darauf hin, dass es im Protestantismus des 19. und auch noch des 20. Jahrhunderts eine Reihe von Gruppierungen und Bewegungen gibt, die ihre theologische Orientierung und ihre religiöse Praxis in Anlehnung an den älteren Pietismus entwickelten, die sich zum Teil selbst als Pietisten verstanden und denen wir deshalb diese Bezeichnung nicht verweigern sollten. Es bestand außerdem, so argumentierten wir, zwischen dem älteren Pietismus und diesen neueren Gruppierungen im Hinblick auf die erbauliche Lektüre, die in diesen Kreisen eine wichtige Rolle spielte, sowie auch im Hinblick auf ihr Frömmigkeitsverständnis ein erhebliches Maß an Kontinuität.

Dazu kamen aber auch Erwägungen, die von der Typologie ausgingen. Denn auch im 19. und 20. Jahrhundert bestanden im mitteleuropäischen und im skandinavischen Protestantismus exklusive religiöse Kleingruppen, Gruppierungen mit einem besonderen Interesse an Fragen der Inneren und der Äußeren Mission, Gruppierungen, deren Ethos von der Eschatologie her gespeist wurde und in denen eine patriarchalische Ordnung herrschte, kurzum Gruppen, die in allen wichtigen Merkmalen dem älteren Pietismus glichen. Zwar wussten wir, dass die Zeitgenossen für diese Bewegungen andere Begriffe verwendet hatten, so die Begriffe Erweckungsbewegung, Gemeinschaftsbewegung und Evangelikalismus. Uns schien es jedoch lohnend und richtig, den Versuch zu wagen, alle diese Gruppen in einen Zusammenhang zu bringen und dies unter dem Dach der neuen Geschichte des Pietismus zu tun.

Die Ausführung dieses Vorhabens war dann aber durchaus nicht einfach. Wo waren die Fachkenner für die Geschichte des Pietismus in der neueren und neuesten Zeit, und wer unter diesen war bereit, sich dann auch das neue Konzept zu eigen zu machen? Es ist Ulrich Gäbler zu danken, dass der Band innerhalb angemessener Frist abgeschlossen wurde und publiziert werden konnte. Jetzt, wo der Band einige Zeit vorliegt, ist es aber möglich, das, was dieses Konzept in einem internationalen wissenschaftlichen Kontext an Problemen beinhaltet, besser zu erkennen, als es uns Mitte der 1980er Jahre möglich war. Und damit bin ich auch direkt bei den Problemen, die das Thema, das ich behandeln möchte, aufwirft. Doch zunächst noch einmal zurück zum dritten Band der neuen „Geschichte des Pietismus". Dieser Band besitzt, so scheint mir im Rückblick, zwei bemerkenswerte Stärken und eine bedenkliche Schwäche.

Die eine Stärke sehe ich darin, dass in dem Band tatsächlich der Versuch gemacht wurde, einen großen Bogen vom frühen 19. bis in das späte 20. Jahrhundert zu schlagen. Nur wenn man so große Linien zieht, wird man in die Lage versetzt, die Besonderheiten einzelner Epochen zu erkennen. Das gilt auch für die Einordnung und Bewertung jener Gruppen, die im dritten Band der „Geschichte des Pietismus" dargestellt werden. Die andere Stärke dieses Bandes liegt darin, dass der Blick zwar nicht auf eine umfassende Weise, aber doch durchaus konsequent über den Rahmen deutscher Kirchengeschichte hinaus gerichtet wurde. Der Beitrag von Mark Noll über den Evangelikalismus und Fundamentalismus in den USA gehört zu den besten des ganzen Bandes. Nur wenn wir die Grenze einer nationalen Sichtweise überschreiten, sind wir imstande, auch nationale Sonderentwicklungen zu erfassen.

Unübersehbar sind jedoch auch die Schwächen des Bandes. Es stört mich nicht, dass Kritiker des dritten Bandes wie Johannes Wallmann argumentieren, in den einzelnen Beiträgen sei bezeichnenderweise häufig nicht von Pietismus, sondern von Erweckungsbewegung, Gemeinschaftsbewegung und so weiter die Rede. Im Gegenteil: Ich hätte es nicht gut geheißen, wenn Ulrich Gäbler als Herausgeber versucht hätte, durchgängig und konsequent eine, wenn ich das so ausdrücken darf, terminologische Flussbegradigung eines sehr vielgestaltigen, reichen und ungewöhnlichen Wasserlaufs vorzunehmen. Mir scheint es durchaus angemessen, für die einzelnen Abschnitte dieses Systems von Quellen, Seen und Wasserfällen, von meanderhaftem Verweilen und plötzlichem Zusammenschießen unterschiedlicher Wassermassen nicht nur einen Begriff zu verwenden, sondern eben mehrere Begriffe, auch wenn die ganze Darstellung unter dem Oberbegriff des Pietismus steht.

Die Schwäche des dritten Bandes sehe ich anderswo: Es wäre richtig gewesen, das weite Feld der Freikirchen und in den Abschnitten über das 20. Jahrhundert insbesondere die fulminante Ausbreitung der Pfingstbewegung mit zu thematisieren. Zwar sehe ich durchaus, dass die neueren Freikirchen ein distinktes Eigenleben führen. Mitglieder und Leiter dieser Bewegungen sind in aller Regel nicht bereit, sich selbst in einem wissenschaftlichen Werk – zwischen zwei Buchdeckeln gewissermaßen – in eine enge Verbindung mit den Landeskirchen und deren Verbänden bringen zu lassen. Unabhängigkeit im Religiösen wie im Organisatorischen ist ihre dezidierte und immer wieder betonte Stärke. Die Freiwilligkeit des Zusammenschlusses ihrer Mitglieder beruht für sie auf individueller Bekehrung und Glaubensentscheidung. Das ist alles richtig und anzuerkennen. Typologisch gesehen stehen die Freikirchen aber durchaus in einer bemerkenswerten Nähe zum älteren Pietismus, mehr noch: Ihr Bibelverständnis, die von ihnen bewusst gepflegte Nähe zwischen den Brüdern und den Schwestern, ihre Endzeithoffnung, ihr soziales Engagement, dies alles wird aus dem Erbe des klassischen Pietismus gespeist. So könnte man jedenfalls argumentieren und hoffen, dass bei einer Neuauflage des dritten Bandes der „Geschichte des Pietismus" auch diese Bewegungen auf angemessene Weise berücksichtigt werden.

Ob dies eine gute, eine auch in wissenschaftlicher Hinsicht überzeugende Lösung wäre, ist damit aber noch nicht gesagt. Ich will deshalb im Folgenden versuchen, einige der Fragen zu diskutieren, die sich mir in diesem Zusammenhang stellen. Zu fragen ist außerdem, ob es nicht andere, bessere Lösungen gibt.

Die Probleme, die es zu erörtern gilt, beginnen mit dem Begriff Pietismus, einem in der deutschen Umgangssprache entstandenen und erst später in die Wissenschaftssprache übernommenen Begriff, einem typisch deutschen Begriff somit, der sich nicht ohne Missverständnisse in andere Sprachen übersetzen lässt. Im Englischen haftet dem Begriff „pietism" beispielsweise zwar nicht bei Spezialisten der Kirchengeschichte, aber im umgangssprachlichen Gebrauch immer noch ein Hauch von heuchlerischer Frömmigkeit an. Das ist jenes Verständnis des Begriffs, der dem Pietismus in der allerersten Zeit auch in Deutschland anhing. Lässt sich der Begriff Pietismus aber mit einer solchen Hypothek ohne weitere Komplikationen in die internationale Wissenschaftssprache aufnehmen und im internationalen Diskurs über die religiösen Erneuerungsbewegungen in der Neuzeit verwenden? Im Englischen und Amerikanischen spielen dagegen Begriffe wie „revival" und „awakening" eine zentrale Rolle. Im Deutschen werden diese Begriffe nicht verwendet, um die religiösen Erneuerungsbewegungen des 17. und 18. Jahrhunderts zu charakterisieren. Sie finden allerdings eine Entsprechung in der Bezeichnung Erweckungsbewegung, der für die religiösen Erneuerungsbemühungen in der ersten Hälfte des 19. Jahrhunderts seit langem verwendet wird.

Sollte man deshalb den älteren Pietismus nicht besser als erste Welle eines deutschen oder mitteleuropäischen „great awakening" verstehen, auf die im späten 18., im frühen und im späten 19. und dann im 20. Jahrhundert weitere Wellen von Erweckung und religiöser Erneuerung folgten? Diesen Vorschlag habe ich in einem Beitrag näher begründet, der in der letzten Ausgabe des Jahrbuchs „Pietismus und Neuzeit" erschienen ist.[2] Ich bin gespannt, wie das Echo auf diese Anregung ausfallen wird, durch die zumindest terminologisch die Distanz zwischen den religiösen Erneuerungsbewegungen in Deutschland und in der angelsächsischen Welt aufgehoben wird.

Ein nicht zu unterschätzendes Problem sehe ich nun aber darin, dass die als „awakening" und als „revival" charakterisierten religiösen Erneuerungsbewegungen in England und in den USA zugleich zumindest im 18. und 19. Jahrhundert immer auch progressive soziale Bewegungen waren. Ihre Mitglieder bekämpften die Prostitu-

---

2 „Zur Charakterisierung der entschiedenen Christen im Zeitalter der Säkularisierung", in: *PuN* 30. 2004, 13–29.

tion und den Alkoholmissbrauch, sie kümmerten sich um entlassene Strafgefangene und setzten sich für die Abschaffung des Sklavenhandels und der Sklaverei ein. Solche Kampagnen wurden zudem oft gegen die jeweiligen Regierungen und deren Interessen durchgeführt. Gewiss, manche der Bewegungen sind gerade während solcher Kampagnen zerbrochen. Das zeigt aber deutlich, wie heftig um solche Angelegenheiten gestritten wurde und wie eng soziale und religiöse Hoffnungen miteinander verknüpft waren.

Typisch für den deutschen Pietismus des 18. und dann besonders des 19. Jahrhunderts ist dagegen die Nähe zu den Regierungen sowie trotz aller sozialen Aktivitäten ein in sozialen Dingen eher konservativer Grundzug. Das Erlebnis einer religiösen Wiedergeburt mündete bei den Pietisten in Deutschland speziell seit der Mitte des 19. Jahrhunderts in der Regel in einen sozialen und auch politischen und kulturellen Quietismus, nicht aber in einen sozialen und politischen Aktivismus. Wenn man den Pietismus als Teil einer internationalen Serie von „revivals" und „awakenings" im Zuge der Moderne verstehen und einordnen will, käme es deshalb darauf an, sozial und politisch quietistische und sozial und politisch aktive Varianten voneinander zu unterscheiden und den neueren Pietismus der ersteren Richtung zuzuordnen. Die Begeisterung mancher Pietisten für die kleindeutsche Lösung der deutschen Frage und ihre kritiklose Unterstützung des deutschen Nationalismus wäre zwischen diesen beiden Polen einzuordnen.

Weitere Probleme, die mit einer auch im internationalen Diskurs zutreffenden Terminologie zusammenhängen, will und kann ich hier nur kurz streifen. „Evangelical" klingt im Englischen und Amerikanischen beispielsweise durchaus positiv; es stellt so etwas wie ein Synonym für biblizistisch dar, für eine Haltung, die sich konsequent am Text der Bibel orientiert. Den Begriff „evangelikal" verbinden viele deutsche Protestanten dagegen mit einer in religiösen Dingen engen, nicht zum ökumenischen Gespräch bereiten Grundhaltung. Geradezu schillernd weit ist schließlich das Bedeutungsspektrum von „charismatisch" beziehungsweise von „charismatischem Christentum". Ganz offensichtlich sind in diesem Begriff aber Elemente enthalten, die wir auch schon im älteren Pietismus finden. Der spezifische Akzent, der mit dem Begriff des charismatischen Christentums verbunden wird, lässt sich trotzdem nicht auf einen Nenner mit dem bringen, was gemeinhin unter Pietismus verstanden wird.

Noch einmal anders ist der Begriff „entschiedenes Christentum" einzuschätzen, der etwa in der Bezeichnung „Jugendbund für Entschiedenes Christentum" enthalten ist. Zwar stammt die Bewegung, aus der in Deutschland der Jugendbund für Entschiedenes Christentum am Ende des 19. Jahrhunderts hervorgegangen ist, aus den USA. Trotzdem hat sich auch an dieser Stelle kein Begriff herausgebildet, der im Deutschen wie im Englischen unmissverständlich den gleichen Sinn zum Ausdruck bringt.

Die größten Schwierigkeiten bereitet aber ohne Zweifel der Begriff des Fundamentalismus. Waren die Pietisten Fundamentalisten, weil die Bibel stets das feste Fundament aller ihrer Bemühungen bildete? Und könnte man in einem Umkehrschluss deshalb alle Fundamentalisten auch als Pietisten bezeichnen? So abwegig diese Fragen klingen mögen, so schwierig ist es, sie auf eine unmissverständliche Weise zu beantworten. Denn wenn man davon ausgeht, dass die biblische Botschaft das alleinige Fundament des pietistischen Verständnisses des christlichen Glaubens ist, dann umfasst der Begriff des Fundamentalismus eben auch die Pietisten. Wie wir alle wissen, ist der politische Gebrauch – oder sollte ich sagen Missbrauch – des Begriffs Fundamentalismus aber weit verbreitet. Häufig wird der Fundamentalismus als eine reaktionäre und zugleich gewaltbereite religiöspolitische Grundeinstellung bezeichnet. Dieser Vorwurf wird in unserer Zeit meist auf bestimmte Gruppierungen im Islam und nicht mehr in erster Linie auf das Christentum bezogen, aus dem dieser Begriff stammt. Auch vom Fundamentalismus der Hindus ist gelegentlich die Rede. Obwohl der Begriff des Fundamentalismus in der politischen Debatte somit als eine Art passepartout für alle jene politischreligiösen Haltungen steht, von denen man sich als fortschrittlicher Bürger und auch als guter Christ distanzieren möchte, sind die Abgrenzungen aber nicht eindeutig. Heißt fundamentalistisch intolerant oder anti-ökumenisch oder einfach fanatisch? Ist eine fundamentalistische Einstellung aus heutiger Sicht mit den Werten des Christentums nicht mehr vereinbar? Wenn man den Fundamentalismus politisch definiert, werden die Differenzen zum Begriff des Pietismus sehr deutlich. Versteht man unter Fundamentalismus aber die Gegnerschaft zur darwinistischen Evolutionstheorie oder zu bestimmten Formen einer feministischen Theologie, dann erscheinen die Gegensätze zwischen Fundamentalismus und Pietismus weit weniger groß. Von wissenschaftlicher Warte aus werden sich diese Dinge aber nicht klären lassen. Vielmehr dominiert die Umgangssprache und deren Gebrauch des Begriffs Fundamentalismus.

Wenn man den Versuch macht, die Bedeutung des Pietismus für die neueste Kirchengeschichte im internationalen Kontext zu erfassen und zu beschreiben, stellen sich zusätzliche Aufgaben und Probleme. Mehrere Themenbereiche scheinen mir besonders wichtig. Zunächst gilt es, das Verhältnis des Pietismus zu jenen Kräften zu klären, die insbesondere im Westen den Weg hin zur Moderne bestimmt haben und aller Wahrscheinlichkeit nach weiter bestimmen werden: Dies sind die auf die Anwendung einer immer komplizierter werdenden Technik abzielende Industrialisierung und die moderne Arbeitswelt, ferner die Urbanisierung und die rasch zunehmende Mobilität, auch die neuen Medien, wobei alle diese Prozesse auf der Rationalisierung und der Verwissenschaftlichung und der rasanten Entwicklung entsprechender Forschungsbemühungen beruhen. Ob auch die Demokratisierung zu diesen Kräften gehört, mag man sich wünschen, es ist aber durchaus nicht sicher.

Das entscheidende Problem, das es in unserem Zusammenhang zu lösen gilt, wird häufig nicht genügend betont: Es sind die erstaunlichen Differenzen auf religiösem Gebiet innerhalb der von Industrialisierung, Urbanisierung, Mobilität, Rationalisierung und den modernen Medien bestimmten westlichen Welt. Während in

Europa die soziale, ökonomische, politische und kulturelle Modernisierung in die Säkularisierung einmündete, während in den europäischen Gesellschaften also jene Gruppen, auf die man den Begriff des Pietismus anwenden kann, im späten 19. und im 20. Jahrhundert nur noch eine kleine Minderheit darstellen – nicht unbedingt eine Minderheit in jenen Kreisen, die sich noch zu den protestantischen Kirchen bekennen, wohl aber eine gesellschaftliche Minderheit – haben die Kräfte der Modernisierung dem Wachstum des Christentums und speziell des evangelischen Christentums in den USA nicht geschadet, im Gegenteil: Das in sich vielfältig gegliederte amerikanische Christentum ist am Beginn des 21. Jahrhunderts vital. Es ist, was mir besonders bemerkenswert scheint, gerade in den urbanen Zentren durchaus lebendig. Just an diesem Punkt stellt sich deshalb erneut die Frage, ob es sinnvoll ist, den deutschen Begriff des Pietismus so weit zu dehnen, dass auch der Evangelikalismus und der Fundamentalismus in den USA mit diesem Begriff charakterisiert werden.

Eine rein an der Typologie, das heißt an typologischen Merkmalen orientierte Entscheidung führt hier möglicherweise zu falschen Zuordnungen. Noch sind wir im vereinten Europa weit von einer Situation entfernt, die mit dem religiösen Pluralismus in den USA[3] verglichen werden kann. Wir sind im Europa von heute auch weit entfernt von der Vitalität im religiösen Bereich, die aus dem religiösen Pluralismus in den USA resultiert, wenn man der Analyse führender Religionssoziologen folgt. Es war deshalb möglicherweise doch ein Fehler, in den dritten Band der „Geschichte des Pietismus" auch ein Kapitel über den Evangelikalismus und den Fundamentalismus in den USA aufzunehmen. Dadurch werden Grenzlinien verwischt, die für eine wissenschaftliche Beurteilung des Christentums in der westlichen Welt im 20. Jahrhundert von großer Bedeutung sind.

---

3 Dazu jetzt William R. Hutchison, *Religious Pluralism in America. The Contentious History of a Founding Ideal*, New Haven – London 2003.

Damit komme ich zum nächsten Punkt. Die politisch-ökonomisch-kulturelle Kontextualisierung jener religiösen Erneuerungsbewegung, auf die zumindest in Mitteleuropa der Begriff Pietismus zutrifft, ist nicht möglich, ohne zugleich auch auf jene Bewegungen einzugehen, die nicht im engeren Sinne religiös sind, die aber ein so starkes Maß an Glaubenselementen enthalten, dass sie in der neueren Diskussion gelegentlich als Politische Religionen bezeichnet werden. Anders, direkter formuliert: Wie war das Verhältnis des Pietismus zum Nationalismus, wie das zum Sozialismus, wie das zum Antisemitismus und Rassismus, also zu den Lehren jener innerweltlichen des 19. und 20. Jahrhunderts, die ihren Anhängern die Erlösung von allem Elend und Leid versprachen. Eine wunderbare Zukunft breche an, so verkündeten sie, wenn denn nur das nationale Problem gelöst und die nationale Größe wiederhergestellt werde, wenn denn nach dem Sieg der Arbeiterklasse umfassende soziale Gerechtigkeit anbreche, oder wenn denn die von Darwin entdeckten und von Gobineau und anderen ausgelegten Grundgesetze der Entwicklungsbiologie befolgt würden.

Wie sich an vielen Beispielen zeigen ließe, waren gute und brave Pietisten gegenüber diesen innerweltlichen Erlösungsversprechungen durchaus nicht so abstinent und nicht so immun, wie sie es im Rückblick vielleicht selbst gerne gewesen wären. Der Glaube an das Nationale ließ sich, so scheint es, sehr wohl mit pietistischer Gläubigkeit vereinen, ebenso wie die Evangelikalen in den USA derzeit keine Schwierigkeit zu haben scheinen, die von massiven Interessen geleitete Machtpolitik ihres Landes zu unterstützen. Der Sozialismus diente den allermeisten Pietisten dagegen als Feindbild, von wenigen Ausnahmen wie dem jüngeren Blumhardt einmal abgesehen. Der Sozialismus war das Schreckgespenst, vor dessen dämonischen Auswirkungen man im konservativen Lager Schutz suchte.

Vermittelt über einen chauvinistischen Nationalismus waren einige Pietisten auch für antisemitische und rassistische Parolen anfällig. Die Judenmission hatte schon zu den – freilich wenig erfolgreichen – Projekten des älteren Pietismus gehört. Und selbst für jene Pietisten, die in den Juden Gottes erstes Volk und damit Glaubensbrüder in der Endzeit sahen, war der Weg zur Anerkennung der jüdischen Gemeinden als selbständigen, gleichberechtigten Glaubensgemeinschaften in einer multireligiösen Gesellschaft unendlich weit. Die Solidarität zwischen Gottes ersten Kindern und seinen letzten Kindern, als die sich manche Pietisten ansahen, hatte also durchaus ihre Grenzen. Erst in jüngster Zeit sind hier bemerkenswerte Veränderungen zu konstatieren. So vertreten beispielsweise die Evangelikalen in den USA die politischen Interessen Israels besonders nachdrücklich.

Die weitere Aufgabe schließlich, der man sich widmen muss, damit man die Bedeutung des Pietismus für die neueste Kirchengeschichte im internationalen Kontext erfassen kann, besteht in der Aufarbeitung der bisher von der Forschung weithin stiefmütterlich behandelten Kapitel der neueren Missionsgeschichte. Wie viele der Missionare, die seit dem frühen 19. Jahrhundert von Europa und insbesondere auch von Deutschland aus in die weite Welt hinaus zogen, kamen aus einem pietistischen Milieu? Wie viele verstanden sich selbst als Pietisten? Wie viele versuchten in Afrika, Lateinamerika, Asien und Australien die kleinen Gruppen von neu Bekehrten, die sie tiefer in den Glauben und das Leben des Christentums hineinführen wollten, mit den typischen Frömmigkeitsformen und Werten des Pietismus vertraut zu machen? Könnte man deshalb argumentieren, dass es so etwas wie eine bemerkenswerte, weiter zu erforschende typologische Affinität zwischen den Traditionen des Pietismus in Mitteleuropa und bestimmten neuen christlichen Gruppierungen in den Ländern der außereuropäischen Welt gab und gibt?

Diese Fragen betreffen zunächst und vor allem die Verhältnisse im 19. Jahrhundert. Es lohnt sich meines Erachtens jedoch, insbesondere auch die Geschichte des Christentums in der außereuropäischen Welt in den Jahrzehnten seit dem Ende des Ersten Weltkriegs bis hin in die allerjüngste Zeit unter der gleichen Fragestellung zu prüfen. Zu fragen ist nämlich, ob bestimmte religiöse Praktiken, Frömmigkeitsformen und Glaubensüberzeugungen in den seit 1918 speziell in Afrika im Zuge der Dekolonisierung entstandenen neuen Kirchen nicht am besten mit dem Begriff des Pietismus charakterisiert oder zumindest doch am besten im Hinblick auf die besonderen Formen des Pietismus verstanden werden können. Was das Leben in diesen neuen Kirchen ebenso wie im Pietismus auszeichnet, ist viel menschliche Nähe, die nicht zuletzt daher rührt, dass es gilt, schwere und gefährliche Notlagen zu bewältigen; ferner eine unübersehbare und deutlich artikulierte Distanz zu den Ergebnissen der neueren wissenschaftlichen Theologie, also ein Verständnis der Bibeltexte, das nicht der wissenschaftlichen Analyse, sondern dem direkten Zugang zum göttlichen Wort vertraut, schließlich die alles andere bestimmende Hoffnung auf die Erlösung von allem Elend und aller Not und eine damit einhergehende große Emotionalität. Diese Gläubigen sind nicht skeptisch, sondern fühlen sich vom Heiligen Geist inspiriert; sie sind bereit, um ihres Glaubens willen auch das Martyrium auf sich zu nehmen.

Damit kann ich einige Gesichtspunkte zusammenfassen. Das Thema „Der Pietismus und seine Bedeutung für die neueste Kirchengeschichte im internationalen Kontext" führt, so scheint mir, mitten hinein in grundsätzliche Fragen und Probleme einer Analyse der Geschichte des neueren Christentums: Innerhalb des Rahmens der deutschen Kirchengeschichte stellt sich vor allem die Frage, in welchem Ausmaß die spirituellen Energien, die dem älteren Pietismus zu eigen waren, inzwischen Kennzeichen und Stärken der Freikirchen sind. Freiwilligkeit der Teilnahme, Partizipation an der Gestaltung des religiösen Lebens, Laieninitiative, diese elementaren Bestandteile christlichen Glaubens, die dem älteren Pietismus seine besondere Kraft und sein besonderes Gesicht gaben, verschwanden seit dem späten 18. Jahrhundert gewissermaßen aus den Landeskirchen. Gestützt auf die neuen vereinsrechtlichen Regelungen des 19. Jahrhunderts entstanden eben nicht nur in Übersee, sondern vor allem aber auch in Deutschland jenseits der Kirchen neue religiöse Gemeinschaften, in denen die Freiwilligkeit der Glaubensentscheidung das zentrale Kriterium der Mitgliedschaft bildete. Die Tradition zum älteren Pietismus riss dabei durchaus nicht in allen Fällen ab. Wie ich aus persönlichen Gesprächen weiß, interessieren sich beispielsweise junge Mitglieder einer deutschen Pfingstgemeinde sehr stark für Leben und Werk des Grafen Zinzendorf. Dessen missionarische Dynamik ist für sie ein großes Vorbild. Die charismatischen Züge des Grafen, der keine Grenzen kannte, sind ihnen nicht etwa fremd und unheimlich, sondern durchaus attraktiv und vertraut. An diesem Beispiel zeigen sich, so scheint mir, über die Zeiten hinweg erstaunliche Kontinuitäten.

Innerhalb des europäischen Rahmens stellen sich dagegen andere Fragen. Hier gilt es auszuloten, auf welche Weise und in welchem Maße der Prozess der Säkularisierung seit dem späten 18. Jahrhundert auch die Formen christlichen Lebens und die christlichen Glaubensüberzeugungen verändert hat. Denn Aufklärung und Liberalismus, aber auch Sozialismus und Nationalismus ließen sich nicht einfach in das tradierte pietistische Verständnis vom christlichen Leben integrieren. Hier haben wir es vielmehr mit Herausforderungen von enormer geistiger, sozialer, kultureller und auch politischer Kraft zu tun, mit Konfrontationen, deren Auswirkungen das christliche Leben in den Gemeinden wie auch das Leben einzelner Christen zutiefst beeinflussen und prägen konnten und, wie wir wissen, tatsächlich auch beeinflusst und geprägt haben. Auch der ältere Pietismus kannte solche Herausforderungen. Schon Spener, Francke und Zinzendorf wussten um die Gefahren grassierender Ungläubigkeit. Zugleich mussten sie sich mit elementaren äußeren Notlagen auseinandersetzen. Ihr oberstes Ziel war es deshalb, christliches Leben und christlichen Glauben in einer nicht christlichen Umwelt neu zu pflanzen. In ihren Schriften und ihren Aktivitäten findet sich somit auch noch in der Welt des 19. und 20. Jahrhunderts eine große Aktualität, wenn man sich denn bemühte, ihren Sinn zu erschließen.

Im transatlantischen Rahmen gilt es noch einmal andere Probleme zu bedenken. Ganz offensichtlich ist es nicht unproblematisch, den neueren Pietismus in eine zu große Nähe zum Evangelikalismus und Fundamentalismus in den USA zu rücken.

Die meines Erachtens in unserem Zusammenhang spannendsten Fragen impliziert jedoch der Blick auf die christlichen Gruppen und Bewegungen in der außereuropäischen Welt des 20. Jahrhunderts. Seit 1960 sind, wenn ich richtig informiert bin, diese Gruppen und Bewegungen auf eine beeindruckende Weise gewachsen. Sie sind heute vital und voll Glaubenskraft; zugleich stehen sie in einem deutlichen Gegensatz zu den etablierten christlichen Kirchen in Europa. Eklatante Ähnlichkeiten bestehen dagegen mit dem älteren Pietismus. Das gilt für den sozialen Kontext ebenso wie für viele der religiösen Aspekte. Wie kann der christliche Glaube Menschen helfen, die in größter Not leben und die für sich und ihre Kinder das Schlimmste befürchten müssen? Die Liste der religiösen Elemente, die in solchen Notzeiten ungeahnte Wirkungen entfalten, ist lang. Ich nenne als Beispiele charismatische Führergestalten, die sich als Propheten verstehen, ferner Offenbarungen, die auch den einfachen Mitgliedern dieser Bewegungen zuteil werden, das emotionale Erleben religiöser Gemeinsamkeit in den Gottesdiensten, dann die allen Ängsten und Widrigkeiten zum Trotz unerschütterliche Glaubensstärke, die der göttlichen Heilszusage vertraut, schließlich die schwesterliche und brüderliche Nähe jenseits von Familie und Stand.

Kann man aus diesen Beobachtungen schließen, dass es also so etwas gibt wie ein Christentum der Not und des Oberlebens ebenso wie ein Christentum der Saturiertheit und der Affluenz?[4] Spezifi-

---

4 Pippa Norris und Ronald Inglehart argumentieren in der Monographie *Sacred and Secular. Religion and Politics Worldwide* Cambridge 2004 ähnlich: Überall dort, wo in der Welt von heute große Not herrsche, sei auch die Nachfrage nach Religion stark, während die Länder mit sozialer Sicherheit auch die Länder seien, in denen die Säkularisierung voranschreite. Wie weit diese Argumente tatsächlich nicht nur auf die armen Länder in der Dritten Welt, sondern auch auf die USA der Ära George W. Bush zutreffen, ist m. E. eine offene Frage.

sche, vom jeweiligen sozialen, ökonomischen und politischen Kontext bestimmte Einstellungen und Lebensweisen sind, wenn man so will, nicht nur für eine Epoche typisch, hier handelt es sich möglicherweise um epochenübergreifende strukturelle Fragen, die durch spezifische Herausforderungen ausgelöst wurden, die wiederum spezifische Reaktionen hervorriefen. Im älteren Pietismus wurde von einem Christentum der Heilssuche in Notzeiten etwas sichtbar, aber gewiss nicht nur dort. Insofern wäre es falsch, das Christentum der außereuropäischen Länder einfach unter den Begriff des Pietismus zu subsumieren. Lohnender wäre es wahrscheinlich, wenn man versuchen würde, die hier angeschnittene Frage einer Typologie weiter zu verfolgen. Noch deutlicher: Die in der Religionssoziologie seit Max Weber und Ernst Troeltsch übliche und immer neu wiederholte Unterscheidung zwischen Kirchen und Sekten erfasst nur bestimmte organisatorische Aspekte, die mit den Hoffnungen und Ängsten der Christen, die mit dem Leben fertig werden müssen, nur relativ wenig zu tun haben. Angst vor einem schnellen Tod ohne Heilsgewissheit, die Hoffnung auf Erlösung, trotz widriger äußerer Umstände, das Vertrauen in die göttlichen Heilszusagen, auch wenn die Kirchen versagen, und vor allem Personen, die diese Glaubenselemente überzeugend zum Ausdruck bringen können – mit der Erforschung solcher Themen kommt man der Bedeutung, die das Christentum im alltäglichen Leben und in besonderen Krisen- und Notsituationen hat, näher. Bei der Erforschung dieser Themen ist man aber wieder sehr nahe bei den genuinen Leistungen des Pietismus.

Die besonderen Probleme des mir gestellten Themas zeigen sich also auf allen vier hier abschließend angesprochenen Ebenen. Ich formuliere diese Probleme noch einmal in der Form von Fragen:

- Können diejenigen christlichen Gruppen, die sich im 19. und im 20. Jahrhundert unter den Bedingungen der Säkularisierung an der Tradition des älteren Pietismus orientierten, tatsächlich ohne weiteres als Pietisten benannt werden?

- Ist es nicht irreführend, auch alle jene evangelikalen Kreise in den USA, die in einem System des religiösen Pluralismus florieren, unter den gleichen Begriff zu fassen?
- Beeinflussten konkurrierende, speziell politische Glaubensüberzeugungen im 19. und 20. Jahrhundert die pietistische Frömmigkeit so stark, dass es falsch ist, von einer selbstverständlichen Kontinuität auszugehen?
- Ist es richtig, auf die christlichen Gruppen in der außereuropäischen Welt, die in typologischer Hinsicht viele Gemeinsamkeiten mit dem Pietismus aufweisen, ebenfalls diesen Begriff anzuwenden?

Ich zögere, auf diese Fragen klare, unzweideutige Antworten zu geben. Ich bin freilich aber der Meinung, dass die Diskussion über diese Fragen fortgeführt werden muss. Ich bin sicher, dass dazu auch Martin Greschat, einer der besten Kenner der neueren und neuesten Kirchengeschichte, Wichtiges dazu zu sagen haben wird.

Christentum und Kirchen angesichts der Totalitarismen des 20. Jahrhunderts

von Jochen-Christoph Kaiser

Die Feststellung ist sicher nicht übertrieben, dass die totalitären Herausforderungen des 20. Jahrhunderts für die christlichen Kirchen Europas den vorläufigen Höhepunkt des ohnehin spannungsreichen Verhältnisses von Kirche und Staat, von Religion und Politik in der Neuzeit markieren. Seit der Konstantinischen Wende hat das Christentum, jedenfalls im Abendland, keine derart fundamentale Infragestellung seiner Existenz erlebt wie in jenen wenigen Jahrzehnten des ohnehin ‚kurzen' 20. Jahrhunderts zwischen russischer Revolution und dem Ende der poststalinistischen Systeme. Die Zeit des Nationalsozialismus als spezifisch deutsche Variante der faschistischen Bewegungen umfasst sogar nur etwas mehr als ein Jahrzehnt, rechnet man die Vorgeschichte nicht hinzu. Gleichwohl hat die Religionspolitik von Marxismus und Faschismus nicht nur die Kirchen als gesellschaftliche Großinstitutionen, sondern auch Theologie und Religiosität des einzelnen Christen in einer Weise verändert, die bis zum Ende des Ersten Weltkriegs undenkbar erschien. Gewiss deuteten sich bereits im 19. Jahrhundert grundlegende Wandlungen im Verhältnis von Religion und Politik an. Sie wurden zunächst allerdings nur ideengeschichtlich vorbereitet und noch nicht oder kaum in praktische Politik implementiert. Liberale kirchen- und religionskritische Strömungen auf der einen und das sozialistische Projekt auf der anderen Seite deuteten diesen Wandel an. Letzteres versuchte im Zuge der Emanzipation der Arbeiterklasse von der bürgerlichen Gesellschaft auch in weltanschaulicher Hinsicht eine Alternative entgegenzusetzen, nämlich eine dezidiert antireligiöse Auffassung der Welt. Schließlich entwickelte sich im letzten Drittel des 19. Jahrhunderts ein imperialer Nationalismus, der im Verein mit einer neuartigen politischen Theologie Segmente des Christentums in charakteristischer Weise für seine Ziele instrumentalisierte. Nicht unabhängig von den skizzierten Tendenzen, aber ihnen auch nicht *notwendig* ideologisch verbunden, sondern eher aus den sich verändernden sozial- und gesellschaftsgeschichtlichen Rahmenbedingungen zu deuten, erlebten die europäischen Gesellschaften einen Säkularisierungsschub, der sich unmittelbar auf die individuelle Kirchenbindung, Frömmigkeitsstruktur und private religiöse Praxis auswirkte. Das Christentum in seiner überkommenen historischen Gestalt geriet in die Defensive, die freilich nicht als Einbahnstraße in Richtung seiner Selbstaufgabe verstanden werden darf, zumal sich bedingt durch diesen Außendruck auch neue religiöse Innovationen entfalteten. Betrachtet man die katholische Konfession, zeigt sich seit den 1820er Jahren das Phänomen der katholischen Milieubildung, verbunden mit einem spirituellen, ja selbst dogmatischen Neuaufbruch, wie er sich in den Beschlüssen des Ersten Vatikanums manifestierte, aber zugleich und flankierend dazu im Syllabus Errorum und mit dem Antimodernisteneid eine modernitätsverweigernde Ausprägung erhielt.

Auch der Protestantismus reagierte auf die zunehmende Distanzierung ganzer Bevölkerungsgruppen von traditioneller Kirchlichkeit: Es waren weniger die verfassten Landeskirchen selbst, sondern die kirchlichen Vorfeldorganisationen und die akademische Theologie, die versuchten, Antworten auf die langsame, wenngleich nicht zu übersehende Entkirchlichung zu finden und populär zu machen. Erweckungsbewegung, sozialer Protestantismus und die Unionsbildungen gehören ebenso zu diesen Antworten wie der lutherische Konfessionalismus und gegen Ende des Jahrhunderts schließlich der Neuprotestantismus.

Kennzeichen dieser Entfremdung einer zunehmenden Zahl von Menschen gegenüber Christentum und Kirchen war das Schleichende dieses Prozesses, innerhalb dessen sich die Betroffenen selbst kaum oder gar nicht zur allmählichen Lösung ihrer religiösen Bindungen äußerten. Anders verhielt es sich im Spektrum jenes Teils der öffentlichen Meinung, der bewusst den kritischen Schlagabtausch mit Kirchen und Theologie suchte und oftmals auch nicht mit heftiger Polemik sparte, die – vor allem auf sozialdemokratischer Seite – häufig die Grenzen des Niveaus einer ernsthaften Auseinandersetzung unterschritt. In der Semantik dieser praxisbezogenen, d.h. auf die sozialistische Klientel gerichteten Religionskritik wird – gleichgültig ob in der Sachauseinandersetzung oder in ironisch-sarkastischen Sottisen linker Unterhaltungsblätter und Kulturzeitschriften – etwas von der Unerbittlichkeit und einem dahinter stehenden Überlegenheitsgefühl der eigenen materialistischen Weltanschauung sichtbar.[1] Dies vermittelte schon manchen Zeitgenossen bereits eine Ahnung davon, dass der Weg von der Gewaltsamkeit der Sprache hin zu ihrer Umsetzung in gewaltbereites politisches Handeln auf dem Feld linker Religionspolitik nicht allzu weit sein würde.

Das Verhältnis der totalitären Bewegungen des 20. Jahrhunderts zu Religion und Kirchen hat in den letzten Jahren wieder Konjunktur, nachdem die Debatten nach 1945 über die Ursachen des Nationalsozialismus und um die Vergleichbarkeit von Stalinismus und deutschem Radikalfaschismus in den Jahren vor der ‚Wende' im Zeichen konvergenter Politikgestaltung im Kontext von Abrüstung, Friedenssicherung, ökonomischer Verteilungsgerechtigkeit und ‚Bewahrung der Schöpfung' in den Hintergrund getreten waren. Doch lebten diese Diskussionen mit dem Zusammenbruch des realexistierenden Sozialismus wieder auf. Nach 1989 entpuppten sich die in der offiziellen Rhetorik des Ostblocks bis dahin selbstbewusst artikulierenden ideologischen Positionen des nichtdemokratischen Sozialismus allesamt als leere Worthülsen,

---

1 Sebastian Prüfer, *Sozialismus statt Religion. Die deutsche Sozialdemokratie vor der religiösen Frage 1863–1890*, Göttingen 2002. S.a. die Beispiele bei J.-C. Kaiser, *Arbeiterbewegung und organisierte Religionskritik. Proletarische Freidenkerverbände im 19. und 20. Jahrhundert*, Stuttgart 1981.

und nach Offenlegung der Akten in der DDR lässt sich heute auch der unbedingte Zwang dokumentieren, mit denen das Regime nicht allein seine Tagespolitik gegenüber der Bevölkerung exekutierte, sondern auch über die mindestens äußere Einhaltung der ideologischen Vorgaben wachte, die seinen Herrschaftsanspruch legitimieren und sichern sollten. Der Hiatus zwischen ideologischem Anspruch und faktisch diktatorischer Realität gab totalitarismustheoretischen Überlegungen neue Impulse, die jetzt um so breiter wirken konnten, als diejenigen, die darin bislang eine simple Gleichsetzung von Rot und Braun im Kontext des Kalten Krieges gesehen hatten, nun nach dessen Ende über den Ertrag solcher Theoriemodelle wieder neu nachdachten.

Hans Maier, der mit einem großen Forschungsprojekt seit Anfang der 1990er Jahre jene Frage untersuchte, ob der umfassende Anspruch der totalitären Ideologien des 20. Jahrhunderts aus Motiven einer säkularisierten politischen Religion gedeutet werden kann, hat den herkömmlichen Ansatz kritisiert, Bolschewismus, Faschismus und Nationalsozialismus ausschließlich als *politische* Phänomene in den Blick zu nehmen. Und Michael Burleigh konstatiert in seiner Studie über das Dritte Reich, dass den gängigen Deutungsversuchen des Nationalsozialismus noch immer ein wesentliches Moment fehle, „das nur durch den Rückgriff auf unbefriedigte religiöse Bedürfnisse zurückgewonnen werden" könne: „Denn", so fährt Burleigh fort, „was war der Führer anders als ein Messias?... Was sonst lag der pseudowissenschaftlichen Überzeugung zugrunde, wenn erst einmal die dämonischen Klassen- und Rassenfeinde überwunden seien, werde die Menschheit in einen Zustand der Vollkommenheit eintreten? Was war die ‚Volksgemeinschaft' anderes als eine Rückkehr in Zeiten, die keine kategorische Trennung von Kirche und Staat gekannt hatten und in denen das eine mühelos in das andere übergegangen war"?[2] Klaus Hildebrand resümiert, die Diktaturen des 20. Jahrhunderts seien offenbar doch

---

2 Nach Klaus Hildebrand (Hg.), *Zwischen Religion und Politik. Studien zur Entstehung, Existenz und Wirkung des Totalitarismus,* München 2003, VII f. S.a.

mehr gewesen als „Herrschaftsanspruch und Herrschaftstechnik". Sie hätten auf ihre Weise auch den „Bedarf an Transzendenz und Numinosem gestillt", der ein genuines menschliches Bedürfnis sei – auch (noch) im Zeitalter der Moderne³ und – wie ich hinzufügen möchte – einer allgemeinen ‚déchristianisation' und der damit vermeintlich zusammenhängenden nachlassenden Bedeutung religiöser Bindekräfte.

Ich möchte nun zunächst einige Beobachtungen zur Entwicklung in der Weimarer Republik und im Dritten Reich schildern, gehe dann in einem zweiten Abschnitt auf den Begriff der ‚politischen Religion' ein, um schließlich die Kriegserfahrungen des deutschen Protestantismus als Beginn eines neuen Nachdenkens über Wandel und Funktion der Volkskirche mit gewichtigen Folgen für den Weg des deutschen Protestantismus nach 1945 zu skizzieren.

I.

Dass die Sozialdemokratie auch von den Kirchen des Kaiserreichs als ‚Umsturzpartei' angesehen wurde, hatte nicht nur mit ihrem Wirtschafts- und Gesellschaftsprogramm zu tun, sondern auch mit ihrer erklärten Gegnerschaft zu jeder Form organisierter Religion. Denn es ging den ideologischen Protagonisten der Partei nicht allein um den Kampf gegen den gesellschaftspolitischen Einfluss der Kirchen, den ja auch der linksliberale bürgerliche Laïzismus führte, sondern die sozialistische Doktrin richtete sich im Kern gegen jede Form einer Auffassung der Welt, die transzendente Bezüge bot und nicht materialistisch verankert war. Wer behauptete, dass sich Christentum und Sozialismus wie ‚Feuer und Wasser' gegenüberstünden, wie es der Parteiführer August Bebel ausdrückte, oder gar von der Religion als ‚Gottespest' sprechen konnte, wie der ehemalige sozialdemokratische Reichstagsabgeordnete und spätere An-

---

Michael Burleigh, *Die Zeit des Nationalsozialismus. Eine Gesamtdarstellung*, Frankfurt/Main 2000, 249.
3 Hildebrand, VIII.

archist Johann Most,[4] den betrachtete man kirchlicherseits neben den vielen anderen, unbekannteren Agitatoren der Partei und ihren Freidenkerverbänden ganz selbstverständlich als Gegner und bekämpfte ihn entsprechend. Als nach der russischen Oktoberrevolution bekannt wurde, dass die Bolschewiki mit ihrem vorher nur in propagandistisch verzerrten Umrissen bekannten religionspolitischen Programm blutigen Ernst machten, und wenig später in der deutschen Novemberrevolution Tendenzen auftraten, die nicht nur auf die radikale Trennung von Staat und Kirche hinausliefen, sondern auf die Marginalisierung des Christentums in der deutschen Gesellschaft zielten, war ein großer Teil der öffentlichen Meinung sogleich bereit, Sozialdemokratie und Bolschewismus miteinander zu identifizieren und den ‚Untergang des Abendlandes' auszurufen, wenn sich diese Kräfte auch in Deutschland durchsetzen sollten. Dass es anders kam und die Weimarer Reichsverfassung nach dem Rückzug der linken Revolutionäre lediglich eine ‚hinkende Trennung' von Staat und Kirchen dekretierte, die letzteren mannigfache Einflussmöglichkeiten beließ, führte nicht zu einer Annäherung der beiden großen Konfessionen an die gemeinsam mit Zentrum und DDP die Republik tragende Mehrheitssozialdemokratie, – im Gegenteil: Das tiefe gegenseitige Misstrauen aufgrund der jeweils erlittenen Verletzungen blieb bestehen.

Wesentlich stärker als die faktischen Auswirkungen der neuen Religionspolitik traf die Kirchen eine andere Entwicklung: nämlich die massenhaften Kirchenaustritte zur Religionslosigkeit, die 1919 mit Macht einsetzten und bis 1932 insgesamt mehr als 2,7 Mio Menschen betrafen. Erst im Jahr der Machtergreifung gingen die Zahlen charakteristischerweise wieder zurück.[5] Flankiert und als Frucht ihrer Agitation in Anspruch genommen wurde diese Austrittsbewegung von bislang nicht gekannten Ausmaßen durch eine rigide Freidenkerpropaganda, die linkssozialdemokratische und später auch kommunistische sog. Kulturverbände als wesentlichen

---

4 *Die Gottespest*, o.O. u. J., ND Frankfurt/Main 1996.
5 Statistisches bei Kaiser (wie Anm. 1), 352.

Vereinszweck betrieben in der trügerischen Hoffnung, sich den beiden etablierten Linksparteien als ideologische Vorhut und Ideengeber andienen zu können. Ähnlich manchen Strömungen des völkischen Neuheidentums, die ebenfalls versuchten, sich als Kristallisationspunkte der nationalsozialistischen Bewegung zu empfehlen mit dem Ziel, die NSDAP auf ihre Weltanschauung zu verpflichten, scheiterten auch die proletarischen Freidenker mit diesen Intentionen: Während die SPD zu ihnen auf Distanz ging, weil sie um ihre Bindungskraft als die unterschiedliche weltanschauliche Richtungen integrierende Arbeiterpartei fürchtete, instrumentalisierte sie die KPD für ihren täglichen Klassenkampf und ignorierte das religionskritische Anliegen, das sie nur in ihr nützlich erscheinenden Situationen reaktivierte. Dies geschah in Parallele zu vergleichbaren Vorgängen im völkischen Spektrum, denn auch die NSDAP und ihr engster Führungszirkel dachten unbeschadet einiger auf diesem Gebiet vorpreschender Spitzenfunktionäre wie Rosenberg und Himmler keineswegs daran, sich auf die weltanschauliche Führung der Dinters, Reventlows, Ludendorffs, Hauers und anderer einzulassen. Das sollten die Völkischen bereits im Jahr der Machtergreifung erkennen, und Mitte der 1930er Jahre wurde auch ihr Organisationsspektrum beinahe vollständig auf jene heute fast esoterisch anmutenden Zirkel zurückgedrängt, als die sie in der Weimarer Republik einst begonnen hatten.[6]

Es sollte den linken Freidenkervereinen wenig nützen, dass sie de facto auf die Kirchenaustrittsbewegung kaum Einfluss nehmen konnten und ihre Massenbasis zuletzt, d.h. Ende 1932 mit rund 660.000 Mitgliedern vor allem der Tatsache geschuldet war, dass sie preisgünstige Feuerbestattungspolicen an ihre Klientel verkauften: Denn das katholische wie protestantische Spektrum sah in ihnen – weniger in den Exponenten der völkischen selbsternann-

---

6 Gerhard Besier, „Der Nationalsozialismus als Säkularreligon", in: *Die Geschichte der Evangelischen Kirche der Union, Bd. 3: Trennung von Staat und Kirche – Kirchlich-politische Krisen – Erneuerung kirchlicher Gemeinschaft (1918–1992)*, hgg. v. Gerhard Besier und Eckhard Lessing, Leipzig 1999, 445–478.

ten Religionsstifter – durchweg einen ‚Kulturbolschewismus' am Werk, der sich nicht allein gegen das Christentum wandte, sondern auch alle anderen Werte der bürgerlichen Gesellschaft zugunsten seiner utopischen Zukunftsziele zu zerstören trachtete. Die Gründung besonderer apologetischer Zentren – durch die evangelische Innere Mission im Spandauer Johannesstift unter Leitung von Carl-Gunther Schweizer und Walter Künneth[7] und bei den Katholiken durch Konrad Algermissen im Mönchengladbacher ‚Volksverein für das katholische Deutschland' – ist ein Beleg dafür, für wie bedrohlich man den populistischen Atheismus von links und rechts hielt. Gegen ihn waren die kirchlichen Defensivanstrengungen gerichtet, weniger gegen philosophisch-intellektuelle Kirchen- und Religionskritik. Das könnte ein Hinweis darauf sein, dass die konfessionelle Apologetik in Freidenkertum und völkischem Germanenglauben den gefährlicheren Gegner sah, der sich womöglich auf dem Weg zur Gemeindebildung befand und sich anders als die ältere liberale Religionskritik des 19. Jahrhunderts vermeintlich auf die politische Durchsetzungskraft der großen Linksparteien stützen konnte.

In den letzten Jahren der Weimarer Republik eskalierte die Propaganda vor allem der kommunistischen Freidenkerverbände: Antireligiöse Demonstrationen in Form prozessionsähnlicher Umzüge zu hohen kirchlichen Feiertagen wie Ostern, Antiweihnachtskampagnen und der Verkauf von Schallplatten mit Spottliedern auf kirchliches Brauchtum und christliche Frömmigkeit schreckten selbst SPD-nahe Regierungskreise auf, die darin eine Überschreitung des Rechts auf freie Meinungsäußerung erblickten. Der Evangelische Pressedienst warf der Regierung vor, viel zu lange dieser – wie es wörtlich hieß – „rohen Hetze, dieser Saat blutigen Hasses, dieser wilden Zerstörung der Grundlagen von Volk und Staat" bisher fast untätig zugesehen zu haben. Der Präsident der Inneren Mission, der angesehene Berliner Systematiker Reinhold Seeberg,

---

7 Dazu Matthias Pöhlmann, *Kampf der Geister. Die Publizistik der „Apologetischen Centrale" (1921–1937)*, Stuttgart 1998.

rief in der *Deutschen Allgemeinen Zeitung* den Staat ebenfalls dazu auf, „mit allen zu Gebote stehenden Mitteln" endlich einzugreifen und dem, wie er es formulierte, „Kulturmord" der Gottlosenbewegung endlich Einhalt zu gebieten. Und der Generalsuperintendent der Kurmark, Otto Dibelius, legte in seinen Predigten den Gottesdienstbesuchern klar, dass der geforderte staatliche Schutz gegen die rhetorischen Ausschreitungen der Freidenker nicht allein der Kirche nütze, sondern auch dem Staat selbst, denn die Gottlosenbewegung zerstöre „die Volksgemeinschaft an der Wurzel", sie sei ein fremdes, vom Ausland kommendes Werk und darauf aus – so wörtlich – „alles Ewiggültige in den Schmutz zu treten". Wenn ihr nicht gewehrt werde, „bedeute dies ‚das Ende der deutschen Kultur'".[8] – Tatsächlich zeigten diese Voten Wirkung: Im März 1931 schränkte eine Notverordnung die Freidenkeragitation erheblich ein, und ein Jahr später wurde ihr kommunistischer Zweig durch eine weitere Notverordnung verboten.[9] Dass letztere gegen den Widerstand des Reichskanzlers Brüning erlassen wurde, der damit nur einem Wunsch des Reichspräsidenten entsprochen habe, scheint verbürgt. Brüning selbst war der Auffassung, antireligiösen Bestrebungen sei mit Polizeigewalt nicht beizukommen. Auch der sozialdemokratische preußische Innenminister Carl Severing, er persönlich freilich religiöser Sozialist, habe ihm erklärt, er halte die Rosenberg-Bewegung für viel gefährlicher als die Kommunisten und ihre plumpen Methoden, – der Schlag gegen die KPD-Freidenker könne den falschen Eindruck erwecken, die Regierung sympathisiere mit dem politischen Atheismus der Rechten.[10]

In der Tat war die relative Einäugigkeit der kirchlichen Abwehrbemühungen gegenüber zeitgenössischen atheistischen Gruppierungen ein Problem. Eines wird man der kirchlichen Apologetik jedoch nicht unterstellen können: dass sie sich über die begrenzte

---

8   Zitate nach Kaiser, 296 ff.
9   *RGBl* 1931 I, 79–81 und 1932 I, 185 f.
10 Heinrich Brüning, *Memoiren 1918–1934*, Bd. 2, Stuttgart 1970, ND München 1972, 604.

Funktion der antireligiösen Organisationen innerhalb des rechten und linken Parteispektrums hätten klar sein müssen. Wer ihnen dieses ex post bescheinigen will und vor allem die gegen die sozialistischen Freidenker gerichtete Apologetik allzu rasch als wohlfeile Schützenhilfe für die Rechtsparteien im Kampf gegen den Bolschewismus interpretiert, missachtet die damals – mit Blick auf die Christenverfolgungen in der Sowjetunion – sehr realen Ängste großer kirchlich konditionierter Bevölkerungsgruppen vor dem ‚gottlosen Kulturbolschewismus', zumal dieser wie zumindest die politischen Abteilungen der Polizeipräsidien im Reich sehr genau wussten, nicht nur von russischen Vorbildern zehrte, sondern auch durch die Komintern und das Politbüro der KPdSU regelrecht ferngesteuert wurde.

Worauf sich die Kritik an der kirchlichen Apologetik allerdings beziehen kann, ist die Tatsache der *ungleichgewichtigen Behandlung* linker und rechter Organisationsformen der Kirchen- und Religionskritik. Erschienen erstere als reale Gefahr für den Bestand der Kirchen und christlich geprägten Kultur, mochten letztere eher den Eindruck beschränkter kleiner Weltanschauungskreise erwecken ohne größere politische Rückdeckung durch die einzig in Frage kommende Partei, die NSDAP. Denn hatte sich diese in Artikel 24 ihres Parteiprogramms nicht auf das ‚positive Christentum' verpflichtet und sich von übereifrigen völkischen Parteigängern wie Artur Dinter offiziell losgesagt resp. den Rosenberg'schen *Mythus* durch selbst als für die Partei nicht relevante Privatarbeit ihres Autors qualifiziert? Man wird dem entgegnen können, dass hellsichtige Zeitgenossen im Umfeld der Dialektischen Theologie oder auch der dezidierte Lutheraner Hermann Sasse schon vor 1933 die religionspolitischen Vorstellungen der NSDAP scharf angegriffen haben, von dem kleinen Häuflein der Religiösen Sozialisten ganz zu schweigen.[11]

---

11 Hermann Sasse in: *KJb* 1933/44, 12–14. S.a. Detlef Döring, *Christentum und Faschismus. Die Faschismusdeutung der religiösen Sozialisten*, Stuttgart – Berlin – Köln 1982.

Doch Wirkung zeigten solche Warnungen nicht. Es sollte noch einige Zeit dauern, bis sich bei manchen Protestanten und übrigens auch Katholiken nach dem Abklingen der großen Zustimmungswelle für die neue Staatspartei in den Jahren 1933/34 Ernüchterung breit machte sowie sich die allmähliche Erkenntnis durchsetzte, es nicht mit einer konservativ-autoritären Kraft zu tun zu haben, die nahtlos an die politische Kultur des Kaiserreiches hätte anknüpfen können, sondern mit einer Partei ganz neuen Typs, die sich selbst als Weltanschauungsgemeinschaft verstand und auf diesem Sektor keine Konkurrenz zu dulden bereit war.[12]

Es gab nur sehr wenige Protestanten, die Anfang der 1930er Jahre verbindende Elemente zwischen der linken und rechten Religionskritik sahen. Diese Wahrnehmung erfolgte über einen Umweg: die Entdeckung eines politischen Messianismus innerhalb dieser beiden politisch so antagonistischen Gruppen.

Dieser Messianismus besaß, darauf hat Klaus Schreiner hingewiesen, „die Funktion eines religiös imprägnierten Erwartungs- und Bewegungsbegriffs, der dazu diente, zukunftsgerichteten Ideen, Erwartungen und Bewegungen einen Namen zu geben".[13] Er stammte natürlich aus der jüdischen Tradition, emanzipierte sich aber im Laufe des 19. Jahrhunderts von ihr und wurde davon ganz losgelöst nur noch politisch-säkular verstanden. Zwei Varianten dieses Messianismus bildeten sich in dieser Zeit heraus: ein konservativ-restaurativer und ein revolutionär-utopischer Typus. Der Messias der Rechten war die kraftvolle, charismatische Führergestalt, jene

---

12 Die These von Besier, dass die Apologetische Centrale beim Central-Ausschuss für Innere Mission erst Mitte der 1930er Jahre die Gefährlichkeit Rosenbergs und anderer völkischer Kreise erkannt habe, erscheint allerdings nicht haltbar, wenn man die Literaturproduktion der Centrale betrachtet. Auch wird diese Kritik der Tatsache nicht gerecht, dass der NS erst nach der Konsolidierungsphase der ersten Jahre seine totalitären Absichten offen erkennen ließ. Vgl. Besier, „Der Nationalsozialismus als Säkularreligon", a.a.O., 464.

13 Klaus Schreiner, „Messianismus. Bedeutungs- und Funktionswandel eines heilsgeschichtlichen Denk- und Handlungsmusters", in Hildebrand (wie Anm. 2), 1–44, 6.

der Linken das Volk. Wer diese Metaphern benutzte, bezog sich also nicht mehr auf Vorstellungen des jüdischen Geschichtsdenkens und damit zusammenhängende Kontinuitäten zur Gegenwart, sondern griff damit auf eine Sprache zurück, die „biblische Deutungsmuster aus ihrem ursprünglichen Zusammenhang" löste. Diese ließen sich für die Beschreibung aktueller Krisen und ihrer Überwindung instrumentalisieren, weil darin inzwischen säkularisierte Vorstellungen von ‚Heils-‘ und ‚Erlösungsbedürftigkeit‘ enthalten waren. In den ausgehenden 1920er Jahren gewannen die Topoi ‚Erlöser‘ und ‚Erlösung‘ so sehr an Boden, dass man geradezu von einer Konjunktur dieser Termini sprechen muss, wie schon der Zeitgenosse Robert Musil in seinem zwischen 1930 und 1932 entstandenen Roman *Der Mann ohne Eigenschaften* konstatierte. Wenn man die eher schlichteren Parolen der extremistischen Parteien von links und rechts betrachtet, welche die Rettung aus der großen Krise der schwachen Republik allein einer starken autoritären Führerpersönlichkeit oder auf der anderen Seite der Diktatur des Proletariats zuschrieben, oder wenn man die *Aufnahmebereitschaft* für solche Schlagworte in einer sozial wie ökonomisch stark verunsicherten Gesellschaft betrachtet, wird die Geschichtsmächtigkeit derartiger Metaphern überdeutlich. Offen blieb freilich, ob es sich um eine „Politisierung des Religiösen oder eine Theologisierung des Politischen" handelte, – jedenfalls erfüllte diese Semantik eine „politisch-soziale Funktion".[14] Sie deutete mit ihrer Symbolsprache die Lösung einer Krise an, aus der entweder Führer und Volksgemeinschaft oder die kommunistische Partei als Avantgarde der Arbeiterklasse zusammen mit dem Proletariat den Weg weisen würden.

Innerhalb der evangelischen Kirchen hat kaum jemand diesen doppelten Bezug säkularisierter Heilsvorstellungen im Spektrum von Links- und Rechtsextremismus vor 1933 so deutlich erkannt und hervorgehoben wie der niedersächsische Pfarrer Richard Kar-

---

14 Schreiner, 41 f.

wehl (1885–1979). Ursprünglich durch die Schweizer religiösen Sozialisten Hermann Kutter und Leonhard Ragaz beeinflusst, studierte er nach Ausbildung und ersten Jahren im Pfarramt als Gasthörer bei Karl Barth in Münster und gehörte seither zum Umfeld der Dialektischen Theologie.[15] 1931 publizierte er in *Zwischen den Zeiten* einen längeren Aufsatz über „Politisches Messiastum", der aus einem Vortrag vor der Jungevangelischen Konferenz in Hannover hervorgegangen war.[16] Karwehl kritisierte in seinem Beitrag den Nationalsozialismus wegen seiner Rassenideologie und der proklamierten Gottesebenbildlichkeit des ‚Ariers', was im Widerspruch zur christlichen Schöpfungstheologie stehe. Gegenüber dem Nationalsozialismus deutlich kritischer eingestellt als gegenüber dem Marxismus, sah Karwehl in beiden jedoch Erscheinungsformen einer ‚säkularisierten Eschatologie' in Gestalt eines politischen Messiastums. Dessen Zielsetzung – entweder deutsche Weltherrschaft oder klassenlose Gesellschaft – weise auf Verkündigungsdefizite der Kirche selbst hin, deren prophetisches Amt erloschen sei. „Speziell der Nationalsozialismus wolle durch die Adaption der Metaphorik und der Sprache des Christentums einen den Kirchen ebenbürtigen Glauben schaffen."[17] Sein Parteiprogramm sei ebenso unveränderlich und unfehlbar wie das christliche Dogma, und das Reich Gottes werde von ihm durch das Dritte Reich ersetzt. Manche protestantischen Pastoren verwechselten inzwischen „die säkularisierte Eschatologie der völkischen Bewegung mit der legitimen Eschatologie kirchlicher Verkündigung" und schwenkten „mit Begeisterung in die Front des Nationalsozialismus ein".[18]

Die linkssozialistisch inspirierte Religions- und Kirchenkritik hatte während der Weimarer Republik keine Chance, ihre Welt-

---

15 Dirk Glufke, „Richard Karwehls ‚politisches Messiastum'. Zur Auseinandersetzung zwischen Kirche und Nationalsozialismus", in: *Jahrbuch der Gesellschaft für niedersächsische Kirchengeschichte* 90. 1992, 207–217.
16 ZZ 9.1931, 519–543.
17 Ebd., 208.
18 Schreiner, 33.

anschauungspolitik nach russischem Muster durchzusetzen, da die KPD nie ausreichenden politischen Einfluss ausüben konnte oder in den größeren Ländern die Regierung (mit-)stellte. Als in den ersten Jahren nach der nationalsozialistischen Machtergreifung die ‚bolschewistische Gefahr' gebannt schien, jedenfalls im eigenen Land, erlahmte auch das Interesse von kirchlicher Publizistik und Öffentlichkeit an einer weltanschaulichen Auseinandersetzung, sieht man von jenen Stimmen ab, die im Verein mit der NS-Propaganda den Antibolschewismus weiterhin als wichtigen Bestandteil der braunen Ideologie betrachteten und mit Beginn des Russlandfeldzugs wieder in diesem Sinne agitierten. Dass sich die Deutschen Christen hier besonders hervortaten, ist bekannt. Aber gerade sie wären nie auf die Idee gekommen, das rote Sendungsbewusstsein auf dem Weltanschauungssektor zu nationalsozialistischen Dogmen im Umfeld von Rassismus und Lebensraum in Beziehung zu setzen. Auch ihre innerkirchlichen Gegner taten dies nicht, wahrscheinlich nicht zuletzt deshalb, weil ihnen der engere Kirchenkampf in den Jahren 1933/34 und dann die Auseinandersetzung mit der Religionspolitik des Regimes dazu wenig Spielraum ließ. Gleichwohl bildete der von Partei und Staat geförderte und verordnete offizielle Antibolschewismus eine jener mentalen Folien, von denen auch jene geprägt wurden, die sich an der offiziellen Propaganda auf diesem Sektor nicht beteiligten. Die große Verunsicherung und Sorge der Pfarrer und Gemeinden in der SBZ und DDR nach 1945 angesichts dessen, was die Sowjets zusammen mit den deutschen Kommunisten im Hinblick auf die Kirchen tun würden, zeugt von dieser subkutanen Prägekraft.

II.

Nachdem im Zeichen des Kalten Krieges die Totalitarismustheorie ihre Blütezeit hatte, um die kommunistischen wie faschistischen Regime des 20. Jahrhunderts zu beschreiben, erlebt in den letzten Jahren die Kennzeichnung von Stalinismus und Nationalsozialismus als ‚politische Religionen' eine Renaissance. Dies geschieht auf dem Hintergrund der einst heftigen Debatten um das Totalitarismuskonzept, dessen Gegner davon ausgehen, als würden hier die Systeme des real existierenden Sozialismus und des Faschismus nicht nur miteinander verglichen, sondern ‚gleichgesetzt'. Nun heißt Vergleichen nicht, zwei unterschiedliche Dinge miteinander zu identifizieren, aber die Vorstellung von dem ‚guten Kern' sozialistischer Politik auf der einen und dem abgrundtief Bösen des Nationalsozialismus hat die totalitarismustheoretischen Debatten seit jeher belastet und ließ manche der Beteiligten nach alternativen Erklärungsmustern suchen, zu denen eben auch das Deutungsraster der ‚politischen Religion' gehört. Anders als die Totalitarismusthese ist letzteres bislang nur in Ansätzen erforscht worden. Das dürfte mit der verständlichen Scheu davor zu tun gehabt haben, verbrecherische politische Systeme mit religiösen Kategorien zu beschreiben, zumal ein wichtiges Kennzeichen herkömmlicher Religion, die transzendente Dimension und eine sich von dieser aus speisende Offenbarung mit Zielrichtung auf innerweltliche Systeme hier nicht vorhanden scheint. Ansätze zur Definition politischer Religionen gibt es seit dem Ersten Weltkrieg. Das dürfte auf die starke Ausweitung des Religionsbegriffs zurückzuführen sein, wie sie etwa die Marburger Systematiker und Religionswissenschaftler Rudolf Otto und Friedrich Heiler vornahmen, denen neben anderen später der katholische Religionsphilosoph Romano Guardini folgte.[19] Die von den Genannten betriebene religionsphilosophische und religionsphänomenologische Forschung entwickelte einen Religionsbegriff, der die „individualistischen Engführungen" des 19. Jahrhunderts überwand und „mit der sozialen Dimension auch die Züge des Numinosen, Faszinierend-Erschreckenden, Provozierenden zu-

---

19 Folgendes nach Hans Maier, „‚Totalitarismus' und ‚Politische Religionen'. Konzepte des Diktaturvergleichs", in: *VfZ* 43. 1995, 387–405. – Vgl. a. ders. (Hg.), *Wege in die Gewalt. Die modernen politischen Religionen*, Frankfurt/Main 2000. – In diesem Zusammenhang s.a. Claus-Ekkehard Bärsch, *Die politische Religion des Nationalsozialismus. Die religiösen Dimensionen der NS-Ideologie in den Schriften von Dietrich Eckart, Joseph Goebbels, Alfred Rosenberg und Adolf Hitler*, München ²2002.

rück[gewann], die in einer Betrachtung der Religion ‚innerhalb der Grenzen der bloßen Vernunft' verlorengegangen waren. Das Schauervolle und Unheimliche, das Tremendum et Fascinosum werden als Momente religiöser Erfahrung neu entdeckt."[20] Damit ließ sich der Terminus ‚Religion' auch für Kollektiv- bzw. Massenphänomene außerhalb der etablierten Kirchen und Religionsgemeinschaften fruchtbar machen.

In der Politikwissenschaft führten den Begriff ‚politische Religion' in den 1930er und 1940er Jahren der Wiener Staatsrechtler und Soziologe Eric Voegelin,[21] der französische Historiker Raymond Aron und der englische Journalist Frederick A. Voigt ein. Sie bedienten sich seiner, „um das bisher unbekannte Ausmaß politischer Gewalt und ihre Rechtfertigung durch ‚letzte' Ziele zu bezeichnen", und um damit zugleich die Gemeinsamkeiten dieser neuartigen Diktaturen des 20. Jahrhunderts zu erfassen. Politische Religionen waren für alle drei auch „Folge der Säkularisierung und Ausdruck einer tiefen geistigen Krise der Zeit."[22] Für Voegelin ist das religiöse Grundbedürfnis des Menschen seit jeher zentral, – er begreift es als ein Grundelement aller politischen Ordnungen. Der Zerfall des christlichen Glaubens in der Säkularisierung führt für ihn zur großen Sinnkrise der Gegenwart, in der bestimmte Teilinhalte der Welt wie Nation, Rasse, Klasse vergottet werden. Massenbewegungen stützen diese Auffassung, deren Ziel die ‚vollkommene Menschheit' schon auf Erden ist. – Raymond Aron geht hingegen von der liberalen Totalitarismuskritik aus. 1944 entfaltete er seine zusammenschauende Interpretationen beider Gewaltsysteme als ‚religions séculières'. Die zunächst erfolgte Zurückdrängung und Beschränkung des Religiösen auf den privaten Raum wird rückgängig und wieder ‚öffentlich' gemacht, wobei eine diesseitige Heilsverheißung die zentrale Rolle spielt. Neu – so Aron – sei vor

---

20 Maier 1995, 398.
21 *Die Politischen Religionen*, Stockholm 1939, ND 1993 u. 1996.
22 Dierker (wie Anm. 28), 541.

allem die Verquickung politischer Gewalt mit religiösen Argumentationsmustern.

Voegelin deutet politische Religionen also säkularisierungskritisch als Folgen des Zerfalls der christlichen Religion, während Aron sie umgekehrt als Rückfall hinter die Positionen der Aufklärung, als ‚Modernitätsverlust' charakterisiert. Einen dritten Weg beschreitet der englische Journalist Frederick A. Voigt, bis 1933 Auslandskorrespondent des *Manchester Guardian* in Berlin. Für ihn ist in seinem Buch *Unto Ceasar*[23] die Entstehung politischer Religionen Folge des Niedergangs der christlichen Religion wie zugleich der säkularen Bürgergesellschaft. Marxismus wie Nationalsozialismus unterscheiden für Voigt nicht mehr zwischen göttlicher und irdischer Sphäre. Das führt notwendig zur Vergottung diesseitiger kollektiver Gesellschaftsvorstellungen und zur Missachtung, Kritik und Unterdrückung des Christentums.[24]

Der Münchener Politologe Hans Maier hat diese Positionen weiterentwickelt und eine Phänomenologie charakteristischer Merkmale zusammengestellt, die es für ihn rechtfertigen, die totalitären Systeme des 20. Jahrhunderts als religiöse Phänomene zu deuten. Dazu gehören:

- das religiöse ‚Tremendum et Fascinosum' (Otto, *Das Heilige*)
- das Eindringen in die Privatsphäre
- die Neigung zum Ritual
- das esoterische Prinzip, d.h. die In- und Exklusion von der personalen Teilhabe an Gemeinschaft / Arier versus Juden etc.
- die Ausrichtung an Fiktionen
- die Verheißung von Heil und eines Heilsbringers
- neue Feste
- ein neuer Kalender
- die strukturelle Verwandtschaft mit den Kirchen

---

23 London 1938; Titel nach Mt 22,21 (englisch: Render unto Caesar the things that are Caesar's, and to God the things that are God's).
24 Dierker, 541 f.

Das Modell ‚politische Religion' ist nicht ohne Kritik geblieben, und in der Tat vermag es ja nicht alles zu erklären. Vor allem die Verbindung rückwärtsgerichteter, hinter die Aufklärung zurückgehender Vorstellungen einer *Einheit* von politischem und religiösem Wollen gehört dazu. In kirchen- und universalgeschichtlicher Sicht scheint hier eine Interpretation wiedererstanden, deren Wurzeln bis in die Antike zurückreichen, wie Hermann Heller und nach ihm Mitte der 1930er Jahre Erik Peterson vorgeschlagen haben: Die Negation bzw. Aufhebung der neuzeitlichen Trennung von geistlicher und weltlicher Gewalt bedeutet für sie „eine Rückbewegung hin zur antiken Ungeschiedenheit von Polis und Religion, Kult und Politik". In diesem Sinne formulierte Hermann Heller 1928: „Der Staat kann nur totalitär werden, wenn er wieder Staat und Kirche in einem wird, welche Rückkehr zur Antike aber nur möglich ist durch eine radikale Absage an das Christentum."[25] Hannah Arendt und später Hans Mommsen oder Hans-Günter Hockerts lehnen die Deutung totalitärer Systeme des 20. Jahrhunderts mit Hilfe des politischen Religions-Paradigmas ab: Einmal werde diesen Regimen damit zuviel Ehre zuteil, und außerdem hätten vor allem die Nationalsozialisten keine inhaltliche, gleichsam dogmatische Fixierung ihrer Weltanschauung versucht, sondern sich nur an wenigen Kernaussagen im Kontext von Rassenkampf und Lebensraum orientiert. Hockerts möchte deshalb lieber von ‚Säkularreligion' oder ‚politischer Religiosität' sprechen.[26] Die beiden neueren Studien von Michael Rissmann und Wolfgang Dierker geben sich hier zurückhaltender: Rissmann scheidet – was an die Praxis mancher Aufklärungstheologen wie Johann Salomo Semler erinnert – zwischen ‚privaten' Anschauungen Adolf Hitlers s und denjenigen, die er vor Parteigenossen und in der Öffentlichkeit äußerte. Danach vermischten sich bei Hitler transzendente und innerweltliche Religion. Nicht

---

25 Nach Maier 1995, 402.
26 Hans Günter Hockerts, „War der Nationalsozialismus eine politische Religion? Über Chancen und Grenzen eines Erklärungsmodells", in: Hildebrand (wie Anm. 2), 45–71.

nur politischer Führer, sondern auch Religionsstifter wäre Hitler dann nach eigenem Selbstverständnis gewesen. Nur in seiner Person selbst, nicht etwa in der Partei wäre diese Verschmelzung zweier unterschiedlicher religiöser Sphären erfolgt. – Öffentlich hat Hitler solche Ideen freilich nie gemacht. ‚Seinen Gott' wollte er offenbar nicht als Staatsgott der Deutschen einsetzen. Lediglich sein eigenes Messias-Führertum, als Motor der ‚NS-Heilsgeschichte der Deutschen' propagierte er unaufhörlich. Herrschaft und Ideologie verstand er als streng rationales, wissenschaftlich abgesichertes Gebilde. Das alles stammte zwar von einem Gott, doch dem sollte Verehrung nur in Gestalt seines Gesandten Adolf Hitler zuteil werden. Insofern orientierte sich das Dritte Reich nicht an den Vorgaben einer Religion zur Staatsbildung. Und die NS-Weltanschauung zur Grundlage einer neuen ‚Kirche' zu machen, wie Goebbels sich das aus freilich eher pragmatischen Gründen wünschte, lehnte Hitler zum Leidwesen seines Propagandaministers stets ab.[27]

Wolfgang Dierker weist in seiner großen Studie über *Himmlers Glaubenskrieger* darauf hin, dass die Verwerfung oder Nutzung des Konzepts der ‚politischen Religion' letztlich vom jeweils verwandten Religionsbegriff abhängig sei. Fasse man diesen weiter, könne der Nationalsozialismus durchaus damit charakterisiert werden, denn seine – wenn auch noch so diffuse – Weltanschauung oder politische Religion bot den Anhängern „gleichwohl in sich schlüssige Deutungsmuster und konkrete Neuordnungsvorstellungen, die ausdrücklich nicht als theoretisches Gedankengebäude, sondern als Anleitung zum politischen Handeln begriffen wurden".[28]

Damit sind einige wichtige Facetten zur Würdigung des Begriffs benannt, vor allem aus historischer Perspektive. Solange wir den Terminus ‚politische Religion' zur phänomenologischen Beschrei-

---

27 Michael Rissmann, *Hitlers Gott. Vorsehungsglaube und Sendungsbewusstsein des deutschen Diktators*, Zürich 2001. Jetzt auch Rainer Bucher, *Hitlers Theologie*, Würzburg 2008.
28 Wolfgang Dierker, *Himmlers Glaubenskrieger. Der Sicherheitsdienst der SS und seine Religionspolitik 1933–1941*, Paderborn 2002, 544.

bung bestimmter Momente totalitärer Herrschaft nutzen und damit die ungeheure Dynamik und Gewaltbereitschaft der damaligen Akteure besser erklären können, erfüllt das Modell seinen Zweck. Freilich vermag es keine *exklusive* Interpretation der Geschichte von Nationalsozialismus und Kommunismus im 20. Jahrhundert zu bieten, denn es bleibt inhaltlich unbestimmt und ist immer auf formale Aspekte mit bezogen. Vor allem zielt es nicht auf das religiöse Individuum und sein Trost- und Heilsbedürfnis, sondern auf das Kollektiv, dessen Handeln durch weltanschaulich-religiöse Glaubensüberzeugungen so stimuliert werden soll, dass es gegen besseres Wissen und rationale Einsicht dem Führer und seiner Partei auch dann folgt, wenn dieser Weg in der Selbstzerstörung des Kollektivs bzw. der Nation endet.

III.

Der Streit um den Begriff ‚politische Religion' im Kontext des Verhältnisses der Kirchen zu den totalitären Systemen des 20. Jahrhunderts hat also gute Gründe. Allerdings stellt sich die Frage, ob nicht Kirchengeschichte als Disziplin, die in Deutschland primär an theologischen Fakultäten bzw. Institutionen gelehrt wird, noch andere Kriterien namhaft machen kann als die bereits angeführten, ob für Stalinismus oder Nationalsozialismus die Zuschreibung ‚politische Religion' Sinn macht oder nicht. Ich will damit gar nicht noch einmal in die Sachdebatte darüber eintreten, welche Argumente dafür und dagegen sprechen, sondern auf den *Erfahrungshorizont* derjenigen rekurrieren, die nicht gleichsam vom grünen Tisch und ex post, sondern als christliche Zeitgenossen die Wucht totalitärer Systeme zur Durchsetzung der eigenen Weltanschauung auf Kosten bereits bestehender religiöser Formationen buchstäblich am eigenen Leibe erfuhren. Der Kern dieser Erfahrungen scheint mir – hier bezogen auf den Nationalsozialismus – im Kriegserlebnis an der Front und in der Heimat[29] und nicht allein in dessen mi-

---

29 S.a. Hermann Düringer/Jochen-Christoph Kaiser (Hgg.), *Kirchliches Leben im Zweiten Weltkrieg* (Arnoldshainer Hefte 126), Frankfurt/Main 2005. Ferner Karl-

litärischen Dimensionen, sondern auch im Umfeld der Shoah zu liegen. An dieser ‚Grenze' menschlicher Existenzbehauptung und -zeugenschaft wurde vielen Protestanten endlich klar, dass hier nicht mehr ein religionsneutraler Staat tätig war, sondern ein neuartiges, bisher unbekanntes politisch-weltanschauliches System, dessen Gewalt keinen Schranken mehr unterworfen war. Das Zusammentreten von zwei abrupten Erfahrungen: dass der Staat seine Kirchen nicht nur nicht mehr stützte, sondern sie offen bekämpfte bzw. zu marginalisieren bestrebt war, *und* das Erlebnis der mörderischen Härte gegenüber allen, die den rassistischen und erbbiologischen Kriterien nicht mehr genügten, scheint bei manchen Christen einen grundsätzlichen Umdenkungsprozess ausgelöst zu haben. Wir können diesen nicht oder nur annäherungsweise exakt analysieren, weil einmal die Quellen spärlich fließen und dann offenbar in erster Linie Einzelne betroffen waren, die später darüber reflektierten und davon berichteten, dass für sie eine Welt zusammenbrach, als sie den Zusammenhang zwischen der Implementierung einer exklusiven, unduldsamen Weltanschauung mit der entgrenzten Gewaltbereitschaft ohne jede Rücksicht auf den ‚rassisch Anderen' und vor allem Schwachen sowie nicht konformes Verhalten erkennen mussten. Außerdem, das sei hier hinzugefügt, steht die theologie- und gesellschaftsgeschichtliche Erforschung der Kirchen im Krieg noch in den Anfängen, was mit den angedeuteten Schwierigkeiten zu tun hat.

Im Dritten Reich hatte der deutsche Protestantismus erstmals erfahren, dass er sich nicht mehr auf eine ihm jahrhundertelang wohlwollend oder dann nach 1918 wenigstens neutral gegenübertretende Obrigkeit verlassen konnte. Das wirkte auf viele Christen – auch und gerade solcher in kirchlichen Ämtern – wie ein Schock und löste hier und da Reflexionen darüber aus, ob das Verhältnis von Staat und Kirche nicht grundsätzlich neu geordnet werden müsse. Die Hilflosigkeit der im kirchenpolitischen Sinne ‚zerstörten'

Joseph Hummel/Christoph Kösters (Hgg.), *Kirchen im Krieg. Europa 1939–1945*, Paderborn et al. 2007.

Kirchen im Hinblick auf das Unrechtshandeln des Staates, nicht nur ihnen gegenüber, sondern auch was die terrorisierten Minderheiten und unheilbar Kranken im Dritten Reich anging, dazu die ständige Bedrohung durch Verwundung und Tod an der Front und im Bombenhagel der Städte, ließ bei vielen ein Gefühl der ‚Ohnmacht der Kirche' aufkommen (Günter Jacob), die sie als Christen und Pastoren daran hindere, ihre Stimme gegen Unrecht und Tod zu erheben. Deshalb müssten künftig der Einzelne und die Gemeinde im Mittelpunkt kirchlicher Ansprache stehen. Männer wie Dietrich Bonhoeffer oder Helmut Thielicke sprachen damals vom Ende der ‚Volkskirche' in ihrer traditionellen, staats- und gesellschaftsverbundenen Gestalt und forderten neue Formen gelebten Christentums, mit mündig gewordenen Christen, die nicht länger Zuflucht suchten in der Kirche als ‚Heilsanstalt', sondern in kleinen Zirkeln Gleichgesinnter über ihren Glauben sprechen und ihn leben wollten. Der spätere brandenburgische Generalsuperintendent Günter Jacob ließ 1944 eine hektographierte Ausarbeitung unter seinen Freunden zirkulieren (*Die Zukunft der evangelischen Kirche*),[30] in der er das Schicksal der Kirche von der Frage abhängig machte, ob sie bereit sei, das Ende des konstantinischen Zeitalters anzuerkennen. Es könne nur noch um Nachfolge unter dem Kreuz gehen, die ecclesia visibilis in ihrer einst machtvollen Gestalt habe keine Zukunft mehr.

Solche Überlegungen und Bekenntnisse sollten nach 1945 im deutschen Protestantismus eine zentrale Rolle spielen. Bis hin zur Frage nach ‚Restauration oder Neuanfang', die zunächst in der frühen Nachkriegszeit, d.h. im Kontext der Gründung der EKD, und dann noch einmal gegen Ende der 1960er Jahre die evangelischen Zeitgenossen bewegte, lassen sich derartige Vorstellungen von einer lebendigen Gemeinde verfolgen. Anstelle des für verkrustet gehaltenen Apparates der Konsistorien mit ihren Gesetzlichkeiten und ihrer Bürokratie forderten diese – meist aus den Bruderräten kom-

---

30 Vgl. Ders. (Hg.), *1946 – Die Versuchung der Kirche. Theologische Vorträge der Jahre 1934/1944*, Göttingen 1946.

menden – Kreise einen geistlichen Neubeginn, der sich von den gescheiterten Strukturen überkommener protestantischer Kirchlichkeit endgültig abwenden sollte. Dass dies nicht gelang, vermutlich auch nicht gelingen konnte, solange man nicht bereit war, die Volkskirche aufzugeben und sich auf ungewisses neues Terrain zu begeben, ist bekannt. Wichtig für unser Thema bleibt das Faktum, dass unter dem Druck des Krieges nicht nur Pragmatismus oder Fatalismus bzw. das Festhalten an tradierten Formen kirchlicher Sinnstiftung des offensichtlich Sinnlosen den theologischen Alltag bestimmten, sondern dass sich in Anknüpfung an eigene theologische und existenzielle Erfahrungen in kleinen protestantischen Kreisen ein neues Denken in neuen Modellen allmählich entwickelte, das den kirchlichen und politischen Wiederbeginn nach 1945 mitbestimmen sollte. Auch wenn die Entwicklung nach 1945 vieles davon relativierte, – die Wirkungen des Dritten Reiches auf den Protestantismus insgesamt und ungeachtet seiner vielfältigen Differenzierungen und Varianten ist meines Erachtens kaum zu unterschätzen.

Dass die Kirchen im Zeitalter des Totalitarismus vor die größte Herausforderung an ihr institutionelles Selbstverständnis, ihre Theologie und ihre gesellschaftlichen Handlungsräume gestellt wurden, hat ihre Wirkungen auf die kirchengeschichtliche Forschung nicht verfehlt. Das harte Ringen seit 1945 und dann – mit Blick auf die DDR-Kirchen – seit 1989 um die angemessene Deutung dieser hoch komplexen Vorgänge zeugt davon. Wenn wir allein die aufeinander folgenden Phasen der Geschichtsschreibung des so genannten Kirchenkampfes betrachten, der in seinem Kern ein Kampf zwischen dem christlichen Glauben in seiner kirchlichen Gestalt und eine alle Lebensbereiche umfassenden totalitären Ideologie gewesen ist, wird deutlich, welche Forschungsleistungen hier bis heute erbracht wurden. Nicht diese selbst, wohl aber die Deutung ihrer Ergebnisse sind bis heute nicht unumstritten. Zeitzeuginnen und Zeitzeugen sehen ihre Rolle anders als die Nachgeborenen, und auch diese bleiben in der Akzentsetzung ihrer

Interpretation stets den jeweiligen eigenen theologischen und gesellschaftsgeschichtlichen Vorprägungen verpflichtet. Auf dem vergleichsweise freien Feld akademischer Forschung können sich Akzente und Perspektiven leichter verschieben und Innovationen Platz machen als innerhalb des kirchlichen Gesamtspektrums, besonders dort, wo Grundsatzentscheidungen eine Legitimationsbasis benötigen, die immer auch historisch bedingt ist.

Solche Feststellungen sind für sich genommen trivial, aber es bleibt festzuhalten, dass Kirchengeschichte gleich welcher Konfession, solange sie primär an theologischen Fakultäten betrieben wird, ein besonders enges Verhältnis zur Institution Kirche besitzt, von dieser angefragt und gefördert wird, aber auch Spannungen aushalten muss, wenn sich aufgrund ihrer Ergebnisse die allmähliche Ablösung lange in Geltung gestandener Geschichtsbilder abzeichnet. Das betrifft im Grundsatz sicher alle Epochen der Kirchengeschichte, in Sonderheit aber die kirchliche Zeitgeschichte, die sich als Geschichtsschreibung der Mitlebenden auch in wissenschaftlicher Durchführung durch Betroffenheit und Engagement auszeichnet, vor allem nach den Erfahrungen der totalitären Zumutungen des 20. Jahrhunderts. Deshalb kann es besonders der Zeitgeschichte in allgemeiner wie kirchlicher Gestalt nicht um absichtslose Schilderung des Gewesenen gehen, auch wenn sie sich in handwerklich-methodischer Hinsicht an diese Forderung des Historismus gebunden weiß. Sie hat gewissermaßen ein *Anliegen*, wie ein Blick auf fast 50 Jahre Fachforschung zeigt, und dieses Anliegen konvergiert nicht immer mit den Vorstellungen jener, die in Kirchenleitung und kirchennaher Öffentlichkeit eigene Ziele verfolgen und dafür Legitimationsgrundlagen benötigen. Dies ist die besondere Spannung zwischen historischer Arbeit und einem sich nur langsam verändernden kollektiven Gedächtnis, eine Spannung, die allerdings produktiv sein kann und die Beteiligten stets daran erinnert, dass die ‚Sache' um die es hier geht, die Christentumsgeschichte eben,[31] beide Seiten untrennbar miteinander verbindet.

---

31 Zum Begriff der ‚Christentumsgeschichte' vgl. Kurt Nowak, „Wie theologisch ist die Kirchengeschichte" Über die Verbindung und die Differenz von Kirchengeschichtsschreibung und Theologie", in: *ThLZ* 122. 1997, 3–12.

Kirchen ohne Bekenntnis – Der schweizerische theologische Freisinn und seine Folgen

von Thomas K. Kuhn

Ein Symposion zum Thema *Vom Ertrag der neueren Kirchengeschichte für Kirche und Gesellschaft*[1] sollte auch die Zusammenhänge von kirchlicher Praxis und Kirchen- respektive Zeitgeschichte in den Blick nehmen. Darum möchte ich meinen Beitrag, der sich den Folgen des theologischen Liberalismus für Gesellschaft und Kirche in der Schweiz widmet, auf die Frage nach dem *Bekenntnis* fokussieren. Damit greife ich ein gleichermaßen aktuelles wie historisch bedeutsames theologisches, kirchenpraktisches und kirchenrechtliches[2] Thema des kirchlichen Lebens in der Schweiz auf. Die Aktualität will ich zunächst an zwei Beispielen illustrieren.

In der Schweiz löst die Verwendung des Apostolikums im Gottesdienst durchaus Verwunderung oder gar Verärgerung aus. Der Gebrauch des Apostolikums ist in den schweizerischen reformierten Kirchen nämlich in Folge des theologischen Freisinns seit dem späten 19. Jahrhundert weitgehend unüblich geworden. Das Sprechen des Credo kommt einem zweifachen Bekenntnis gleich: Zum einen wird der christliche Glaube und zum andern die Zugehörig-

---

1 Der Vortrag wurde für den Druck erweitert und überarbeitet.
2 In Zürich sprach Ingolf Dalferth kürzlich von einer *Renaissance des evangelischen Kirchenrechts* und konstatierte, dass sich die evangelischen Kirchen Rechtsfragen weder theoretisch noch praktisch entziehen könnten. Und wörtlich: „Ein zeitgemässes evangelisches Kirchenrecht ist eine unabweisbare Herausforderung für Theologie und Kirche." Diese Herausforderung hat zweifelsohne auch eine wesentliche historische Dimension, der sich die Kirchengeschichtswissenschaft vermehrt zu widmen hat. Ingolf Ulrich Dalferth, *Das Recht der Kirche. Zur Revision der Zürcher Kirchenordnung*, Zürich 2004, 7.

keit zu einer spezifischen kirchlichen Richtung, nämlich zu den so genannten *Positiven* bekannt. Die Auseinandersetzung zwischen *Freisinnigen* und *Positiven* prägt bis auf den heutigen Tag weite Teile der schweizerischen kirchlichen und theologischen Landschaft. Das zweite Beispiel nimmt das Bekenntnis im Zusammenhang mit der Ordination in den Blick. In den vergangenen Jahren hat sich die Arbeitsgruppe Ordinationsliturgie der Konferenz der evangelischen Liturgiekommissionen des Schweizerischen Evangelischen Kirchenbundes (SEK) mit einer neuen Ordinationsliturgie beschäftigt.[3] Die Überlegungen zu einer einheitlichen Ordinationsliturgie erschienen im März 2004 unter dem Titel *Auf dem Weg zu einer gemeinsamen Ordinationsliturgie der reformierten Kirchen der Schweiz.*[4] Dieser Vorschlag befand sich bis Ende November 2004 in der für den schweizerischen Meinungsbildungsprozess charakteristischen *Vernehmlassung.*[5]

Der neue Entwurf der Ordinationsliturgie will das Gemeinsame der reformierten Schweizer Landeskirchen hervorheben, „ohne die individuellen Eigenarten einzuebnen."[6] In unserem Zusammenhang ist zweierlei von Interesse. Zum einen fällt das Fehlen jegli-

---

3 Der SEK ist als Verein organisiert der Zusammenschluss von 26 evangelischen Kirchen (darunter 24 reformierte Kantonalkirchen sowie die Evangelisch-methodistische Kirche in der Schweiz und die Église évangélique libre de Genève). Der Kirchenbund mit Sitz in Bern vertritt die Anliegen des schweizerischen Protestantismus auf nationaler und internationaler Ebene und wird von einem neunköpfigen Rat geführt.

4 *Auf dem Weg zu einer gemeinsamen Ordinationsliturgie der reformierten Kirchen der Schweiz. Liturgie und theologischer Kommentar.* Erarbeitet im Auftrag des Rates des Evangelischen Kirchenbundes von der Arbeitsgruppe Ordinationsliturgie der Konferenz der evangelischen Liturgiekonferenz des SEK. Entwurf zur Vernehmlassung, Bern – März 2004.

5 Das Vernehmlassungsverfahren ist ein Konsultationsverfahren und eine wichtige Phase in der Schweizer Gesetzgebung. Bei der Vernehmlassung wird ein Gesetzes- oder Verfassungsentwurf von erheblicher politischer, wirtschaftlicher, oder kultureller Tragweite auf seine Verwirklichungschance bei Kantonen, Parteien, Verbänden und Kirchen hin geprüft.

6 Beat Huwyler, „Kirchliche Dienste als Visitenkarten", in: Bulletin SEK-FEPS Nr. 2, 2004, 6 f.

cher historischer Verortung im Kommentar der Liturgie auf. Die annähernd 170 Jahre währende Diskussion in der Schweiz über Bekenntnis und Ordination erscheint mit keinem Wort. Dass Liturgien auch Ausdruck geschichtlicher Prozesse sind, scheint den Verfassern dieses Entwurfes nicht bewusst zu sein. Zum zweiten dürfte das vorgeschlagene Ordinationsgelübde außerhalb der Eidgenossenschaft Unverständnis provozieren. Denn anders als beispielsweise im Raum der EKD findet sich hier keine Verpflichtung auf ein Bekenntnis. Das Gelübde lautet vielmehr: „Gelobt ihr, durch euer Reden und Tun das Wort Gottes gemäss der Heiligen Schrift zu verkündigen und die Sakramente zu feiern, die unser Herr Jesus Christus eingesetzt hat, und wachsam durch den Dienst am Wort für das Volk Gottes einzustehen?... Gelobt ihr, die Ordnungen der Kirche, in der ihr euren Dienst tun werdet, zu achten und einzuhalten?"[7]

Diese Bekenntnislosigkeit der schweizerischen reformierten Kirchen ist ein Spezifikum: Diese Landeskirchen zählen in der Ökumene zu den wenigen Kirchen, „die weder in ihren Verfassungen noch in ihren Liturgien die Verpflichtung auf ein bestimmtes, formuliertes Bekenntnis kennen".[8] Die Abschaffung der Bekenntnispflicht stellt einen der zentralen Erfolge des schweizerischen theologischen Freisinns im 19. Jahrhundert dar.[9]

Mit der Zurückweisung des Apostolikums und mit der Bekenntnisfreiheit in den schweizerischen evangelischen Kirchen sind also zwei elementare Differenzen zum Deutschen Protestantismus genannt. Denn in der EKD ist bekanntlich das Ordinationsgelübde

---

7   Siehe dazu die abgedruckte Ordinationsliturgie, in: *Auf dem Weg.*
8   Rudolf Gebhardt, *Umstrittene Bekenntnisfreiheit. Der Apostolikumsstreit in den Reformierten Kirchen der Deutschschweiz im 19. Jahrhundert*, Zürich 2003, 12.
9   In Zürich allerdings gab es schon seit 1803 keine Bekenntnisverpflichtung mehr. Siehe dazu Georg Finsler, *Kirchliche Statistik der reformierten Schweiz*, Zürich 1856, 12. Einen zeitgenössischen Überblick über die Ordinations- und Synodalgelübde bietet Daniel Fries, „Die Ordinations- und Synodalgelübde der reformirten Schweiz", in: *Die Kirche der Gegenwart. Eine Monatschrift für die reformirte Schweiz*, Zürich 1847, 88–99.

mit der Verpflichtung auf Schrift und Bekenntnisse üblich und auch der Gebrauch des Apostolikums nicht völlig frei gestellt.[10]

Auf die Genese dieser schweizerischen Eigentümlichkeiten will ich nun im Folgenden eingehen. Sie ist insofern historisch von Bedeutung, weil der schweizerische Diskurs um Apostolikum und Bekenntnis früher als in Deutschland einsetzte und weit reichende liturgische sowie kirchenrechtliche und kirchenpolitische Folgen zeitigte. Die Tatsache, dass Schweizer Theologen ebenfalls und sogar früher einen heftigen Apostolikumstreit ausgefochten haben, ist unter deutschen Kirchenhistorikern häufig unbekannt. Diese Unkenntnis lässt sich leicht belegen: Keines der aktuellen größeren theologischen Nachschlagewerke erwähnt in seinem Artikel zum Apostolikumstreit die sich von Deutschland markant unterscheidende Entwicklung in der Schweiz.[11]

I.

Sowohl in der Schweiz als auch in Deutschland regte sich seit den 1840er Jahren wachsender Widerstand gegen den verpflichtenden Gebrauch des Apostolikums. Allerdings verliefen diese Auseinandersetzungen in den genannten Territorien aufgrund differenter politischer und sozialer sowie kirchenpolitischer und konfessioneller Voraussetzungen in signifikant anderen Bahnen. Der starke politische Liberalismus sowie die zunehmende Demokratisierung der Schweiz kamen seit der eidgenössischen Bundesverfassung 1848 auch in den kantonalen Kirchengesetzgebungen und theologischen Diskussionen zum Tragen.[12] Darum konnte sich hier ein wesentlich freierer Diskurs über Apostolikum und Bekenntnis entfalten als in

---

10 Albert Stein, „Ordination", in: Gerhard Rau/Hans-Richard Reuter/Klaus Schlaich, *Das Recht der Kirche*, Bd. 3, Gütersloh 1994, 73–117; ferner Iris Siegmund, *Ordination. Die Rechtslage in den Landeskirchen im Bereich der EKD*, Diss. Rechts- und Staatswissenschaftliche Fakultät Bonn 1995.

11 Diese zeichnet nun allerdings detailliert und grundlegend Rudolf Gebhardt in seiner Zürcher Dissertation (siehe Anm. 8) nach, auf den ich mich im Wesentlichen beziehe.

12 Siehe dazu Ulrich Gäbler, Art. Schweiz, in: *TRE* 30, 701 f.

Deutschland. In den monarchisch und episkopal strukturierten deutschen Territorien bezahlten bekanntlich seit Ende der 1840er Jahre und dann in den 1870er Jahren einige Pfarrer ihren Widerstand gegen das Apostolikum mit dem Verlust ihres Amtes.[13] In besonderem Maße ist allerdings der deutsche Apostolikumstreit in den 1890er Jahren[14] im historischen Bewusstsein präsent und vor allem mit zwei Namen besetzt. Zum einen mit Christoph Schrempf (1860–1944) und zum andern mit Adolf von Harnack (1851–1930). Der württembergische Pfarrer Christoph Schrempf[15] ersetzte 1891 das Apostolikum durch eine selbstverfasste Tauffrage. Auf seine Selbstanzeige hin führte eine Untersuchung ein Jahr später 1892 zur Amtsenthebung des Leuzendorfer Pfarrers. Dieser so genannte *Fall Schrempf* blieb bekanntlich keine bloß württembergische Angelegenheit. Harnacks Engagement führte den Streit um das Apostolikum auf den Höhepunkt, der dann auch noch im 20. Jahrhundert seine Opfer forderte.[16]

II.

Am Ende des 19. Jahrhunderts hatten die Schweizer Kirchen diese Auseinandersetzungen schon längst hinter sich gelassen und Bekenntnis- sowie Lehrfreiheit gesetzlich festgeschrieben. Diese Entwicklung zu Lehr- und Bekenntnisfreiheit, die ich später paradigmatisch in Zürich und Basel vorstellen werde, verlief auf sehr unterschiedlichen Wegen. Im Kanton Zürich fingen die Auseinan-

---

13 Heinrich Hermelink, *Das Christentum in der Menschheitsgeschichte. Von der französischen Revolution bis zur Gegenwart*, Bd. 3: *Nationalismus und Sozialismus 1870–1914*, Stuttgart – Tübingen 1955, 553–555; Daniela Dunkel, Art. Apostolikumstreit, in: *RGG*⁴ 1, 650 f.
14 Siehe dazu Hanna Kasparick, *Lehrgesetz oder Glaubenszeugnis? Der Kampf um das Apostolikum und seine Auswirkungen auf die Revision der Preußischen Agende (1892–1895)*, Bielefeld 1996.
15 Hans Martin Müller, „Persönliches Glaubenszeugnis und Bekenntnis der Kirche. Der Fall Schrempf", in: Friedrich Wilhelm Graf/Hans Martin Müller (Hgg.), *Der deutsche Protestantismus um 1900*, Gütersloh 1996, 223–237.
16 Pfarrer Karl Wilhelm Jatho (1851–1913) wurde 1911 entlassen und der bayerische Pfarrer Ferdinand Knote 1924 in den Ruhestand versetzt.

dersetzungen an und hier wurden bereits sehr früh konsensfähige Antworten gefunden. Denn schon 1803 wurde das seit 1566 geltende Zweite Helvetische Bekenntnis (Confessio Helvetica Posterior) aus der Ordinationsverpflichtung gestrichen.[17] Auch das 1842 revidierte Ordinationsgelübde verzichtete wie andere Kantone auf das Bekenntnis.[18] In einigen Kantonen (Bern, Freiburg, Schaffhausen und Graubünden) hingegen war Mitte des 19. Jahrhunderts noch die *Confessio Helvetica Posterior* in Geltung. Basel-Stadt ordinierte auf das Basler Bekenntnis aus dem Jahr 1534. Das Gelübde im Kanton Basel-Landschaft nahm deutlich die zeithistorischen politischen Verhältnisse auf und kam den liberalen Forderungen am weitesten entgegen. Die Pfarrer hatten seit 1832 in dem liberalen Kanton beim Amtsantritt folgendes Gelübde vor dem Regierungsrat abzulegen: „Ich schwöre, die christliche Religion und Tugend zu ehren, treu dem Volk des Kantons Baselland, die Verfassung in allen ihren Theilen zu handhaben, wenn es die Noth erheischt, Leib und Leben, Gut und Blut für deren Aufrechterhaltung hinzugeben, jede Verletzung der Verfassung und jede ihr drohende Gefahr sogleich zu verzeigen, den verfassungs- und gesetzmäßigen Verfügungen mich ohne Widerrede zu unterwerfen, insbesondere auch, wenn ein Gesetz oder eine Beamtenwahl verfassungs- und gesetzmäßig durch die Mehrheit angenommen und in Kraft erwachsen ist, sowohl das Gesetz als die Wahl unbedingt und ohne Dawiderhandeln in Wort und That anzuerkennen, bei allen öffentlichen und geheimen Abstimmungen, an denen ich Theil nehme, nach bestem Wissen und Gewissen und wie ich es vor Gott und Vaterland verantworten kann, zu stimmen. – Ich schwöre, das Evangelium Jesu Christi, wie dasselbe in der heiligen Schrift enthalten ist, allein nach den

---

17 Der Zürcher Theologie-Professor Johannes Schulthess (1763–1836) nahm 1820 kritisch Stellung zu einer über die Bibel hinausgehenden Verpflichtung. Er sah keine Notwendigkeit für bindende Symbole, die über Bibel und Apostolikum hinausgingen. Siehe dazu Johannes Schulthess, *Für und wider die Bekenntnisse und Formeln der protestantischen Kirchen. Aus dem Westen und Norden der evangelischen Schweiz gesammelt und herausgegeben*, 1820.
18 Zitiert nach Finsler, *Statistik*, 54.

Grundsätzen einer nach der evangelischen Wahrheit strebenden Bibelforschung zu verkünden, einzig und allein die verfassungs- und gesetzmäßigen Behörden des Kantons Baselland als meine Oberbehörden auch in kirchlichen Dingen anzuerkennen und von keinerlei außer dem Kanton Baselland bestehenden Behörde irgend eine Weisung in Bezug auf die Erfüllung meiner Amtspflichten anzunehmen, hingegen alle durch die Regierung in Kanton Basel-Land angestellten Seelsorger nach besten Kräften in ihren Verrichtungen zu unterstützen."[19]

Die altprotestantischen Bekenntnisse besaßen demnach Mitte des 19. Jahrhunderts in den meisten Kantonalkirchen keine kirchenrechtliche Relevanz mehr. Das war und ist in Deutschland bekanntlich anders.

III.

In der ersten Phase auf dem Weg zur Lehr- und Bekenntnisfreiheit war in Zürich 1803 bei der Ordination der Pfarrer das zweite Helvetische Bekenntnis aus Ordinationsgelübde und Kirchengesetz gestrichen worden. Auch das Ordinationsgelübde aus dem Jahr 1842 verzichtete explizit auf das Bekenntnis und nannte als Grundlage des pastoralen Dienstes die Bibel und die „Grundsätze der evangelisch-reformirten Kirche".[20] Die zweite Phase setzte dann in den 1840er Jahren ein und war geprägt vom Aufbruch einiger junger freisinniger Theologen. Nach der Streichung des Bekenntnisses in Zürich galt nun seit Mitte der 1840er Jahre dem Aposto-

---

19 Dieses Gelübde ist auf den 6. Dezember 1832 und den 14. Mai 1833 datiert. Es fällt somit in die Zeit der Kantonstrennung. Von daher sind die Bestimmungen, wonach der Geistliche unter Einsatz seines Leben für die Aufrechterhaltung der Verfassung einzustehen hatte, zu deuten. Schon im April 1834 stießen diese Formulierungen auf Widerstand und es wurde eine Erläuterung erforderlich. Demnach war der Geistliche hinsichtlich des Militärdienstes zwar nicht zum Tragen von Waffen verpflichtet; er musste aber bereit sein, eine Feldpredigerstelle zu versehen. Diese Erläuterung wurde der Eidesleistung schließlich beigefügt. Siehe zum Gelübde Fries, „Ordinations- und Synodalgelübde", 92 f.
20 Zitiert nach Finsler, *Statistik*, 54.

likum und seiner liturgischen Verwendung bei der Taufe die Aufmerksamkeit. Diese Debatte prägten einige junge Theologen. Sie vertraten den Freisinn, so der schweizerische Terminus für Liberalismus. Ihre theologische Prägung hatten sie vor allem durch Ferdinand Christian Baur und seine Schüler erhalten. Durch diesen Rezeptionsprozess sind die neuere württembergische und schweizerische Kirchen- und Theologiegeschichte eng miteinander verwoben. Diese Einflüsse will ich kurz skizzieren.

Zu diesem liberalen theologischen Nachwuchs zählte auch Pfarrer Alois Emanuel Biedermann (1819–1885).[21] Seine wissenschaftliche Erstlingsschrift über die *Freie Theologie*, die 1844 in Tübingen erschien,[22] führte die Debatten über die Kirchenordnung in der Nordostschweiz entscheidend weiter. Biedermann entwickelte zunächst als Pfarrer im Kanton Basel-Landschaft und dann als Zürcher Theologieprofessor eine eigenständige liberale Theologie. Er schloss sich dabei kritisch-konstruktiv den Tübingern Ferdinand Christian Baur, Friedrich Theodor Vischer, David Friedrich Strauss (1808–1885) und Eduard Zeller (1814–1908), aber auch dem Berliner Wilhelm Vatke (1806–1882) an.[23] Mit Strauss und Vischer, dem späteren Zürcher Kollegen, sowie mit Zeller verband Biedermann eine langjährige Freundschaft. Biedermanns Verhältnis zu Strauss wandelte sich von anfänglicher stürmischer Begeisterung zu kritischer Wertschätzung. Immerhin hielt Biedermann 1875 seine Zür-

---

21 Zur Person siehe Thomas K. Kuhn, *Der junge Alois Emanuel Biedermann. Lebensweg und theologische Entwicklung bis zur ‚Freien Theologie' 1819–1844*, Tübingen 1997; Rudolf Dellsperger, Art. Alois Emanuel Biedermann, in: TRE 6, 484–488; ders., „Alois Emanuel Biedermann (1819–1885) – Freie Theologie", in: Stephan Leimgruber/Max Schoch (Hgg.), *Gegen die Gottvergessenheit. Schweizer Theologen im 19. und 20. Jahrhundert*, Freiburg im Breisgau – Wien 1990, 86–103.
22 Alois Emanuel Biedermann, *Die freie Theologie oder Philosophie und Christenthum in Streit und Frieden*, Tübingen 1844.
23 Ulrich Köpf, „Ferdinand Christian Baur als Begründer einer konsequent historischen Theologie", in: *ZThK* 89. 1992, 440–461; ders., „Theologische Wissenschaft und Frömmigkeit im Konflikt: Ferdinand Christian Baur und seine Schüler", in: *Berichte zur Wissenschaftsgeschichte* 11. 1988, 169–177.

cher Rektoratsrede über *Strauss und seine Bedeutung für die Theologie*.[24] Dabei war er sich bewusst, dass ein solches Unterfangen in Preußen wahrscheinlich undenkbar gewesen wäre. Dem privatisierenden Berliner Philosophen Eduard von Hartmann (1842–1906) gegenüber erklärte er nämlich, „dass ein Theologe als Rector eine solche Rede halten konnte ohne allen Anstoß, das mag Ihnen zum erneuten Beweis dienen, dass die Freiheit der Wissenschaft auch in der Theologie bei uns kein leeres Wort ist".[25] Für diese Freiheit einzustehen, Theologie als freie Wissenschaft vor der Verantwortung der Vernunft zu treiben, dazu hatte Strauss Biedermann angeregt.

Die schweizerische Rezeption der Baur-Schule ging in den 1870er Jahren merklich zurück.[26] Insofern markiert die Rektoratsrede den Schlusspunkt einer Entwicklung, die in den späten 1830er Jahren eingesetzt hatte und über vier Jahrzehnte lang zunehmend an Einfluss auf die theologische und religionspraktische Entwicklung der reformierten Eidgenossenschaft genommen hatte. Neben Baur waren es vornehmlich Strauss und Zeller gewesen, die den schweizerischen Freisinn entscheidend geformt hatten. Die Auseinandersetzungen um Strauss prägten in der Eidgenossenschaft über Jahrzehnte die theologischen Diskussionen.[27] Daneben provozierte auch Zeller kontroverse Debatten. Aber anders als Strauss, der seine Zürcher Professur nie hatte antreten dürfen, lehrte Zeller von 1847–1849 in Bern, wo er indessen heftigster Polemik ausgesetzt war und deshalb die Schweiz rasch wieder verließ. Trotz dieser widrigen Umstände blieb der Einfluss von Strauss und Zeller mittelbar

---

24 Alois Emanuel Biedermann, „Rektoratsrede, gehalten an der Stiftungsfeier der Zürcher Hochschule, den 29. April 1875", in: *JPTh* 1. 1875, 561–582 (= Leipzig 1875); auch abgedruckt in: Alois Emanuel Biedermann, *Ausgewählte Vorträge und Aufsätze mit einer biographischen Einleitung von J. Kradolfer*, Berlin 1885, 211–230.
25 Biedermann an Eduard von Hartmann, 14.9.1875, in: *Nachlass Alois Emanuel Biedermann, Universitätsbibliothek Basel*.
26 Siehe dazu Thomas K. Kuhn, „Theologischer Transfer. Die Baur-Schule und die schweizerische Theologie im 19. Jahrhundert", in: *BWKG* 105. 2005, 31–51.
27 Siehe dazu Georg Finsler, *Geschichte der theologisch-kirchlichen Entwicklung in der deutsch-reformierten Schweiz seit den dreissiger Jahren*, Zürich ²1881.

durch Freunde und Gesinnungsgenossen lebendig und prägte den theologischen Diskurs nachhaltig.

Das intensive öffentliche und publizistische Interesse an den Auseinandersetzungen um Kirchenordnungen, Bekenntnis und Apostolikum, das stets auch die Entwicklungen in Deutschland wahrnahm und kommentierte, ist darauf zurückzuführen, dass es den religiösen Parteien gelang, diese Diskurse zu popularisieren. Der St. Galler Pfarrer Carl Wilhelm Theodor Pfeiffer (1814– 1912)[28] gab die Entwicklung 1854 treffend wieder, wenn er erklärt: „Die Bekenntnißfrage ist an und für sich eine der wichtigsten aller kirchlichen Fragen, gegenwärtig aber durch die in Deutschland erwachte konfessionelle Aufregung noch von besonderem Interesse. Es ist merkwürdig, welch' ein großer Unterschied in der Beziehung zwischen dem protestantischen Deutschland und der protestantischen Schweiz besteht. Während man dort vor einer protestantischen Kirche ohne die altprotestantischen Bekenntnisschriften wie vor einem Gespenst ohne Fleisch und Bein zurückschreckt, als ob das eine Kirche ganz ohne Bekenntnis wäre, auch dieser Zustand sich nur in einem verhältnißmäßig sehr kleinen Theile von Deutschland findet, so ist das hier in der Schweiz sogar der allgemeinere Zustand, und man nimmt ihn sehr ruhig, ja fast bewusstlos hin."[29] Pfeiffer forderte eine evangelische Kirchenordnung ohne altprotestantische Bekenntnisschriften, denn das sei die Kirchenordnung der Zukunft.[30]

In den schweizerischen reformierten Kirchen sollte Pfeiffers Ansinnen schon bald Realität werden, denn die Schaffung einer bekenntnisfreien Kirche war das fundamentale Reformanliegen des theologischen Liberalismus. Dabei ging es nicht nur um zentrale ekklesiologische Fragestellungen, sondern auch um das Verhält-

---

28 Ein Biogramm bei Gebhardt, *Bekenntnisfreiheit*, 478.
29 Carl Pfeiffer, *Ueber die Zukunft der evangelischen Kirche in der Schweiz, mit besonderer Rücksicht auf die Bekenntnissfrage*, St. Gallen – Bern 1854, Vorwort (o.S.).
30 Pfeiffer, *Zukunft*, Vorwort (o.S.)

nis von Religion und moderner Welt, von Glaube, Philosophie und Wissenschaft, also um Fragen, denen sich auch Baur und vor allem seine schweizerischen Schüler zuwandten.[31] Diese hatten maßgeblichen Anteil daran, dass sich der Streit um die Symbole in Zürich schließlich auf die Verwendung des Apostolikums bei der Taufe konzentrierte. Als Liberale sahen sie in der Verpflichtung, bei der Taufe das Glaubensbekenntnis sprechen zu müssen, eine Einschränkung der bürgerlich gewährten Freiheit. Deshalb müsse der politische Demokratisierungsschub, der die Schweiz seit den 1830er Jahren erfasst hatte, auch Konsequenzen für die Kirche zeigen. Das konnten sie und ihre Gesinnungsgenossen relativ ungestört tun, da in Folge der politisch-sozialen Liberalisierung – anders als in den deutschen Territorien – keine Disziplinierungen oder Repressalien zu befürchten waren.

Sozusagen als Startschuss für eine breite Diskussion über das Apostolikum[32] wirkte 1844 die Erstlingsschrift des jungen Biedermann. Dieser legte in seiner *Freien Theologie* die theologische Saat, die dann in den folgenden Jahrzehnten unter breiter Teilnahme der Öffentlichkeit aufgehen sollte. Das intensive öffentliche und publizistische Interesse an den Auseinandersetzungen um Kirchenver-

---

31 Neben Biedermann ist hier vor allem Heinrich Lang (1826–1876) zu nennen. Der württembergische Pfarrer Heinrich Lang avancierte als politischer Flüchtling in der Schweiz zu einem der einflussreichsten Vertreter liberaler Theologie und reformerischer Kirchenpolitik.
32 Gegen den Freisinn eines Biedermann und seiner Gesinnungsgenossen formierte sich eine schlagkräftige Opposition, die so genannten Positiven. Deren Wortführer war Biedermanns Freund und Schwager, der Basler Professor für Neues Testament Christoph Johannes Riggenbach (1818–1890). Die seit den späten 1840er Jahren tobenden theologischen Richtungskämpfe führten zu folgenreichen gesellschafts- und kirchenpolitischen Fragmentierungen und Positionierungen des Schweizerischen Protestantismus, die bis auf den heutigen Tag, wenn auch nicht mehr in ihrer früherer Prägnanz, bestehen. Diese theologische und kirchenpolitische positionelle Ausdifferenzierung zeigte sich in der Gründung von zahlreichen Zeitschriften und Vereinen, bei der Besetzung von Pfarrstellen und Professuren, auf Synoden sowie in heftigen literarischen und brieflichen Auseinandersetzungen. Ein zentrales Thema in diesen Kontroversen war die Frage nach dem Stellenwert und Nutzen des Apostolikums.

fassungen, Bekenntnis und Apostolikum, das auch die Entwicklungen in Deutschland wahrnahm und kommentierte, ist darauf zurückzuführen, dass es sowohl den Positiven als auch den Freisinnigen gelang, die theologischen und kirchenpolitischen Diskurse zu popularisieren.[33]

Für Biedermann, aber auch für Lang und andere Liberale galt, dass die Kirche keine Symbole mehr brauche. Diesen Gedanken führte Biedermann in seiner *Freien Theologie* und in zahlreichen Aufsätzen und Vorträgen aus. In der *Freien Theologie* erklärte er: „Wo aber die Zeit der Kirchenbildung nach aussen aufgehört hat, und die Kirche am Umfang des Staates ihren Umfang besitzt, da haben die Symbole in ihrer Beziehung nach außen nur noch historische Bedeutung; sie bezeichnen Ereignisse der Vergangenheit, deren Resultate nur in die Gegenwart hineinreichen; sie sind Denkmäler von Geistesschlachten, welche die Väter für die Kirche geschlagen. Nach innen aber werden sie, wenn ihnen Geltung für die Gegenwart gegeben wird, je weiter die Zeit ihrer Entwicklung zurückliegt ... zu immer drückenderen, hemmendern Fesseln; – bis endlich die Noth die Eisen bricht."[34] Deshalb war es für den Zürcher Theologen auch ein unerträglicher Zustand, dass den Eltern bei der Taufe durch das verpflichtend zu sprechende Glaubensbekenntnis die Freiheit genommen wurde, die ihnen der Staat zugebilligt hatte.[35] Biedermann schloss also ausgehend von gesellschaftlichpolitischer Freiheit auf Freiheit innerhalb der Kirche und bei der Ausübung religiöser Praktiken.

Seine Kritik an den Bekenntnissen konnte an Entwicklungen aus den 1830er Jahren anknüpfen.[36] Bei der Debatte um eine neue Liturgie stand das Apostolikum schon damals zur Disposition. Als

---

33 Zur breiten publizistischen Auseinandersetzung siehe das Literaturverzeichnis bei Gebhardt, *Bekenntnisfreiheit*, 501–532.
34 Biedermann, *Freie Theologie*, 243 f.
35 Biedermann, *Freie Theologie*, 260.
36 Zur Geschichte der Auseinandersetzungen siehe Gebhard, *Bekenntnisfreiheit*, 59–99.

die Synode 1838 schließlich beschloss, den Gebrauch des Apostolikums in der Abendmahlsliturgie freizustellen, regte sich kein Protest. Das sollte sich aber in den 1850er Jahren ändern und damit kommen wir zur dritten Phase. Als 1854 wiederum ein revidierter Liturgieentwurf zur Diskussion vorlag, beantragte Biedermann auf der Zürcher Geistlichkeitssynode, das Credo in Abendmahl und Taufe zu streichen. Da sich aber massiver Widerstand auch aus dem freisinnigen Lager regte, zog Biedermann, inzwischen Professor in Zürich, seinen Antrag zurück. Zehn Jahre später forderte schließlich die Zürcher Regierung, der Große Rat, den Kirchenrat auf, im Interesse einer liturgischen Vielfalt ein umfangreicheres Kirchenbuch zu erstellen. Denn bislang hatte die Liturgie für jede gottesdienstliche Handlung nur ein Formular vorgesehen. Neben der erwünschten Vielfalt ging es der liberalen Regierung aber vornehmlich um eine freiere und zeitgemäßere Liturgie. Der Kirchenrat reagierte zunächst zurückhaltend. Die durch das Anliegen ausgelöste Diskussion widmete sich dann aber kaum mehr dem Kirchenbuch, sondern fast ausschließlich dem Credo. Die freisinnige Fraktion der Synode zielte auf die Abschaffung oder zumindest auf die Freigabe des Credos.[37] Doch zunächst wurde eine Entscheidung vertagt und eine liturgische Kommission eingesetzt.

Zehn Jahre später sollte neben den liturgischen Erörterungen auf der Herbstsynode 1864 ein weiteres Thema große Aufmerksamkeit erlangen. Der ehemalige Elberfelder Hilfsprediger Johann Rudolf Wolfensberger (1827–1883),[38] beantragte ein schärferes kirchenrätliches Vorgehen gegen solche freisinnigen Pfarrer, die angeblich gegen das Ordinationsgelübde handelten. Vielleicht kam dieser Antrag nicht ganz zufällig von einem deutschen Pfarrer. Diese so genannte *Motion Wolfensbergers* stand dann 1865 in der Synode zur Debatte und ist in unserem Zusammenhang deshalb wichtig, weil sich die Synode dabei mit den Fragen nach der Bekenntnisgrund-

---

37 Heinrich Lang, „Die Herbstsynode des Kantons Zürich", in: *Zeitstimmen aus der reformirten Schweiz* 6. 1864, 349–357; 375–383.
38 Zur Person siehe Gebhard, *Bekenntnisfreiheit*, 484.

lage und der Kirchenzucht auseinandersetzen musste. Wolfensbergers Antrag, verschärfte Disziplinarmaßnahmen einzuführen, wurde mit 13 zu 143 Stimmen abgelehnt. Diese eindeutige Ablehnung hatte auch das Plädoyer des leitenden Zürcher Pfarrers bewirkt. Der letzte Zürcher Antistes Diethelm Georg Finsler (1819–1899) hatte nämlich gegen ein disziplinatorisches Eingreifen durch die staatlichen Behörden und für einen diskursiven Weg innerhalb der Kirche votiert. Mit der Ablehnung der Kirchenzucht gegenüber liberalen Pfarrern setzte die Zürcher Synode mit Blick auf die deutschen Verhältnisse ein deutliches Zeichen.

Nach einigen weiteren Zwischenstufen kam es in Zürich drei Jahre später schließlich zum entscheidenden Durchbruch. Die Herbstsynode 1868 verabschiedete mit einem recht knappen Stimmenmehr von 13 Stimmen eine neue Liturgie. Diese sah nun für die sakramentalen Handlungen je zwei Formulare vor. Damit stand den Zürcher Pfarrern die Verwendung des Apostolikums frei. Als ein Jahr später die neue Kantonsverfassung erklärte: „Jeder Zwang gegen Gemeinden, Genossenschaften und Einzelne ist ausgeschlossen,"[39], war in Zürich die Lehr-, Bekenntnis- und Liturgiefreiheit durchgesetzt und ein zentrales Anliegen des Freisinns erreicht worden. Dieser Entscheid sollte für andere Kantone richtungsweisend werden. So auch für den Halbkanton Basel-Stadt, dem ich mich nun zuwende.

IV.

Der Streit um Bekenntnis und Apostolikum in Basel unterschied sich von demjenigen Zürichs. Das verwundert nicht, herrschten in der Stadt am Rhein doch andere gesellschaftliche, politische und religiöse Verhältnisse. Im Unterschied zu Zürich, wo Ende der 1830er Jahre eine radikale demokratische Regierung immerhin

---

39 „Verfassung des eidgenössischen Standes Zürich [31. März 1869]", in: *Officielle Sammlung der seit der Annahme der Verfassung vom Jahr 1831 erlassenen Gesetze, Beschlüsse und Verordnungen des Eidgenössischen Standes Zürich*, Vierzehnter Band, Zweites Heft, Zürich 1866, 569.

den umstrittenen David Friedrich Strauss an die Zürcher Universität berufen hatte, war Basel ein relativ fortschrittliches, liberalkonservatives Gemeinwesen.[40] Dort galt es zunächst das Trauma der als Gottes Gericht interpretierten Kantonstrennung aus dem Jahr 1833 zu überwinden. Infolge der Kantontrennung waren die Halbkantone Basel-Stadt und Basel-Landschaft entstanden. Basel-Stadt versuchte, sich dem Liberalismus der Landschaft zu widersetzen und die eigene, auch zutiefst religiös geprägte Identität zu wahren. Die Stadt am Rheinknie galt nicht ohne Grund in weiten Kreisen des in- und ausländischen Christentums als das *Fromme Basel*[41] als Ort christlicher Erweckung oder gar als *Liebling Gottes*.[42] Erweckungschristentum und bürgerlicher Konservatismus waren eine fruchtbare Synthese eingegangen und hatten eine spezifische Basler Frömmigkeit ausgebildet, die gegen liberale religiöse Tendenzen opponierte. Diesen Widerstand erfuhr beispielsweise Biedermann als Basler Student und Examenskandidat, als er sich 1842 kritisch zum Basler Ordinationsgelübde äußerte, in dem sich die Kandidaten auf das Basler Bekenntnis aus dem Jahr 1534 zu verpflichten hatten.[43] In einer schriftlichen Stellungnahme zuhanden den kirchlichen Behörden lehnte er eine buchstäbliche Verpflichtung auf dieses Bekenntnis und auf die Bibel ab. Dadurch werde er in seiner wissenschaftlichen Arbeit auf eine der christlichen Freiheit widersprechende Weise gebunden, klagte Biedermann. Dennoch ordinierte ihn die Basler Kirche, nachdem er sich nochmals in aller Ausführlichkeit erklärt hatte. In den kirchlichen Dienst kam er dann allerdings auf der freisinnig geprägten Landschaft, wo er maßgeblich beim Ausbau dieser Landeskirche mitwirkte.

---

40 Siehe dazu: Georg Kreis/Beat von Wartburg (Hgg.), *Basel – Geschichte einer städtischen Gesellschaft*, Basel 2000, 149–224.
41 Thomas Konrad Kuhn/Martin Sallmann (Hgg.), *Das ‚Fromme Basel'. Religion in einer Stadt des 19. Jahrhunderts*, Basel 2002; Erika Hebeisen, *‚Leidenschaftlich fromm'. Die pietistische Bewegung in Basel, 1750–1830*, Köln 2005.
42 Thomas K. Kuhn, „Basel – ein ‚Liebling Gottes'. Die Stadt am Rhein als Ort der Erweckungsbewegung", in: *Theologische Zeitschrift Basel* 56. 2000, 165–185.
43 Siehe dazu Kuhn, *Biedermann*, 321–343.

In Basel selber blieb es nach den großes Interesse weckenden Auseinandersetzungen um Biedermann zunächst einmal ruhig. Da die Basler Stadtpfarrer zur positiven Fraktion zählten, nahm niemand Biedermanns Kritik an der Bekenntnisverpflichtung positiv auf. Vielmehr igelte man sich in Basel ein und sonnte sich v.a. in den frommen bürgerlichen Kreisen in dem Bewusstsein, eine von Gott auserwählte Bastion gegen den religiösen Freisinn zu sein. Diese trügerische Ruhe sollte allerdings nur noch bis zum Ende der 1850er Jahre währen und der Kampf um Bekenntnis und Apostolikum entbrennen.

Bevor ich darauf eingehe, will ich kurz den Ausgangspunkt für diese Auseinandersetzungen skizzieren. In Basel war die 1826 eingesetzte Liturgie für alle Pfarrer verbindlich und das Apostolikum bei jeder Taufe und Konfirmation obligatorisch. Die Prüfungsordnung aus dem Jahr 1845 hielt noch einmal ausdrücklich fest – wohl als Reaktion auf die Biedermann-Affäre – dass die Ordination „unter Verpflichtung auf die heilige Schrift und die daraus gezogene Basler Konfession" erfolge.[44] Diese Bekenntnisverpflichtung ist ein wesentlicher Unterschied zu den Zürcher Verhältnissen. Eine weitere Differenz besteht darin, dass der Apostolikumstreit in Basel – aber auch in Bern beispielsweise – parallel zum Streit um das Ordinationsgelübde verlief. Dabei trat aber zunehmend die Debatte über das Credo in den Vordergrund.

Zunächst stand aber in den Jahren 1857 und 1858 die Bedeutung des Basler Bekenntnisses zur Diskussion. Diese war durch den radikal-liberalen ordinierten Pfarramtskandidaten und späteren Basler Grossrat Johann Wilhelm Rumpf (1819–1876)[45] ausgelöst worden, den der Basler Kirchenrat nach Ermahnungen schließlich von der Liste der wählbaren Pfarrer gestrichen hatte. Im Zusammenhang dieser Auseinandersetzung verfasste der Basler Kirchenhistoriker Karl Rudolf Hagenbach (1801–1874) ein von der ganzen

---

44 Zitiert bei Fries, „Ordinations- und Synodalgelübde", 92.
45 Zur Person siehe Gebhard, *Bekenntnisfreiheit*, 480.

theologischen Fakultät unterzeichnetes Gutachten.[46] Der Vermittlungstheologe verwirft darin die Forderung nach einem buchstäblichen Verständnis der Basler Konfession und knüpft an Biedermanns Interpretation aus dem Jahr 1842 an. Mit seinem Votum untergrub Hagenbach freilich die Autorität des Basler Bekenntnisses und eröffnete wohl ungewollt eine Diskussion, die schließlich 1871 zu dessen Tilgung aus dem Ordinationsgelübde führen sollte.

Eine wichtige Etappe auf diesem Weg ist der Antrag des freisinnigen Pfarramtskandidaten Franz Hörler (1817–1888)[47], der im Dezember 1858 im Großen Rat den Antrag stellte, das Ordinationsgelübde so zu modifizieren, dass es auch für freisinnige Theologen akzeptabel sei. Die Basler Regierung hielt aber nach langer Diskussion zunächst mit überwältigender Mehrheit am Eid auf die Basler Konfession fest. In den sechziger Jahren beruhigte sich die Situation zunächst wieder. Zum entscheidenden Durchbruch kam es dann 1871, als Basel nach heftigen jahrelangen Diskussionen dem *Konkordat über gemeinsame Examen und freie Wahl von Geistlichen* beitrat. Dieser Schritt hatte für Basel allerdings erhebliche Folgen. Zum einen wurde das Festhalten am Basler Bekenntnis durch den Beitritt zum Konkordat unmöglich, da Basel nun – und dagegen wehrten sich die positiven Kreise vehement – auch Pfarrer aus der liberalen Ostschweiz aufnehmen und anstellen musste. Deshalb konnte die Bekenntnisverpflichtung nicht länger bestehen. Der Freund Biedermanns beispielsweise, Johannes Riggenbach sah im Konkordat, das bis auf den heutigen Tag besteht, eine elementare Bedrohung der Basler Kirche.[48] Für die Theologische Fakultät war der Beitritt in das interkantonale Konkordat indes lebensnotwendig gewesen. Die Regierung schließlich begrüßte den Beitritt in der

---

46 *Gutachten der theologischen Facultät an einen hochwürdigen Kirchenrath von Basel betreffend die Stillstellung des Herrn Cand. Wilh. Rumpf jünger*, Basel 1857.
47 Zur Person siehe Gebhard, *Bekenntnisfreiheit*, 474.
48 Johannes Christoph Riggenbach, *Zur Beleuchtung des kirchlichen Concordats. Nebst einem Anhang*, Basel 1864.

Hoffnung, dass die Bevölkerung von der positiven Orthodoxie befreit werde.

Der Basler Große Rat, der immer noch das kirchenleitende Amt innehatte, sah sich auf Grund seiner gewandelten Zusammensetzung zunehmend weniger in der Lage, kirchliche Dinge zu entscheiden. Darum trat 1874 eine neue Kirchenordnung in Kraft, die eine Synode von Laien und Pfarrern vorsah. Sie erhielt das Recht der kirchlichen Gesetzgebung. Über der Synode blieb der Große Rat als oberste Instanz bestehen und besaß ein Vetorecht. Erstaunlicherweise verhielten sich die Freisinnigen der Synode gegenüber zunächst zurückhaltend. Sie lobten zwar die demokratischen kirchlichen Strukturen, fürchteten aber eine zu große Einflussnahme der Positiven in dieser kirchlichen Institution. Diese Ängste sollten sich aber als unbegründet erweisen. Denn der Freisinn konnte große Erfolge erlangen und der erste liberale Pfarrer kam 1874 nach Basel. Der aus dem Appenzell stammende Alfred Altherr (1843–1918) trat bezeichnenderweise eine Stelle an, die durch die Demission des positiven Pfarrers Johann Jakob Riggenbach (1824–1908) frei geworden war. Diese Besetzung besitzt eine gewisse Pikanterie: Riggenbach war nämlich vom Kirchenrat suspendiert worden, weil er an einer alten Taufliturgie festgehalten hatte, die inzwischen revidiert worden war. Ihm wurde also sein Konservatismus zum Verhängnis. Mit Alfred Altherr kam wieder Bewegung in die Bekenntnisfrage. Er bat im April 1875 den Kirchenrat darum, beim Gebrauch der Agende größere Freiheit zuzulassen. Der Kirchenrat reagierte wohlwollend und bat die Synode, die Liturgie freizugeben. Die Synode folgte dem Ansinnen im Sommer 1875 und gab den Gebrauch des Apostolikums schließlich frei. Damit war die umfassende Bekenntnisfreiheit in Basel rechtskräftig.

Im Vergleich mit anderen Kantonen ist die Basler Lösung des Apostolikumstreites radikal ausgefallen. Es gab danach weder ein Bekenntnis noch Einschränkungen der liturgischen Freiheit. Die Verantwortung für Lehre und Verkündigung lag allein in den Händen der Pfarrer. Wenn wir die Basler Geschichte des Apostolikumstreites mit der Zürichs vergleichen, dann fällt auf, dass in Basel vor allem freisinnige Laien im Kirchlichen Reformverein und nicht angestellte Theologen den Reformprozess beförderten. In Zürich hingegen waren mit Biedermann, Lang, Alexander Schweizer und anderen vor allem Theologen in Pfarramt und Professur tätig.

V.

Durch die Entwicklungen, wie ich sie am Beispiel Zürichs und Basels vorgestellt habe, trat im ausgehenden 19. und im 20. Jahrhundert das kirchliche Richtungswesen zunehmend in den Vordergrund. Diese Ausdifferenzierung des kirchlichen Richtungswesens bewirkte praktische, theologische wie kirchenpolitische Konsequenzen. Dadurch rückte auch das alte Parochialsystem in den Hintergrund. Als Ausdruck moderner religiöser Individualität konstituierten sich an seiner Stelle zunehmend Personal- und Gesinnungsgemeinden. Die politischen, gesellschaftlichen und kirchlichen Demokratisierungsschübe in der Schweiz des 19. Jahrhunderts beschleunigten diese religiösen Ausdifferenzierungen. Im Zuge der Demokratisierung der Kirchen konnten die unterschiedlichen theologischen Strömungen kirchenpolitisch unmittelbar eingreifen und programmatisch wirken. Insgesamt gesehen reagierten die reformierten Kirchen in der Schweiz mit ihren spezifischen Voraussetzungen entschiedener und radikaler als die deutschen auf die vielfältigen Herausforderungen des 19. Jahrhunderts. Die Freigabe der Liturgien, die Aufhebung des Bekenntniszwangs sowie die Betonung der Gemeindeautonomie waren ihre Antworten auf das wachsende Freiheits- und Kritikbewusstsein, auf Individualismus und Liberalismus sowie auf Rationalisierung und Pluralisierung des Religiösen. Diesen Prozess beförderte die Theologie der Baur-Schule richtungweisend. Denn die Entwicklung und Ausprägung des schweizerischen theologischen Liberalismus ist, und das kann man sagen, ohne die Eigenständigkeit und Leistungen des schweizerischen Freisinns zu schmälern, entscheidend durch die Rezeption der Baur-Schule geprägt worden. Der eidgenössische theologische Freisinn konnte sich aufgrund günstiger politischer Traditionen und Konstellationen konsequenter entwickeln als in weiten Teilen Deutschlands.[49] Wichtig ist ferner die spezifische reformierte Bekenntnistradition, wie sie in der Reformation begründet wurde. Denn sowohl das Zweite Helvetische Bekenntnis wie auch der Berner Synodus von 1532 beispielsweise formulieren selber den Vorbehalt besserer Belehrung durch Schrift und Glaubenspraxis. Sie verstehen sich somit als situationsbezogene, veränderbare und nicht als universelle Glaubenszeugnisse.

In dem skizzierten spezifischen schweizerisch-reformierten Kontext entstand also jenseits von Bekenntnis- und Liturgiezwang ein eigenständiger liberaler Protestantismus, der sich deutlich von jenem seiner deutschsprachigen Nachbarn unterscheidet. Vielleicht kann man mit den Worten des in Berlin wirkenden Schweizer Historikers Johann Heinrich Gelzer (1813–1889), aus dem Jahr 1847 festhalten: „Die Schweiz ist, wenn Deutschland auch in religiöser Beziehung das Herz Europas genannt werden könne, gleichsam der Mund Deutschlands, der nicht selten auch die geheimen Gedanken des deutschen Herzens offenbart."[50]

---

49 „Solche Bestrebungen bedürfen nicht nur freies Licht und freie Luft, sondern auch ein freies Volksleben, das für sie empfänglich ist, und das eben bietet unsere Schweiz mit ihrer republikanisch geschulten Bevölkerung, ihrer staatlichen Freiheit, mit ihrer kirchlichen Selbständigkeit der Gemeinden, den einfach administrirenden aber nicht regierenden Kirchenbehörden. Das ist auch der Grund warum die kirchliche Reformbewegung hier in vollster Blüthe steht, während sie in Deutschland, Frankreich, Holland immer noch im Kampfe um ihre Existenz liegt." So Karl Eduard Mayer/Heinrich Lang, „Ein religiöses Charakterbild", in: *Reform. Zeitstimmen aus der schweizerischen Kirche* 5. 1876, 105.

50 Zit. n. David Fries, „Die Bedeutung der kirchlichen Bewegungen in der Schweiz seit 1839. Ein öffentlicher Vortrag, gehalten zu Berlin den 3 Juni 1847", in: *Kirche der Gegenwart. Eine Monatschrift für die reformirte Schweiz*, Zürich 1848, 59–69, zit. 59. Fries bezieht sich auf Gelzer, *Die Bedeutung der kirchlichen Bewegungen in der Schweiz seit 1839*, 1847. Zu Gelzer s. Th. Schibler, Art. Johann Heinrich Gelzer, in: *Historisches Lexikon der Schweiz* (http://www.dhs.ch/externe/protect/textes/d/D27057.html). Gelzer gab von 1853 bis 1870 die *Protestantischen Monatsblätter für innere Zeitgeschichte* heraus.

Walter Elliger als Kirchenhistoriker in drei politischen Systemen

von Norbert Friedrich

Der Wissenschaftsbetrieb kennt viele ‚Alpha-Tiere', erfolgreiche und geniale Forscher, begabte Organisatoren, charismatische Lehrende, durch stupenden Fleiß, eine einfühlsame Sprache oder auch durch extravagante Gedanken auffallende Menschen. Manche haben es geschafft, eine große Schülerschar zu bilden, manche haben ein imposantes, viele tausend Seiten umfassendes Werk geschaffen oder auch nur durch einen Aufsatz, eine Idee wegweisend gewirkt, manche haben große Wissenschaftsorganisationen aufgebaut, manche haben durch ihr mutiges Eintreten gegen Diktatur oder auch für eine demokratische Entwicklung auf sich aufmerksam gemacht.

Wie passt nun in dieses lose entwickelte Raster der hier vorzustellende deutsch-deutsche Kirchenhistoriker Walter Elliger, der in drei politischen Systemen gelebt und gearbeitet hat? Es ist keine leicht zu beantwortende Frage, denn Elliger entzieht sich als Wissenschaftler, als Hochschullehrer und als politischer Zeitgenosse bestimmten Klassifizierungen oder vorschnellen akademischen „Heldengeschichten". Elligers wissenschaftliche Leistung – gerade seine Forschungen zu Thomas Müntzer – werden heute kritisch gesehen, sein Œuvre ist durchaus vielgestaltig und thematisch breit, dennoch ist es – wenn man die eigenständigen Forschungen nimmt – nicht so umfangreich wie bei vielen seiner weniger bekannten Kollegen, und letztlich unvollendet geblieben. Auch als Wissenschaftsorganisator hat er sich keinen Namen gemacht, seine Schülerschaft ist durchaus überschaubar – nennen könnte man – neben Gert Haendler und Joachim Rogge – mit Einschränkungen noch

Johannes Wallmann, der in Bochum Elligers Assistent und Nachfolger war.[1]

Woher rührt dann das Interesse an diesem Kirchenhistoriker. Immerhin gibt es zu ihm einige Veröffentlichungen, etwa die Gedenkreden anlässlich der akademischen Gedenkfeier 1985 oder den Beitrag von Siegfried Bräuer anlässlich des 100. Geburtstages in der Humboldt-Universität im Dezember 2003.[2] Das Interesse rührt sicher aus der besonderen Biographie Elligers, die im Titel dieses Vortrages angedeutet ist und die ihn zu einer engagierten Zeitgenossenschaft geführt haben wird. Elliger begann seine akademische Karriere in der Zeit des Nationalsozialismus, lehrte – nach Stationen in Kiel und Leipzig – bis 1963 an der Humboldt-Universität und baute als Kirchenhistoriker mit die theologische Fakultät der neugegründeten Universität in Bochum auf. Im Kontext der Studentenbewegung gab er sein Amt vorzeitig auf und versuchte danach noch mit einem großen Müntzer-Buch in Ost und West zu reüssieren.

Politische Daten, Universitäts- und Bildungspolitik, Gesellschaftsgeschichte, dies strukturierte also das äußere Leben von Walter Elliger. Es ist die vielschichtige Lebensgeschichte eines Menschen, dessen Wunsch es nach eigener Aussage war, lediglich als Wissenschaftler und Christ zu leben und zu arbeiten.[3]

---

1 Wallmann spricht allerdings in seiner Gedenkrede auf Walter Elliger ausdrücklich von Schülern, „die heute teils an den theologischen Sektionen der Universitäten der DDR lehren oder in der DDR in kirchenleitenden Stellungen wirken", Johannes Wallmann, „in memoriam. Worte der Erinnerung an Walter Elliger (23.5.1985)", in: *Jahrbuch der Gesellschaft der Freunde der Ruhr-Universität* 1987, 93–99, hier 93.

2 Siegfried Bräuer, „‚Kein Freund unserer Republik, sagt aber, was er meint'. Der Berliner Kirchenhistoriker Walter Elliger (1903–1985)", in: *Zeitschrift für Theologie und Kirche* 102. 2005, 435–471. Bräuer legt den Schwerpunkt seiner Darstellung auf Elligers Tätigkeit in Berlin und gibt zugleich einen ersten umfassenden Überblick über dessen Leben und Werk.

3 Nach Wallmann interessierte ihn „nicht seine Person, sondern in erster Linie seine wissenschaftliche Arbeit, dann das öffentliche Geschehen in Staat und Gesellschaft, vor allem die Universität".

I. Wer war dieser Mann?

Der geborene Ostfriese – am 8. Dezember 1903 in Heppens, Kreis Wittmund geboren – wird von Johannes Wallmann als „Westfale" charakterisiert, denn in Soest wuchs er auf.[4] Sein Vater war als Gerichtsvollzieher nach Westfalen versetzt worden, die alte westfälische Reichsstadt wurde der Ort der Kindheit und des Alters, in Soest verstarb Elliger am 23. Mai 1985 in einem Altenpflegeheim nach längerer Krankheit; beerdigt wurde er freilich in Kleinmachnow bei Berlin, dort hatte er von 1950 bis 1963 gewohnt. Nach Volksschule und Gymnasium machte er Ostern 1923 das Abitur in Soest, noch im gleichen Jahr begann er mit dem Theologiestudium, welches ihn nach Tübingen, Halle, Münster und wieder nach Halle führte.

Nur sehr wenig wissen wir über seine Kindheit, wie überhaupt die Privatzeugnisse sehr spärlich vorhanden sind. Es waren wohl kleine Verhältnisse, das Studium gelang offensichtlich nur unter großen finanziellen Mühen. Auch zu seiner Studienwahl ist nur wenig bekannt, Impulse aus seinem Elternhaus dürften offenkundig sein, auch sein älterer Bruder Karl studierte Theologie.[5] Sein Berufswunsch war klar, er wollte Pfarrer werden.[6] Schnell nach dem zügigen Studium schlug Elliger aber eine wissenschaftliche Laufbahn ein. Das erste theologische Examen legte er 1928 in Münster ab, danach blieb er aber nicht in Westfalen sondern ging in die Kirchenprovinz Sachsen (in Halle hatte er ja studiert) zurück, wo er einerseits ein einjähriges Vikariat in Halle und Kreypau bei Merseburg absolvierte, primär aber die Promotion bei seinem Lehrer Johannes Ficker vorbereitete.[7] Ficker, der bedeutende Reformationshistoriker, war es, der Elliger auf die wissenschaftliche Laufbahn

---
4 Die Biografie primär nach Bräuer, *Elliger*.
5 Karl Elliger (1901–1977) war später lange Jahre Alttestamentler in Tübingen, vgl. *Biographisch-Bibliographisches Kirchenlexikon* 26, Sp. 281–284.
6 Belege bei Bräuer, *Elliger*, 435 f.
7 Johannes Ficker, 1861–1944, Kirchenhistoriker, Kunsthistoriker, mit großen Interessen auch an der christlichen Archäologie, vgl. dazu *Biographisch-Bibliographisches Kirchenlexikon* 2, Sp. 29 f.

vorbereitete und sein Interesse für Kunstgeschichte und christliche Archäologie weckte. Seine theologische Ausbildung schloss er 1929 mit dem zweiten theologischen Examen vor dem Konsistorium Magdeburg ab, um sich dann ganz der wissenschaftlichen Laufbahn zu verschreiben. 1928/29, das genaue Jahr konnte bisher nicht ermittelt werden, wurde er Fickers Assistent an der Sammlung für christliche Archäologie und kirchliche Kunst in Halle. Licentiatenarbeit und Habilitation folgten 1930. Beide zusammenhängenden Arbeiten, noch ganz in der Tradition seines Lehrers stehend, der sich gegen schlichte Aktualisierungen wandte und das „geschichtliche Leben in seiner Fülle und Tiefe" anschauen wollte,[8] wurden damals positiv aufgenommen. Thema war, wie der Titel seiner Habilitation sagt, die „Entstehung und frühe Entwicklung der altchristlichen Bildkunst." Beide Arbeiten waren gelehrt, gut geschrieben und zeigen einen durchaus innovativen frömmigkeitsgeschichtlichen Ansatz. Elliger verband hier kunstgeschichtliche Fragestellungen mit theologiegeschichtlichen und dogmatischen Perspektiven. Die Thematik hat ihn auch später nach eigener Aussage nie losgelassen, auch wenn er gerade in seiner Bochumer Zeit hier keinen Schwerpunkt mehr setzen konnte. Letztlich hat er dieses Forschungsfeld nicht mehr erneut betreten, auch wenn es wohl immer wieder Anläufe dazu gab.

Seine archäologischen und kunstgeschichtlichen Studien führten ihn 1931 und 1933 auch lange ins Ausland auf Forschungsreisen nach Italien, Palästina und Syrien.

Glatt verlief so der Beginn von Elligers akademischer Karriere. Nach eigener Aussage und gemäß der einschlägigen Quellen (Personalakten), war Elliger in dieser Zeit durchaus politisch abstinent, stand aber dem Nationalsozialismus nicht grundsätzlich ablehnend gegenüber. Formelle Mitgliedschaften, etwa bei der SA, den Deutschen Christen oder auch der NSDAP ging er aber nicht ein. Zum 1. November 1934 wurde Elliger als Professor für Kirchengeschich-

---

8   Zitat nach Bräuer, *Elliger*, 446.

te an die Kieler Theologische Fakultät berufen, als Nachfolger des verstorbenen liberalen Max Ahner.[9]
Hatte sich schon die Drucklegung seiner Habilitation nach eigener Aussage wegen der Zeitumstände, die keine „zusammenhängende Spezialarbeit" zuließ bis 1934 verzögert, so bestimmte dies auch seine weitere wissenschaftliche Laufbahn, man kann praktisch sagen, dass er erst nach seiner Emeritierung wieder eine größere eigenständige wissenschaftliche Publikation abschloss, auch wenn Rezensenten das Müntzer-Buch von 1975 als ein unvollendetes, ja erratisches Werk kritisierten.[10]

In Kiel kam der junge Professor, er war erst 31 Jahre alt, auf jeden Fall nicht zu wissenschaftlichem Arbeiten, stattdessen war er in die hochschulpolitischen Konflikte eingebunden, zumal als Dekan der Fakultät. Auch wenn viele Ereignisse in Kiel bisher durchaus noch einer eingehenden Erforschung bedürfen, kann man sagen, dass sich Elligers eigene kirchenpolitische Position kaum feststellen lässt, – vielleicht weil er sich um kirchenpolitische Distanz gegenüber allen Richtungen bemühte. Aktenkundig ist allerdings ein gewisser Schutz von Studenten, die der Bekennenden Kirche nahe standen sowie eine Verteidigung der Fakultät, die sich durch Versetzungen und Entlassungen in einer sehr schwierigen Lage befand. Es ging um die Verteidigung des Bestandes der Fakultät, gab es doch Tendenzen, diese insgesamt aufzulösen. Elliger, der zu diesem Zeitpunkt auch einen Ruf nach Bonn erhielt, den er wohl gerne angenommen hätte, was ihm nicht gestattet wurde, sollte die Kieler Fakultät neu aufbauen, eine Aufgabe, die er zunächst gerne wahrnahm, die er aber gegen die Widerstände innerhalb der Universi-

---

9 Zur Kieler Fakultät vgl. Jendris Alwast, *Geschichte der Theologischen Fakultät. Vom Beginn der preußischen Zeit bis zur Gegenwart*, Neumünster 1988.
10 Walter Elliger, *Thomas Müntzer. Leben und Werk*, Göttingen 1975; als älteres Werk vgl. auch ders. *Thomas Müntzer*, Berlin 1960 (62 Seiten); vgl. dazu die Belege sowie die Kritik bei Bräuer, *Elliger*, 451 ff.; zur Müntzer-Forschung vgl. auch die Bemerkungen bei Albrecht Beutel (Hg.), *Luther Handbuch*, Tübingen 2005, 139–142.

tät und der Hochschulverwaltung nicht umsetzen konnte.[11] Gegen seinen Willen wurde er schließlich als Dekan abgesetzt und – als Nachfolger des nach Leipzig berufenen Nationalsozialisten Hermann Wolfgang Beyer – nach Greifswald versetzt.[12] Ob die von ihm später manchmal gebrauchten Vokabeln „strafversetzt" und „amtsenthoben" den tatsächlichen Gegebenheiten standhalten, soll hier nicht entschieden werden.[13]

Immerhin knapp 15 Jahre blieb Elliger in Greifswald bevor er Anfang der fünfziger Jahre an die Humboldt-Universität berufen wurde. Die Greifswalder Zeit (wiederum verbunden mit einem längeren Dekanat), die ebenfalls keine größeren eigenständigen Veröffentlichungen brachte, in der also wieder die Forschung zurückstand, wurde unterbrochen durch die Kriegsteilnahme. Bereits 1937 hatte er sich, der beim Ende des Ersten Weltkriegs 15 Jahre alt war, freiwillig zum Militär gemeldet (Ausbildung bei der Marine), von 1939 bis 1945 war er im Krieg, zunächst konnte er noch sein Dekanat weiterführen, da er in der Nähe Greifswalds in Gotenhafen stationiert war. Gegen Ende des Kriegs wurde er schwer verletzt. In Kriegsgefangenschaft kam er nicht bedingt durch einen Lazarettaufenthalt. In der schwierigen Situation der theologischen Fakultät Greifswalds – erinnert sei nur an die Verhaftung und spätere Ermordung von Ernst Lohmeyer[14] – hatte es auch Elliger nicht leicht.

---

11 Vgl. zu den Kieler Verhältnissen auch Kurt Meier, *Die Theologischen Fakultäten im Dritten Reich*, Berlin/New York 1996, 374 ff.

12 Vgl. zu Beyer Irmfried Garbe, *Theologe zwischen den Weltkriegen. Hermann Wolfgang Beyer (1898–1942). Zwischen den Zeiten, konservative Revolution, Wehrmachtsseelsorge*, Frankfurt/Main 2004.

13 Vgl. zur Greifswalder Fakultät Irmfried Garbe, „Geschichte der Theologischen Fakultät Greifswald 1815–1938", in: Dirk Alvermann/Karl-Heinz Spieß (Hrsg), *Universität und Gesellschaft. Festschrift zur 550-Jahrfeier der Universität Greifswald, Bd. 1: Die Geschichte der Fakultäten im 19. und 20. Jahrhundert*, Rostock 2006, 11–91; Martin Onnasch, „Geschichte der Theologischen Fakultät Greifswald 1938–2004", a.a.O., 92–123.

14 Vgl. zum 1946 in russischer Gefangenschaft hingerichteten Ernst Lohmeyer Andreas Koehn, *Der Neutestamentler Ernst Lohmeyer. Studien zu Biographie und Theologie*, Tübingen 2004.

Auch wenn er als unbelastet eingestuft wurde, dauerte es längere Zeit, bis er ab 1947 wieder als Theologieprofessor arbeiten durfte.

II. Der Reformationshistoriker

Im Greifswald der Nachkriegszeit begann Elliger sich auch wissenschaftlich mit der Reformationsgeschichte zu befassen; es gibt in den Akten Hinweise darauf, dass er sich besonders mit Martin Luther auseinandersetzte, der bei vielen Protestanten aber auch Marxisten[15] unter ‚Generalverdacht' stand, für die unheilvolle Entwicklung mit verantwortlich zu sein, die zu Hitler geführt hatte.[16] Das Lutherjubiläum 1946 tat ein Übriges. Ergebnis dieser Forschungen war die dann 1952 erschienene Studie *Martin Luthers politisches Denken und Handeln*.[17] Dieses Büchlein von knapp 150 Seiten gewinnt bei der Fragestellung der Betrachtung eines Wissenschaftlerlebens angesichts wechselnder politischer Systeme größere Bedeutung. Aufschlussreich ist dabei weniger die Studie selbst – eine gründliche, aus den Quellen gearbeitete gediegene und abwägende Untersuchung zu Martin Luther – als Elligers Motivation für die Abfassung sowie einige seiner Schlussfolgerungen. Seine Schrift trägt apologetische und politisierende Züge, denn er wollte einmal Luther gegen eine „radikale Kritik"[18] aus dem Barthianismus aber auch aus dem Marxismus verteidigen, aber offensichtlich auch einige christliche Leitlinien entwickeln bzw. darstellen, die es dem Christen erlauben, im sozialistischen Staat mitzuarbeiten. Denn die „Mitarbeit am Staat" und der umfassende „Dienst

---

15 Vgl. beispielsweise Wolfram von Hanstein, *Von Luther bis Hitler. Ein wichtiger Abriß deutscher Geschichte*, Dresden 1947. Gerade mit diesem Buch setzte sich Elliger auseinander. Insgesamt zur Lutherforschung in der DDR vgl. Martin Roy, *Luther in der DDR. Zum Wandel des Lutherbildes in der DDR-Geschichtsschreibung, mit einer dokumentarischen Reproduktion*, Bochum 2000.

16 Vgl. dazu mit verschiedenen Belegen Thomas Sauer, *Westorientierung im deutschen Protestantismus? Vorstellungen und Tätigkeit des Kronberger Kreises*, München 1999, 12.

17 Berlin 1952.

18 A.a.O., 7.

am Nächsten" durch einen Gehorsam gegen die Obrigkeit wurden von ihm ausdrücklich verteidigt. In diesem Sinne hatte seine Schrift auch kirchenpolitische Bedeutung, indem er sich klar gegen die nun langsam in die theologischen Fakultäten mehr und mehr bestimmenden Barthianer positionierte.[19] Sein Schüler Gert Haendler hat in seinen Lebenserinnerungen diese hochschulpolitischen Konflikte, in denen auch Haendlers Vater involviert war, für die Berliner Fakultät eindrücklich beschrieben.[20]

In die gleiche Richtung gehen auch Elligers Müntzer-Studien, die Beschäftigung mit diesem – um eine zentrale Charakterisierung Elligers zu benutzen – „Außenseiter" der Reformation begannen in der Berliner Zeit. Ohne seine verschiedenen Müntzer-Arbeiten hier näher zu würdigen, sei nur darauf hingewiesen, dass eine zentrale Motivation Elligers für diese Forschungen offenbar in der politischen Vorstellung lag, man dürfe diesen Theologen nicht den Marxisten überlassen, sondern ihn auch für die Kirchengeschichte bewahren. Elligers Schüler Gert Haendler vertrat die gegenteilige Meinung, wenn er feststellte, dass „ein derart wirrer Geist wie Müntzer ... getrost den Marxisten überlassen bleiben [könne]."[21] Trotz der vielen Jahre, die sich Elliger mit Müntzer beschäftigte, und trotz der enormen Quellenkenntnis der zahlreichen auch spannenden Einzelergebnisse (etwa zum Verhältnis Luther – Müntzer), blieben seine Forschungen doch disparat. Die Auseinandersetzung mit einem Gegenüber und die Unterbrechungen der Forschungen durch die Konflikte in Berlin und später in Bochum lassen die Arbeiten in einem anderen Licht erscheinen. Sein Interesse an der Gestalt Müntzers scheint auch ein gesellschaftspolitisches gewesen zu sein, sein Bemühen, jemanden gegen eine Vereinnahmung zu retten

---

19 Vgl. etwa zu den Bemühungen der Eheleute Hanfried Müller und Barbara Müller-Streisand, die Berliner Theologische Fakultät rein barthianisch zu prägen, Stengel, *Theologische Fakultäten*, 379–398.

20 Gert Haendler, Kirchengeschichte – erlebt und dargestellt, in: Dietrich Meyer (Hg.), *Kirchengeschichte als Autobiographie. Ein Blick in die Werkstatt zeitgenössischer Kirchenhistoriker*, Köln 1999, 25–75, hier 34 ff.

21 Haendler, *Kirchengeschichte*, 34.

und dezidiert als Theologen zu würdigen, hat etwas ebenso Mutiges wie Starrsinniges. Es kann nicht als widerständig interpretiert werden und dennoch war es Forschung aus Protest gegen einen jeweils bestimmenden politischen Zeitgeist.

Elligers voluminöses Müntzer-Buch von 1975 wurde erst nach seiner Emeritierung und in der Demokratie fertig und richtete sich damit auch gegen die DDR-Diktatur. Neben seinen frühen Arbeiten stellt diese Untersuchung sicherlich so etwas wie den Lebensertrag des Wissenschaftlers Walter Elliger dar. Denn die beiden anderen hier noch zu nennenden Forschungsarbeiten – seine Mitarbeit an der Darstellung der Geschichte der Evangelischen Kirche der Union und seine Berliner Fakultätsgeschichte – sind entweder Gemeinschaftsarbeiten (Unionsgeschichte), wobei der eigene Anteil kaum feststellbar ist oder aber knappe Kleinstudien (Fakultätsgeschichte).[22] Es waren rasch geschriebene Auftragsarbeiten, die Elligers Reputation und seine Verwobenheit in die theologische und kirchliche Szene erklären, – um gründliche eigenständige wissenschaftliche Arbeiten handelte es sich nicht.

III. Als Hochschullehrer in Berlin

Bevor darauf zurückzukommen ist, sollen erst die weiteren Stationen des wissenschaftlichen Werdegangs Elligers beleuchtet werden, die Humboldt-Universität Berlin sowie die neu gegründete Ruhr-Universität Bochum.

Man vergegenwärtige sich: Aufstieg und berufliche Etablierung erfolgten in der NS-Zeit, in diese Zeit fällt auch die Sammlung von hochschulpolitischer Erfahrung durch mehrfache Ausübung des Dekanats, verbunden mit keiner feststellbaren prinzipiellen Opposition zum Nationalsozialismus aber auch mit einem offensicht-

---

22 Walter Elliger, *150 Jahre theologische Fakultät Berlin. Eine Darstellung ihrer Geschichte von 1810 bis 1960 als Beitrag zu ihrem Jubiläum*, Berlin 1960; ders. (Hg.), *Philipp Melanchthon. Forschungsbeiträge zur vierhundertsten Wiederkehr seines Todestages, dargeboten in Wittenberg 1960*, Göttingen 1960; ders. (Hg.) unter Mitarbeit von Walter Delius und Oskar Söhngen, *Die Evangelische Kirche der Union*, Witten 1967.

lichen Eintreten für die Autonomie der Fakultäten und für die Freiheit des Christentums. Nach dem Kriegsdienst konnte Elliger dann nach vergleichsweise geringen Schwierigkeiten seine akademische Laufbahn in der DDR fortsetzen, zugleich mischte er sich dann durch seine Müntzer-Arbeit in aktuelle Debatten ein.

1950 folgte – wiederum nach einer Reihe von Konflikten – der Wechsel nach Berlin, sein früherer Greifswalder Kollege der Alttestamentler Leonhard Rost dürfte den Wechsel maßgeblich gefördert haben.

Die nächsten gut 10 Jahre bis zu Elligers Berufung nach Bochum 1963 können in gewisser Weise als Zentrum und Höhepunkt seiner wissenschaftlichen Laufbahn interpretiert werden.[23]

Was aber war der Ertrag dieser Jahre, gerade im Blick auf die Frage nach der Existenz in verschiedenen politischen Systemen. Zunächst brachten sie auf der persönlichen Ebene durch die Arbeit an einer staatlichen Hochschule materielle Sicherheit in einem durchaus schwierigen ökonomisch-sozialen Umfeld, eine Sicherheit und Versorgung die offenbar besser war als zuvor. Sodann waren die Jahre für den fünffachen Vater (die vier Söhne und eine Tochter wurden zwischen 1930 und 1939 geboren) auch notvoll: Elligers Ehefrau Ilse (Jahrgang 1903) erkrankte schwer und verstarb 1955, er selber wurde durch die Belastung krank und musste häufiger für mehrere Monate aussetzen. Seine Forschungen litten unter diesen Bedingungen sehr. Sodann brachten die Berliner Jahre aber auch einigen persönlichen Erfolg und eine Vernetzung in kirchliche und hochschulpolitische Zusammenhänge. Zu nennen ist hier nur

---

23 Diese Zeit soll hier nur gestreift werden, Siegfried Bräuer hat in seiner veröffentlichten Gedenkrede vom Dezember 2003 hier praktisch alles Wesentliche gesagt, vgl. Bräuer, *Elliger*; vgl. zu dieser Zeit auch Friedemann Stengel, *Die Theologischen Fakultäten in der DDR als Problem der Kirchen- und Hochschulpolitik des SED-Staates bis zur Umwandlung in Sektionen 1970/71*, Leipzig 1998, passim; Dietmar Linke, *Theologiestudenten der Humboldt-Universität: zwischen Hörsaal und Anklagebank. Darstellung der parteipolitischen Einflußnahme auf eine Theologische Fakultät in der DDR anhand von Dokumenten*, Neukirchen-Vluyn 1994.

seine aus der Ausbildungsfunktion (theologische Examina) herrührende nebenamtliche Tätigkeit als Oberkonsistorialrat bei der Evangelischen Kirche der Union oder auch seine Sprecherfunktion als Vizepräsident des Evangelischen Fakultätentags.

Auch seine wissenschaftliche Arbeit begann von neuem. An seine Veröffentlichungen und seine fortwährenden Müntzerforschungen ist schon erinnert worden, dazu kam eine erneute Beschäftigung mit seinen Forschungen zur biblischen Archäologie und Kunst, die er auch in Lehrveranstaltungen wieder aufnahm, auch wenn er hierzu nichts mehr veröffentlichte.

Im Mittelpunkt dieser Jahre stand jedoch der später als „Fall Elliger"[24] bezeichnete Dauerkonflikt mit der Hochschule und den staatlichen Behörden. Immer wieder stand er, der als „reaktionär" bezeichnet wurde, im Zentrum von Diskussionen, verweigerte geforderte Ergebenheitsadressen (etwa zur Kollektivierung der Landwirtschaft oder zur „Friedenspolitik" der DDR) oder widersetzte sich personalpolitischen Entscheidungen. Ohne hier eine abschließende Wertung vorzunehmen, kann sein Verhalten doch mutig und unerschrocken genannt werden, – vielleicht auch naiv, da er die Gegner nicht recht einschätzen konnte. Sein Ziel war es, als „Christ in der DDR zu leben". Als ihm dies in der ihm gewünschten Form nicht mehr möglich war, pochte er auf diese kirchliche Existenz. Er stellte die Grundsatzfrage: „Kann ich mich in der DDR wirklich als Christ zu meinem Glauben bekennen?"[25], erst später beantwortete er sie für sich negativ.

Nach dem Mauerbau wurde seine Position zusehends schwieriger, die Kräfte, die ihn aus der Hochschule entfernen wollten, wurden stärker. Eine Gegenspielerin war beispielsweise die ehemalige Theologin Friederun Fessen, nun verantwortliche Referentin im Staatssekretariat für Hoch- und Fachschulwesen.[26] Die persön-

---

24 Vgl. dazu ausführlich Stengel, *Theologische Fakultäten*, 477–492.
25 Archiv der Humboldt-Universität, BA e 155, Bd. 1, Bl. 57.
26 Minutiös dargestellt bei Stengel, *Theologische Fakultäten*, bes. 477–492; die gesamte Dimension der Bedrohung, auch die Perfidie des Systems, etwa die Be-

liche Gefährdung sahen offensichtlich auch viele Kirchenhistoriker in Westdeutschland, seine Berufung an die neugegründete Universität Bochum war so auch eine Art persönlicher Rettung. Seine Berliner Zeit hat ihn aber nachhaltig geprägt, denn auch seine späteren wissenschaftlichen Forschungen lassen sich als Reaktion und Verarbeitung dieser Zeit interpretieren.

IV. Der Wechsel nach Bochum

Wie kam es überhaupt zum Wechsel? Auch wenn die einschlägigen Akten im Düsseldorfer Staatsarchiv noch nicht alle ausgewertet sind, ist davon auszugehen, dass besonders der Bonner Patristiker Wilhelm Schneemelcher, Präsident des Fakultätentages und somit in engem Kontakt mit Elliger stehend, darauf entscheidenden Einfluss hatte. Um Elligers Rolle an der Bochumer Fakultät besser einschätzen zu können, soll ein sehr knapper Blick auf die Geschichte der RUB geworfen werden, die seit Ende der fünfziger Jahre konzipiert wurde.[27]

Zunächst hatte es lange Zeit so ausgesehen, dass die neue Reformuniversität im Ruhrgebiet überhaupt keine theologischen Fakultäten bekommen sollte, lediglich sog. weltanschauliche Lehrstühle waren vorgesehen, diese sollten prominent besetzt werden. Zwischenzeitlich favorisierte man religionsdidaktische Kleineinheiten, wie sie später etwa in Dortmund, Essen oder Duisburg entstanden. Erst öffentlicher Widerspruch und kluge Diplomatie, gerade von katholischer Seite aber auch aus den evangelischen Teilen Bochums und Westfalens, führten in einer sehr späten Phase der Kon-

---

obachtung durch seinen Kollegen Hans-Georg Fritzsche als IM der Stasi, war Elliger zur damaligen Zeit nicht bekannt.

27 Vgl. dazu mit weiteren Literaturangaben Norbert Friedrich, „Krisen, Konflikte und Konsequenzen: Die ‚68er Bewegung' und der Protestantismus an der Ruhr-Universität Bochum", in: *Westfälische Forschungen* 48. 1998, 127–155; ders., „Theologische Fakultäten und Theologiestudierende in den 60er Jahren in Westfalen", in: Bernd Hey (Hg.), *Kirche, Staat und Gesellschaft nach 1945. Konfessionelle Prägungen und sozialer Wandel*, (Beiträge zur Westfälischen Kirchengeschichte 21), Bielefeld 2001, 227–242.

zeptionsentwicklung zur Einrichtung zweier Fakultäten. Inhaltliche Konzeptionierung und dann besonders die personelle Ausstattung wurden zunächst von einem kleinen Gremium vorbereitet, diesem gehörten u.a. der Münsteraner Systematiker Carl Heinz Ratschow und der genannte Wilhelm Schneemelcher an.

Bei den Berufungen ging es darum, eine Mischung aus erfahrenen Theologen und Nachwuchskräften zusammenzustellen. Mit dem Gründungsrektor der Universität und erstem Professor an der theologischen Fakultät, dem Neutestamentler Heinrich Greeven hatte man einen erfahrenen Hochschullehrer gewinnen können, als zweiter Professor kam der noch junge Privatdozent Gottfried Hornig als Systematiker. Walter Elligers Berufung, er war der dritte Professor, machte aus der Sicht der Kommission in mehrfacher Hinsicht Sinn: ein erfahrener Hochschullehrer, der mehrfach das Dekanat inne gehabt hatte, ein bei den Studierenden beliebter Dozent, eine wissenschaftliche Kapazität und – auch dies dürfte nicht unwesentlich gewesen sein – ein konservativer Hochschullehrer. Und jemand, dem man helfen musste, dies wusste Wilhelm Schneemelcher.

Für den Beginn in Bochum – Elliger war bereits 60 Jahre alt – also ein durchaus richtiger Mann. Für Elliger selbst, der offensichtlich unter den Bedingungen der Diktatur nur schwer leben und arbeiten konnte, war dieser Wechsel daher auch zunächst offenbar ein ‚Befreiungsschlag‘, auch wenn er sich nur schwer von Berlin lösen konnte. Doch seine Erwartungen sollten sich nicht erfüllen. Der Bochumer Hochschulalltag, von Provisorien und Konflikten geprägt, wurde für ihn zur Belastung, die andere Studentengeneration in Bochum sowie die eigene politische Sozialisation wirkten sich aus, ebenso der Wechsel des politischen Systems.

All dies muss berücksichtigt werden, wenn man sich das zentrale Ereignis anschaut, welches sich mit Elligers Bochumer Jahren verbindet, sein Ausscheiden aus der Theologischen Fakultät. Denn mit diesem spektakulären Schritt hat er eine gewisse Berühmtheit erlangt.

Auch die junge Bochumer Fakultät wurde, mit einer zeitlichen Verzögerung, von der Studentenbewegung erfasst, Zentren waren dabei die theologische und die soziologische Fakultät. Gerade im Umfeld des Lehrstuhls für Praktische Theologie und rund um die Evangelische Studentengemeinde kam es zu als „revolutionär" betrachteten Verhältnissen.[28] Elliger, Ordinarius alter Schule, gehörte eindeutig zu konservativen Kollegen, er wurde in den Diskussionen von seinen Kritikern als „Agent der Bourgeoise" denunziert, der „Spiegel" sprach abwertend von einem „Doktor Allwissend", der „Standesinteressen wie Lehrmeinungen in Diskussionen mit Studenten und Assistenten" zwar forderte aber sich nicht traute, sie offensiv zu verteidigen.[29]

Der in der DDR durchaus konfliktbereite Elliger war offenbar müde oder aber er hatte nicht mehr die Möglichkeiten, sich gegen die Angriffe in der pluralistischen Gesellschaft zu verteidigen. Also inszenierte er seinen vorzeitigen Abschied entsprechend. Am 2. April 1970 schrieb der 67jährige einen Brief an den damaligen NRW-Ministerpräsidenten Heinz Kühn und bat um seine vorzeitige Emeritierung. Aufmerksam und irritiert nahm die Öffentlichkeit dabei besonders Elligers öffentliche Begründung hin: „Ich wähnte, dem Druck einer politisierten Universität zu entkommen, als ich vor sieben Jahren den Ruf nach Bochum annahm, und habe die zukunftsträchtigen Ansätze zu einer neuen Struktur begrüßt, die der freien Entfaltung der Wissenschaft in Forschung und Lehre dienen sollten. Was ich in den letzten beiden Jahren hier erlebt habe, stellt die in der DDR gemachten Erfahrungen weit in den Schatten und lässt mich heute fast bereuen, dem Rufe an die Ruhruniversität gefolgt zu sein."[30]

---

28 Dazu ausführlich Jähnichen/Friedrich, „Krisen, Konflikte, Konsequenzen".
29 Zu den Bochumer Erfahrungen vgl. den Erfahrungsbericht des Praktischen Theologen Johannes Schreiber, der alle Ereignisse beobachten und erfahren konnte, vgl. Johannes Schreiber, Universitätsreform als menschliche Schöpfung, in: Wilfried Härle (Hg.), *Unsere Welt – Gottes Schöpfung. Eberhard Wölfel zum 65. Geburtstag*, Marburg 1992, 269–290.
30 Zitiert nach Bräuer, *Elliger*, 468.

Nachdem dieser Brief im Mai bzw. Juni in die Öffentlichkeit kam, wurde Elliger wegen der Gleichsetzung scharf kritisiert.[31] Er selber hat seine Äußerung mehrfach vertieft und bestätigt, etwa in einem unveröffentlichten Spiegel-Leserbrief, sie war aber offenbar mehr eine Reaktion auf eigene Erfahrungen als eine politisch durchdachte Reflexion. Siegfried Bräuer bezweifelt, dass Elliger so argumentiert hätte, wenn er die Winkelzüge und Verrate seiner Berliner Kollegen, die der Stasi über Elliger berichtet haben, aus der Kulisse gekannt hätte.[32]

V. Ein Fazit

In der Festschrift zum 65. Geburtstag für Walter Elliger wird der Kirchenhistoriker von den Herausgebern Oskar Söhngen und Siegfried Herrmann 1968 als ein „öffentlicher Bekenner" gelobt, als jemand der sein akademisches Lehramt und seinen Hang zum öffentlichen Leben verbinden konnte, ja als jemand der gerade nicht im „Elfenbeinturm" sitze.[33] Und Siegfried Bräuer hat sein Porträt mit einem Zitat aus der Kaderakte Elligers überschrieben, er sei ein Professor, der sage „was er meint". So beschreibt Bräuer ihn als vigilans pastor. Alle diese Charakterisierungen sind nachvollziehbar, sie entsprechen dem in diesem Beitrag beschriebenen Menschen. Und doch bleibt eine Unsicherheit wenn man den Zeitgenossen und Wissenschaftler angemessen würdigen will und danach fragt, ob Elliger nicht letztlich ein unpolitischer Bekenner war.

Zunächst zum Wissenschaftler: Walter Elliger genoss eine hohe Reputation, er wird trotz aller Kritik noch heute zitiert, dies betrifft besonders die Müntzerforschung und seine EKU-Geschichte; wohl weniger seine offensichtlich ebenso innovativen Forschungen zur christlichen Kunst. Man kann fast den Eindruck gewinnen, hier war jemand, der sein Potential nicht ausschöpfte, der mehr konn-

---

31 Vgl. dazu die Hinweise bei Schreiber, *Unsere Welt*, 282.
32 Bräuer, *Elliger*, 468.
33 Siegfried Herrmann/Oskar Söhngen (Hg.), *Theologie in Geschichte und Kunst. Walter Elliger zum 65. Geburtstag*, Witten 1968, 7.

te als seine Qualifizierungsarbeiten zeigen. Dass dies so war, hängt sicherlich mit seiner aktiven Zeitgenossenschaft zusammen.

Der Zeitgenosse: Der Lebenslauf zeugt davon, wie sehr – es mag banal klingen – die Zeitumstände Schicksal spielten. Meine These lautet: Elliger wäre gerne im alten ‚Elfenbeinturm' geblieben und hätte gern sein Leben als Christ in der wissenschaftlichen Welt gelebt. Das aber ließen die Zeitumstände nicht zu.

Elligers Arbeit als Wissenschaftler war von seiner Zeitgenossenschaft geprägt, – seine kirchenhistorischen Forschungen bilden jedoch keine Beiträge zur Kirchlichen Zeitgeschichte, er hat seine aktuellen Erfahrungen hier vielmehr historisch gespiegelt. Damit aber gilt: nur auf dem Hintergrund der Gegenwart in drei politischen Systemen wird ‚seine' Kirchengeschichte verständlich.[34]

Als Zeitgenosse war mit ihm sicherlich nicht einfach auszukommen; auch in Bochum sind die Erinnerungen nicht nur positiv, als Zeitgenosse bezog er aber keine *politische* Position, sondern versuchte ein persönlich gebundenes Christsein zu bewähren; das war für ihn nur konsequent. Seine Opposition gegen 1968 beruhte daher auch nicht auf politischen Reflexionen. In der Rückschau zeigt sich sein Bild letztlich als das eines unpolitischen Christen, der in die Strudel der Zeitläufte geraten war.

---

34 Dies gilt etwa auch für die EKU-Geschichte von 1967.

Die Einführung der Jugendweihe – Zähes Ringen im Staat-Kirche-Konflikt 1954 bis 1958

von Ellen Ueberschär

Zu Beginn der 1950er Jahre war die SED mit dem Versuch gescheitert, durch offenen Terror junge Menschen von einer religiösen Sozialisation durch die traditionellen Kirchen abzubringen. Tausende waren geflohen, der außen- und innenpolitische Schaden war immens. Die Repression Jugendlicher und ihrer Familien war einer der Tropfen, die das Fass zum Überlaufen brachten und den Aufstand des 17. Juni 1953 auslösten.

Auf Moskauer Weisung hin brach die Parteiführung die Terrorphase ab, ohne das übergeordnete Ziel, die Religion zum Absterben zu bringen, aus dem Auge zu verlieren. Bis 1989 konnte die Forschung zwar die Wirkungen der umstrukturierten Ideologiepolitik analysieren, nicht jedoch ihre Ursachen und den Entscheidungsverlauf verfolgen. Die Kernthese der älteren Forschung erhärtete sich nach Öffnung der Archive: Die „Einführung der Jugendweihe [war] ein Mittel der Kirchenpolitik".[1] Zwar muss die Jugendweihe augenfällig als eine Konkurrenzveranstaltung zur Konfirmation und Kampfansage an die volkskirchliche Sitte gelten, aber ein ausdrückliches Motiv ihrer Einführung war zu verhindern, „dass eine große Zahl von Kindern im Alter von 12–14 Jahren durch eine systematische reaktionäre Beeinflussung seitens der Pfarrer der *Jungen Ge-*

---

1 Hermann Wentker, „Die Einführung der Jugendweihe in der DDR: Hintergründe, Motive und Probleme", in: Hartmut Mehringer (Hg.), *Von der SBZ zur DDR*, München 1995, 139–165, hier 145.

meinde' zugeführt wird".[2] Deutlicher kann die Kontinuität zur Liquidationsphase nicht benannt werden.

Es steht ohne Zweifel fest, dass es der SED mit der Jugendweihe gelang, „einen tiefen Einbruch in den Bereich christlicher Sitte und bei der Bevölkerungsmehrheit noch vorhandener kirchlicher Bindungen zu erzielen".[3] In Anbetracht der Machtinstrumente der Partei scheint es jedoch nicht angemessen, den Charakter der Konfirmation als einen vom Bekenntnisgehalt weitgehend entleerten[4] Passageritus zu betonen und damit auf seine Austauschbarkeit hinzuweisen. Die jahrelange Anlaufphase der Jugendweihe – mit für die SED unbefriedigenden Ergebnissen – belegt, dass die Ablösung der Konfirmation nur durch gezielte repressive Politik und nur um den Preis großflächiger Zerstörung des abendländisch-christlichen Kulturumfeldes zu erreichen war. Die komplexe Handlungsmotivation der Eltern und Jugendlichen entzieht sich einfachen Schemata von Sieg und Niederlage im Aufbrechen einer volkskirchlichen Sitte.

Die Literatur der 1990er Jahre legte innerparteiliche Entscheidungsprozesse offen, beschrieb Schwenks in der Parteilinie zwischen 1950 und 1954 und bruchstückhaft zu rekonstruierende Reformansätze in den Jahren 1956 und 1957.

Der Widerstand der Kirchen, der unmittelbar nach der Veröffentlichung des Aufrufes zur Jugendweihe im November 1954 einsetzte, brachte den Plan einer massenweisen Jugendweihe im dar-

---

2 Arbeitsprotokoll Politbüro, 6.7.1954, zit. nach Martin Georg Goerner, *Kirche als Problem der SED. Strukturen kommunistischer Herrschaftsausübung gegenüber der evangelischen Kirche 1945 bis 1958*, Berlin 1997 282, vgl. auch Wentker, „Einführung der Jugendweihe", 146.

3 Rudolf Mau, *Eingebunden in den Realsozialismus? Die evangelische Kirche als Problem der SED*, Göttingen 1994, 23.

4 Vgl. Peter Maser, *Glauben im Sozialismus. Kirchen und Religionsgemeinschaften in der DDR*, Berlin 1989, 61 f.; Detlef Urban/Hans Willi Weinzen, *Jugend ohne Bekenntnis? 30 Jahre Konfirmation und Jugendweihe im anderen Deutschland 1954–1984*, Berlin 1984, 9; Wentker, „Einführung der Jugendweihe", 146.

auf folgenden Jahr 1955 zu Fall.⁵ Zwar hatten sich zunächst 80 bis 90 % der Schulabgänger zu der Feier gemeldet, „nachdem die Kirche aber die Unvereinbarkeit von Jugendweihe und Konfirmation verkündet hatte, waren nur noch 4,8 % bei ihrer ursprünglichen Entscheidung geblieben".⁶ Der desaströse Einbruch setzte innerhalb der Partei verschiedene Strategieüberlegungen in Gang.

Anhand von Indizien sind Reformtendenzen innerhalb der Parteiführung der SED nachgezeichnet worden, die mit dem Namen Paul Wandel verknüpft sind.⁷ Forschungsstrategisch ging es in der Mitte der 1990er Jahre darum, den monolithischen Block SED aufzulösen, Friktionen und Oppositionen hervorzuheben. Allerdings scheint sich die Frage, ob darin nicht eine Überbewertung der Demokratiefähigkeit ausgewählter Reformer liegt, gerade im Fall Wandels aufzudrängen.

Die leichte Reformtendenz, deren Nachweis anhand von Indizien, gestärkt durch die Abstrafung Ulbrichts 1957, nachgewiesen wurde, stellt die Sache so dar, dass Wandel sich Versuchen der CDU-Führung anschloss, die Konfrontation mit den Kirchen abzumildern. Die widerspenstige Haltung der Christdemokraten war bereits in der älteren Forschung bekannt. Horst Dähn gab 1982 anhand von Dokumenten aus dem Nachlass Propst Grübers eine Aussage Otto Nuschkes wieder, wonach dieser die „Abschaffung der Jugendweihe gefordert" hätte.⁸ Ohne Kenntnisnahme der von Dähn herangezogenen Quellen mutmaßte die nachwendische For-

---

5   Der Aufruf erschien am 12.11.1954. Bereits am 30.11.1954 antwortete die Kirchenleitung von Berlin-Brandenburg mit einem Wort an ihre Gemeinden. Vgl. U. Jeremias, *Die Jugendweihe in der Sowjetzone*, Bonn 1956, 37 f.
6   Wentker, „Einführung der Jugendweihe", 156.
7   Geb. 1905, 1923 KPD-Mitglied in Baden, 1933 in die UdSSR emigriert, 1945 zurückgekehrt, verschiedene Funktionen im Parteiapparat, 1953–57 Sekretär für Kultur und Erziehung im ZK der SED, 1958–1961 Botschafter der DDR in China, vgl. Gerhard Besier/Stephan Wolf (Hgg.), *„Pfarrer, Christen, Katholiken". Das Ministerium für Staatssicherheit der ehemaligen DDR und die Kirchen*, Neukirchen-Vluyn 1991, 862.
8   Horst Dähn, *Konfrontation oder Kooperation? Das Verhältnis von Staat und Kirche in der SBZ/DDR 1945–1980*, Opladen 1982, 63.

schung, dass die CDU-Führung den „Anstoß zu einer Reform der Jugendweihe" gegeben habe.[9] Die Christdemokraten schlugen in Briefen an die SED-Führung eine Namensänderung in „Jugendfeier" und eine Überprüfung des von den Kirchen wegen seines militant-atheistischen Charakters hart kritisierten Geschenkbuches „Weltall, Erde, Mensch" vor.[10] Ein weiterer Reformvorschlag, der in SED-Papieren erschien, deren Verfasser Wandel war, betraf die Verschiebung des Termins, der von den Konfirmationen im Frühjahr abgerückt werden sollte. Als Reformindiz wird weiterhin die Gesprächsbereitschaft Wandels gegenüber der CDU-Führung und gegenüber Mitzenheim ins Feld geführt.

Obwohl das Politbüro auf einer Sitzung im November 1956 – unmittelbar nach der Niederschlagung des Ungarn-Aufstandes – die Reformüberlegungen zu Termin, Namen der Feier und Inhalt der Jugendstunden abwies, unternahm Wandel 1957 einen riskanten Alleingang und gab statt des atheistisch akzentuierten Geschenkbuches das patriotisch intendierte Werk „Unser Deutschland" in die Hände der Jugendgeweihten. Der mühsam zu rekonstruierende Konflikt eskalierte im Oktober 1957, Ulbricht warf Wandel vor, dem „Druck des Gegners" nachgegeben zu haben: „Selbstverständlich gibt es bei der Jugendweihe Probleme und wir müssen hier geschickt arbeiten. Aber wir haben beschlossen, dass alle Kinder an der Jugendweihe teilnehmen sollen, weil das eine wichtige Aufgabe bei der Vorbereitung der Jugendlichen für das Leben ist. Gut, dann müssen wir sie aber so beeinflussen, wie es sich gehört. Diese Arbeit machen wir doch überhaupt nicht, sondern überlassen die Massenarbeit der Kirche entschuldigt! – und dann kommt eine solche schiefe Situation heraus. Das geht nicht, Genossen."[11]

---

9 Goerner, *Kirche als Problem*, 285.
10 Vgl. Wentker, „Einführung der Jugendweihe", 157 f.
11 Georg Diederich/Bernd Schäfer/Jörg Ohlemacher, *Jugendweihe in der DDR, Geschichte und politische Bedeutung aus christlicher Sicht*, hg. v. d. Landeszentrale für Politische Bildung Mecklenburg-Vorpommern, 1998, 9.

Ulbricht setzte seine harte Linie durch und strafte Wandel mit der Versetzung nach China ab. Das ausgewertete Material lässt erkennen, dass Wandel bei der Anleitung der Ausschüsse für Jugendweihe auf die Überzeugungsarbeit als Mittel der Umsetzung von Parteibeschlüssen vertraute.[12] Was aber ist gemeint mit Überzeugungsarbeit, einer der Hauptstrategien der Partei gegenüber ihrer ideologisch ungefestigten Bevölkerung? Überzeugung ist ein Code-Wort aus dem Arsenal stalinistischer Verbalinstrumente, das Druck und repressives Verhalten der Genossen untereinander und gegenüber der Bevölkerung legitimierte.

In der Jugendpolitik bedeutete die Strategie des „Überzeugens" ein Doppeltes: Einerseits lebte unter den Genossen, angewiesen durch das sowjetische Vorbild, tatsächlich der Glauben an einen pädagogisch-aufklärerischen Mechanismus, der bei den Jugendlichen je nach Intensität der Propaganda funktionieren sollte. Die jugendpolitische Desillusionierung trat erst gegen Ende der 1960er Jahre ein.

Andererseits hatte die kirchenpolitische Bedeutung des Überzeugens eine andere Komponente: Überzeugen war eine Variante zur Durchsetzung der langfristigen strategischen Ziele, die den Sieg über den ‚Gegner Kirche' verfolgten.

Wandel vertrat die Überzeugungsstrategie in dieser Doppelbödigkeit: dem naiven Glauben an den Erfolg pädagogischer Beeinflussung und der kühl berechneten Druckausübung. Im Fall der Jugendweihe klang das folgendermaßen: Im Februar 1955, als sich der Misserfolg abzeichnete, bestellte Paul Wandel die Instrukteure für Kirchenfragen aus den 16 Bezirken der DDR nach Berlin ein. Sein Referat allerdings – darauf deutet die Wiedergabe durch die Bezirksgenossen hin – wurde von Willi Barth vorgetragen. Barth leitete die in Zusammenhang mit der Jugendweihe im November 1954 neu gebildete ZK-Abteilung Kirchenfragen. Durch die zweifache Brille – die des ZK-Abteilungsleiters und die eines SED-

---

12 Vgl. Wentker, „Einführung der Jugendweihe", 153.

Bezirksinstrukteurs – kamen die Rede Wandels bei den ausführenden Genossen an der so genannten Basis an: „Die Überzeugungsarbeit, dass die Genossen ihre Kinder zur Jugendweihe schicken, wird zum ersten Mal zu Auseinandersetzungen in der Frage der Religion führen ... Zur Unterstützung von Geistlichen ist an die Räte der Bezirke ein Sonderfond gegeben, der für solche Pastoren in Frage kommt, die sich fortschrittlich zeigen, aber auch für solche, die durchaus zu gewinnen sind. Es kommt darauf an, dass man mit dem Geld Politik macht." Und weiter: „Wir würden die Positionen der politischen Reaktion stärken, wenn wir nicht alles tun würden, um die Basis der Kirche und ihren Einfluß auf die Massen ständig bewußt zu schmälern."[13] Es ist nicht einleuchtend, den strategischen Schritten des Genossen Wandels einen Gesinnungswandel in den darauf folgenden zwei Jahren zuzumessen. Die Enthebung Wandels von seiner Position sagt mehr über Ulbricht aus als über Wandel. Von einer Reformtendenz, wenn der Begriff nicht völlig überdehnt werden soll, ist im Grunde nicht zu sprechen. Vielmehr erscheint der Konflikt in der Parteiführung als Streit um das beste Mittel der Wahl. Letztlich verfolgte sowohl die unter dem Codewort Überzeugung geführte Strategie dasselbe Ziel wie die unelegante Hardliner-Manier Ulbrichts.

Die Rekonstruktion parteiinterner Konstellationen trug aber zur Bestätigung der Beobachtung bei, dass die Jugendweihe zwar bereits 1954 in Angriff genommen wurde, sich aber erst vier bzw. fünf Jahre später durchsetzte. Sodann verifiziert sie zeitgenössische kirchliche Urteile. Es sind insbesondere zwei Sachverhalte, die aufmerksame Zeitgenossen aus öffentlichen und halböffentlichen Dokumenten zusammengesetzt hatten. Diese sind heute durch historische Forschung eindeutig bestätigt:

1. Die Jugendweihe war eine parteiamtliche und staatliche Angelegenheit, die hierarchisch durchorganisiert und inszeniert war. In den Planungen zur Einführung der pseudosakralen

---

13 Diederich/Schäfer/Ohlemacher, *Jugendweihe in der DDR*, 27 f.

Feier verwandte die Partei viel Energie darauf, diesen Tatbestand zu verschleiern. Im November 1954 wies Ulbricht die SED-Bezirks- und Kreisleitungen an, einerseits selbst lokale Ausschüsse zur Vorbereitung der Jugendweihe zu gründen, bzw. in den bestehenden aktiv mitzuarbeiten, mahnte andererseits, auf jeden Fall den Eindruck zu vermeiden, „dass praktisch die Partei die Jugendweihen durchführt".[14] Die Reaktion der Kirchen zeigte, dass die Urheberschaft der Jugendweihe ohne Zögern bei der Staatspartei ausgemacht wurde. Vermutlich gab es auch innerhalb der Bevölkerung nur wenige, die an die Massenbasis der Jugendweihe glaubten. Der tatsächliche Effekt der Verschleierungstaktik lag auf kirchenpolitischem Gebiet: Da Partei und Staat sich für nicht zuständig erklärten, hatten die Kirchen keinen Ansprechpartner für ihre Beschwerden. Erst 1957, nach den Misserfolgen der Vorjahre, wurde die Jugendweihe zu einer staatlichen Angelegenheit erklärt.

2. Die Jugendweihe trug einen dezidert atheistischen Charakter. Der Aufruf zur Jugendweihe vom 12. November 1954 verdeckte diesen mit der phrasenhaften, allgemeinen Angabe, es würden in den vorbereitenden Jugendstunden, zunächst noch „Zusammenkünfte" genannt, „Fragen des Lebens, der Natur und Gesellschaft besprochen".[15] Nach Offenlegung der kirchenpolitischen Leitvorstellungen der SED ist die Einbettung der atheistischen Zielsetzung der Jugendweihe in ein umfassendes Ideologisierungsprogramm nach Moskauer Anweisung deutlich geworden.[16]

Im März 1954 hatte die SED-Spitze nach längeren Überlegungen einen umfassenden Grundsatzbeschluss über die „Politik der Par-

---

14 Hier zitiert nach Goerner, *Kirche als Problem*, 283, vgl. aber auch schon Dähn, *Konfrontation oder Kooperation*, 56.
15 Jeremias, *Jugendweihe*, 33.
16 Mau, *Realsozialismus*, 23; Goerner, *Kirche als Problem*, 280–289.

tei in Kirchenfragen", der die kirchenpolitische Zielrichtung in eine umfassende Systematik brachte, die von der Parteiführung sukzessive umgesetzt wurde. Differenzierung und Unterwanderung bildeten die entscheidenden Mittel, mit denen die SED ihre strategischen Vorgaben verfolgen wollte. Die Jugendweihe war Bestandteil dieses Grundsatzbeschlusses. Interessant, und auf bisher nicht aufgedeckte Diskussionen hindeutend ist die Tatsache, dass die Jugendweihe in den Entwürfen für das Strategie-Papier noch nicht enthalten war. Abgesehen von der Möglichkeit, dass Ulbricht die Jugendweihe anordnete, ist es wahrscheinlich, dass der Vorschlag zur Einführung der Feier auf Willi Barth zurückzuführen ist, einen der wenigen Aktiven aus der proletarischen Freidenkerbewegung, der es geschafft hatte, in den Apparat der SED zu kommen. Dass er zwei Jahre zuvor die Jugendweihe durch die freireligiösen sächsischen Gemeinden noch als politisch falsch eingeschätzt hatte, spricht nicht dagegen, dass er die Feier in den richtigen Rahmenbedingungen und unter parteilicher Kontrolle durchaus als politisch richtig bewertete.

Immerhin: Im November 1954, also im Zuge der Einführung der Jugendweihe, wurde aus der Zentralkomitee-Abteilung Allgemeine staatliche Verwaltung eine Abteilung Kirchenfragen ausgegründet, deren Chefideologe Willi Barth in den folgenden Jahren ist, ein Schlosser aus Gotha, ein einfaches Gemüt, das in seiner Freizeit Franz Mehring las und sich durchaus bei den Kirchenvertretern blicken ließ.

Die kirchliche Seite erkannte die in den zwanziger Jahren durch aggressive Propaganda betriebene Freidenkerveranstaltung mit ihrer kämpferisch-atheistischen Attitüde gegen die Konfirmation sofort wieder: „Die Jugendweihe ist von jeher eine Angelegenheit derjenigen Menschen gewesen, die die Kirche und ihre Botschaft ablehnen",[17] hieß es zwei Wochen nach dem Jugendweiheaufruf aus Berlin-Brandenburg. Während des patriotisch-

---

17 Wort der Ev. Kirchenleitung an die Gemeinden der Evangelischen Kirche in Berlin-Brandenburg vom 30.11.1954, abgedr. in: Jeremias, *Jugendweihe*, 38.

staatsbürgerlichen Intermezzos 1956/57 trat der militante Atheismus etwas zurück. Nach dem Eingriff Ulbrichts in die organisatorischen Angelegenheiten der Jugendweihe vertraten die Parteifunktionäre die antikirchlich-atheistische Linie ohne Umschweife in offiziösen Organen wie der ‚Deutschen Lehrerzeitung'. Den Auftakt bildete die erwähnte Rede Ulbrichts zur Eröffnung des Jugendweihejahres 1957/58, in der er die Jugendweihe entgegen früheren Behauptungen in die Tradition der sozialistischen Jugendweihen der Arbeiterklasse stellte. Werner Neugebauer, Leiter der Abteilung Allgemeinbildende Schulen beim Zentralkomitee der SED, instruierte die Lehrer und Lehrerinnen: „Bestimmte Leute sagten uns völlig grundlos: Verletzt nicht die religiösen Gefühle! Wir müssen ihnen sagen: Wir sind Marxisten-Leninisten. Wir sind auch z.B. der festen Überzeugung, dass es keinen Gott gibt. Doch wenn die Vertreter religiöser Auffassungen immer wieder von ihrer religiösen Lehre und von Gott sprechen, dann werden dadurch auch unsere Gefühle einmal verletzt!"[18]

Die ideologische Zielrichtung fand sowohl Eingang in den vorgeschriebenen Inhalt der Jugendstunden sowie in die Feiergestaltung. Das 1958 neu gefasste Gelöbnis verbarg den Atheismus hinter dem Einsatz für die „große und edle Sache des Sozialismus".[19]

Insofern ist auch hier zu fragen, ob die Verschleierungstaktik, die auf den ersten Blick die atheistische Zielsetzung verdecken sollte, nicht eine ganz andere Funktion hatte, denn der common sense der Diktaturerfahrung gab sich nicht der Illusion hin, es mit einer weltanschaulich neutralen Neuerung zu tun zu haben. Indem die Partei aber genau dies behauptete, also die antichristliche Zielsetzung bestritt, eröffnete sie sich die argumentative Möglichkeit, den

---

18 Jeremias, *Jugendweihe*, 92–96; Auszug aus der *Deutschen Lehrerzeitung* Nr. 20/1958, abgedr. in: *KJB* 1959, 205 (vgl. auch in: *KJB* 1958, 182).
19 Vgl. Urban/Weinzen, *Bekenntnis*, 58, und Albrecht Döhnert, *Jugendweihe zwischen Familie, Politik und Religion. Studien zum Fortbestand der Jugendweihe nach 1989 und die Konfirmationspraxis der Kirchen*, Leipzig 2000, 141.

Spieß umzudrehen und ihrerseits die Kirchen der Intoleranz und sogar des Verfassungsbruches zu bezichtigen.[20]

Trotz der Rekonstruktion der parteiinternen Konstellationen bestehen Defizite, die noch der Aufklärung harren:

Zwar war die Spitze der Jugendweihe eine kirchenpolitische, die breite Wirkung jedoch zielte auf die Ideologisierung, auf den Wunsch der Partei, von den 14-Jährigen Loyalitätserklärungen gegenüber dem sozialistischen Projekt zu erhalten. Intendiert war die „Unterwerfung der gesamten Jugend unter den Willen ‚der Partei' und das folgsame Hören auf die Sprache ihrer Macht".[21] Zahlreiche, von der älteren Forschung bereits zusammengetragene Indizien weisen auf die feste Verankerung der Jugendweihe im Bildungs- und Erziehungswesen hin. Zunächst ist die organisationsstrukturelle Ebene zu nennen: Für die Anleitung des zentralen Jugendweiheausschusses war die Abteilung Allgemeinbildende Schulen im ZK der SED verantwortlich. Daraus folgte, dass für Durchführung und Erfolg der Jugendweihe die Lehrer und Lehrerinnen verantwortlich gemacht wurden. Kirchliche Archivalien spiegeln diese Zusammenhänge, wenn von Entlassungen berichtet wird, weil Lehrer sich weigerten, den notwendigen Druck auf die Schüler auszuüben.[22] Auch auf konzeptioneller Ebene fügte sich die Jugendweihe mit ihren, das Schulwissen ergänzenden natur- und gesellschaftswissenschaftlichen Lehrinhalten lückenlos in ein ideologisches Erziehungskonzept ein,[23] dessen Hauptaustragungsort die Bildungseinrichtungen waren. Diesen bildungspolitischen Aspekt vernach-

---

20 Vgl. Dähn, *Konfrontation oder Kooperation*, 56 und 58.
21 Mau, *Realsozialismus*, 26.
22 Zu den Quellen vgl. Dähn, *Konfrontation oder Kooperation*, 56, 58 und 69.
23 Vgl. die Äußerungen Ulbrichts auf dem 33. Plenum des ZK: „Ich war ... der Meinung, dass wir unsere Linie der besonderen Betonung der naturwissenschaftlichen Erziehung, der Erziehung in den Fragen des Sozialismus und der Naturwissenschaft besonders unterstreichen, damit unsere Kinder ideologisch zu zielbewußten Menschen erzogen werden." zit. nach Hans-Gerhard Koch, *Neue Erde ohne Himmel. Der Kampf des Atheismus gegen das Christentum in der „DDR". Modell einer weltweiten Auseinandersetzung*, Stuttgart 1963, 177.

lässigt die neuere Forschung. Das Fehlen mag auf den Umstand zurückzuführen sein, dass in den Beständen der Abteilung Allgemeinbildende Schulen im Zentralen Parteiarchiv eine Lücke zwischen 1953 und 1958 klafft.[24]

Ein weiteres, schwerwiegenderes Defizit ist zu nennen: der Nachweis aus den staatlichen Akten, seit wann und von wo aus der Druck auf die Jugendlichen und ihre Eltern ausging, der allein die diktaturstaatliche Durchsetzung der Jugendweihe bewerkstelligte. Unter Berücksichtigung der Erkenntnis, dass „die Parteiführung in Sachen Jugendweihe nichts dem Zufall überließ",[25] scheint die Annahme inkonsistent, dass „untergeordnete Stellen mit Drohungen arbeiteten", die SED-Spitze jedoch nicht auf „administrative Maßnahmen" setzte, die nur die Einzelnen betrafen.[26] Immerhin wird für 1958 eingeräumt, dass der sprunghafte Anstieg der Teilnehmerzahlen auf die „bei Nichtteilnahme an der Jugendweihe nun angewandten erheblichen Sanktionen – wie die Nichtzulassung zur Abiturstufe oder die Einschränkung der Berufswahl"[27] zurückzuführen war. Es wird verwiesen auf kirchliche Quellen, die freilich nur einzelne Fälle beleuchten, nicht jedoch die systematische Ursache. Es gälte auf der Ebene des Zentralkomitees zu verifizieren, was veröffentlichtes und unveröffentlichtes kirchliches Aktenmaterial in der Summe deutlich konturiert: ein zentral gesteuertes Instrumentarium von Vergünstigung und Druckausübung zur Durchsetzung der Jugendweihe.[28]

---

24 Vgl. Wentker, „Einführung der Jugendweihe", 139.
25 Goerner, *Kirche als Problem*, 283.
26 Wentker, „Einführung der Jugendweihe", 154. Da die angedrohten oder verhängten Sanktionen gegen Jugendliche ausnahmslos schulische und berufliche Bildung betrafen, scheint die Lücke in den Beständen des ZPA das Forschungsdesiderat zu bedingen.
27 Goerner, *Kirche als Problem*, 288.
28 Vgl. die entsprechenden Dokumentationen in den Kirchlichen Jahrbüchern, besonders 1958, sowie die in den einschlägigen Publikationen angeführten Dokumente und Fälle. Auf der EKD-Synode 1958 zitierte Andler aus einem Beschluss des Rates des Bezirkes Frankfurt (Oder) vom November 1957, in dem es heißt, dass die berufsbildenden Instanzen des Bezirkes dafür Sorge zu tragen haben,

Im Bezirk Karl-Marx-Stadt lag die Beteiligung an der Jugendweihe in den großen Arbeiterstädten Karl-Marx-Stadt und Zwickau 1967, mehr als zehn Jahre nach Einführung der Jugendweihe zwischen 97 bis 98%. In allen anderen, ländlicheren Gebieten des Bezirks, die traditionell von hoher Kirchlichkeit geprägt waren, lag sie jedoch nur bei 60%.[29] Von 10 Jugendlichen gingen vier nicht zur Jugendweihe, obwohl diese in der offiziellen Propaganda als „durchgesetzt" galt.

Die Erwähnung der kirchlichen Archivalien führt zu der Frage, wie sich nun die andere Seite, insbesondere die Leitungen der evangelischen Landeskirchen, gegenüber den kirchenpolitischen Weichenstellungen der Partei verhielt.

Das kirchliche Verhalten ist nur auf dem Hintergrund der Erfahrungen mit der offenen Repression der Jahre 1952/53 zu verstehen. Die Jugendweihe brachte, obwohl sie darauf abzielte, keine offene Konfrontation mit der kirchlichen Jugendarbeit, vielmehr verlagerte sie den Konflikt der frühen 1950er Jahre auf eine politisch-ideologische Ebene, auf der die Einzelnen, nicht mehr die Kirche als Institution, dem parteistaatlichen Druck ausgeliefert waren. Genau darin bestand die verdeckte Repression. Nicht von institutioneller, sondern von individueller Seite wurde der Konflikt in die *Jungen Gemeinden* hineingetragen. Nicht die Institution Gemeinde oder *Junge Gemeinde* musste ihre Existenz verteidigen, sondern Jugendliche sollten in ihrer Bereitschaft, am kirchlichen Leben teilzunehmen, verunsichert werden.

Von Dibelius mit scharfen Worten als eine „mit staatlichen Mitteln geförderte materialistische Zwangs-Bekenntnisfeier"[30] gegeißelt, stieß die Jugendweihe anfänglich auf den geschlossenen Wi-

---

„dass Teilnehmer an der Jugendweihe bevorzugt Lehrstellen erhalten". In: *Bericht über die dritte Tagung der zweiten Synode der EKD vom 26.4.–30.4.1958*, 99. Es ist äußerst wahrscheinlich, dass dieser Beschluss die Umsetzung einer Anweisung der Parteispitze war.

29 Vgl. BSTU Außenstelle Chemnitz, XX–380, 124 f.

30 *Bericht über das kirchliche Leben. Verhandlungen der Berlin-Brandenburgischen Provinzialsynode. Tagung vom 7.–10.5.1957*, 56.

derstand der Kirchen, dessen Kompromisslosigkeit ohne den Rückbezug auf die frühen 1950er Jahre unverständlich bliebe. Die Inkompatibilität von Konfirmation und Jugendweihe konnte so radikal erklärt werden, weil die Kirche 1952/53 „im Kampf um die *Junge Gemeinde* mit der Standhaftigkeit der Jugend gute Erfahrungen" gemacht hatte.[31] Bis 1957 erwies sich die Leitlinie der Inkompatibilität durchaus als richtig. Vertreter der östlichen Gliedkirchen der EKD summierten im selben Jahr, „dass 8 %, an einzelnen Stellen 10 %, der infrage kommenden Kinder an der Jugendweihe teilgenommen haben". Dies bedeute zwar eine Steigerung, entspräche aber nicht im Geringsten dem Propagandaaufwand.[32]

1958 zeichnete sich ab, dass immer weniger Jugendliche und deren Eltern den „Impulsen von Verlockung und Einschüchterung"[33] widerstehen würden. Sie nahmen an der Jugendweihe teil und fielen so unter das kirchliche Konfirmationsverdikt. Gleichzeitig übte die kirchliche Basis Druck auf die Kirchenleitungen aus. Einige Eltern der betroffenen Jugendlichen weigerten sich, Kirchensteuer zu bezahlen oder traten sofort aus, wenn ihre Kinder „wegen Jugendweihe nicht zur Konfirmation sofort zugelassen" wurden.[34] Die „kirchliche Einheitsfront in der Praktizierung des Unvereinbarkeitsbeschlusses"[35] begann zu bröckeln, die Landeskirchen gingen in der Konfirmationsfrage jeweils eigene Wege, auf denen sich die Konfirmation trotz Jugendweihe realisieren ließ.[36] Den Hintergrund einer Kompromisssuche bildete nicht zuletzt die

---

31 Pollack, *Organisationsgesellschaft*, 132.
32 Niederschrift von Herwig Hafa über die Besprechung von Fragen der Jugendweihe, am 23.9.1957, in: EZA 104/653.
33 Mau, *Realsozialismus*, 23.
34 *Bericht über die 3. (außerordentliche) Tagung der dritten Synode der EKiBB vom 19.–23. Januar 1959*, 201.
35 Reinhard Henkys, „Die Kirchen im SED-Staat zwischen Anpassung und Widerstand", in: Jürgen Weber (Hg.), *Der SED-Staat. Neues über eine vergangene Diktatur*, München 1994, 199–243, hier 203.
36 Vgl. Urban/Weinzen, *Bekenntnis*, 145–152.

Austrittswelle, die 1957/58 das zweite Mal Höchstwerte erreichte.[37]

Das wirksamste, „von staatlicher Seite eingesetzte Zwangsmittel"[38] war die Drohung mit der Verweigerung des Oberschulbesuchs. Wer die Jugendweihe ablehnte, um sich konfirmieren zu lassen und anschließend eventuell eine *Junge Gemeinde* zu besuchen, musste in der Regel auf das Abitur verzichten. Auf der EKD-Synode von 1958, die sich entgegen den Wünschen der SED und trotz ihrer Verhinderungsversuche mit dem Thema ‚Bildung' befasste, charakterisierte Erich Andler, Leiter des überregionalen Koordinierungsgremiums Jugendkammer-Ost, die Jugendweihe als ein „Tor", durch das „ein junger Mensch hindurch muss, wenn er in der DDR beruflich vorankommen will".[39] In den Jahren ab 1958 tat das von der Partei hergestellte Ausschließlichkeitsverhältnis zwischen Konfirmation und *Junger Gemeinde* einerseits und der Oberschule andererseits seine Wirkung. In dem Maße, in dem der Anteil der christlichen Jugendlichen an den Oberschülern zurückging, verringerte sich auch der Anteil der Oberschüler an den Junge-Gemeinde-Teilnehmern. Anders gesagt: Christliche Jugendliche, die an einer *Jungen Gemeinde* teilnahmen, waren immer seltener Oberschüler.[40] Und damit hatte die Partei ein Ziel erreicht, das schon die Liquidierung 1952/53 verfolgt hatte, nämlich den Einfluss der Kirche auf das gebildete Bürgertum zurückzudrängen. Der Preis, der in der schmerzhaften Abwanderung dieser gesellschaftlichen Gruppen lag, war ausgesprochen hoch.

In den Kirchen geriet mit der Zunahme Jugendgeweihter und der Abnahme konfirmierter Jugendlicher die Konfirmationspraxis innerkirchlich in die Diskussion. Die Suche nach Alternativen, die

---

37 Vgl. Pollack, „Wertwandel und religiöser Wandel in Ostdeutschland", in: Bernd Schäfers (Hg.), *Lebensverhältnisse und soziale Konflikte im neuen Europa*, Opladen 1992, 662–670, hier 666.
38 Wentker, „Einführung der Jugendweihe", 152.
39 Bericht über die dritte Tagung der zweiten Synode der EKD vom 26.–30. April 1958 in Berlin, 96.
40 Vgl. Ellen Ueberschär, *Junge Gemeinde im Konflikt*, 272 ff.

sowohl seelsorgerlichen als auch pädagogischen sowie kirchenrechtlichen Anforderungen gerecht wurden, bestimmte synodale Diskussionen und Beschlüsse bis in die 1970er Jahre hinein. Im Zuge dieser Überlegungen zeichnete sich eine Entwicklung zum prozessualen Charakter des ‚konfirmierenden Handelns' ab.[41]

Am Beginn dieser Entwicklung stand jedoch Verunsicherung und regelrechte „Verwirrung" über die weitere Verfahrensweise: „Da ist alles durcheinandergelaufen, und wir haben tatsächlich das Bild der Schafe geboten, die keinen Hirten haben."[42] Mit biblischer Metaphorik umschrieb ein Synodaler der Berlin-Brandenburgischen Sondersynode im Januar 1959, also im Durchbruchsjahr der Jugendweihe, das Dilemma. Es bestand darin, dass die Teilnahme an der Jugendweihe als „Sünde" qualifiziert wurde, „und Sünde verlangt auch Strafe".[43] Andererseits wurde die Konfirmation zu einem späteren Zeitpunkt als „Strafeinsegnung"[44] empfunden. Die Wartefrist von einem Jahr ging auf eine Empfehlung der Kirchlichen Ost-Konferenz, in der die Leitungen aller DDR-Landeskirchen vertreten waren, zurück. Die Empfehlung, die die Berlin-Brandenburgische Kirche 1958 umsetzte, enthielt Vorschläge zum Umgang mit der Konfirmationsfrage.[45] Das eigentliche Problem waren diejenigen, die zwar an der Jugendweihe oder den Jugendstunden teilnahmen, aber darin keinen Bekenntnisakt oder eine Abwendung von der Kirche sahen. Ein Potsdamer Synodaler berichtete von Jugendlichen, die im Unterricht blieben, obwohl ihnen die Konfirmationsanmeldung versagt worden war: „Sie kommen trotzdem mit großer Treue, und sie würden es mir einfach nicht

---

41 Vgl. Döhnert, *Jugendweihe*, 151–153, sowie die entsprechenden Dokumente des Facharbeitskreises Konfirmation in: Christoph Demke/Manfred Falkenau/Helmut Zeddies, *Zwischen Anpassung und Verweigerung. Dokumente aus der Arbeit des Bundes der Evangelischen Kirchen in der DDR*, Leipzig 1994.
42 Bericht über die 3. (außerordentliche) Tagung der dritten Synode der EKiBB vom 19.–23. Januar 1959, 186.
43 A.a.O., 185.
44 A.a.O., 192.
45 Vgl. KJB 1958, 195.

abnehmen, wenn ich ihnen sage [...], dass sie durch Teilnahme an der Jugendweihe bekennen: Es gibt keinen Gott. Diese jungen Menschen haben zum Teil in den Jugendweihestunden in ihrer Weise und ihrem Verständnis versucht, dem zu widersprechen, was dort gesagt worden ist."[46]

Überlegungen, von den Jugendgeweihten eine „Abschwörungsformel" zu fordern oder den Gemeinden und Pfarrern zu empfehlen, aus Solidarität mit denjenigen, die ein Jahr auf ihre Konfirmation warteten, sich ebenfalls ein Jahr des Abendmahles zu enthalten, wurden angestellt und wieder verworfen. Der letztlich angenommene Beschluss sah eine Warteregelung vor, die der *Jungen Gemeinde* eine Rolle als Bewährungsinstanz zudachte. Die Synode rief die Jugendgeweihten auf, durch „Teilnahme am kirchlichen Leben ihren Glauben im Sinne einer Bejahung ihres Taufstandes zu bekunden".[47] Auch dagegen wurden Bedenken erhoben, denn, so ein Synodaler: „Damit ist die *Junge Gemeinde* einfach überfordert." Er verlangte von den Jugendgeweihten eine „klare Auseinandersetzung mit dem dialektischen Materialismus, soweit das für Kinder auffassbar und verständlich ist." Dies könne ihm die *Junge Gemeinde* nicht abnehmen. Dennoch wurde mit dieser Regelung, das Wartejahr in der *Jungen Gemeinde* zu verbringen, ein die Praxis der Gemeinden bis zum Ende der DDR prägender Beschluss gefasst, der wirkungsvoller war als alle Konzepte des konfirmierenden Handelns. Das Jahr in der *Jungen Gemeinde* förderte für die wenigen, die geblieben waren, die Normalisierung der unnormalen Warteposition. Aus dem Wartejahr wurde ein kirchliches Jahr. Seit den 1960er Jahren bildete die Gruppe der 14 bis 16-Jährigen die größte Gruppe innerhalb der kirchlichen Jugendarbeit.

Die katholische Kirche, die die Unvereinbarkeit wesentlich rigider durchsetzte, „Jugendweihlinge" als schwere Sünder behandelte, gab erst Ende der 1960er Jahre nach, als die Jugendweihezahlen

---

46 Bericht über die 3. (außerordentliche) Tagung der dritten Synode der EKiBB vom 19.–23. Januar 1959, 183.
47 A.a.O., 162. 183.

katholischer Kinder über 50% lagen. Es verwundert nicht, dass die „Berliner Ordinarienkonferenz" im November 1954 die Jugendweihe „grundsätzlich aufs schärfste" ablehnte.[48] Verwundern muss die Schärfe, mit der der Druck auf die ohnehin Bedrückten im Bistum Berlin verdoppelt wurde: „Alle diese Genannten können zu den hl. Sakramenten nicht zugelassen werden, bis sie ihre Sünde wahrhaft bereut und das schwere Ärgernis des schlechten Beispiels wieder gut gemacht haben. Sie müssen diese Gesinnung durch eine schriftliche Erklärung vor dem Seelsorger und zwei Zeugen kundtun."[49] Hingegen empfahl das Schweriner Bischöfliche Kommissariat die „Prüfung jedes einzelnen Falles und seiner besonderen Umstände." Das katholische Sanktionspotential reichte von einem „Verbot kirchlicher Ehrenämter für Eltern" über das „Versagen kirchlicher Beerdigungen" und die „Nichtzulassung zur Firmung" bis zur Exkommunikation.

Fünfzehn Jahre später, im Februar 1969, hob die Berliner Ordinarienkonferenz die „letzten kirchenrechtlichen Sanktionen gegen die Eltern der Jugendlichen auf."[50] In die Interpretation der Bischöfe floss nun die DDR-spezifische Spaltung zwischen einem ideologisch angepaßten Rationalverhalten und einem widerständigen Bewusstsein ein: Der „objektive Sachverhalt" einer „Jugendweihe als atheistischem Bekenntnis" sei, so die Bischöfe: „infolge der Zwielichtigkeit der Gelöbnisformel und der Propaganda immer schwerer erkennbar. Daher wird die Teilnahme an der Jugendweihe von den Eltern und Jugendlichen öfter nicht als direkte und bewußte Verfehlung gegen den Glauben gewertet". Offen konstatierten die Ordinarien „immer häufiger" auftretende „subjektive Unmöglichkeit klarer Einsicht". Weil „mit irrigem Gewissen und mit Zweifel an der Berechtigung kirchlicher Weisungen überhaupt gerechnet" werden

---

48 Protokoll der Berliner Ordinarienkonferenz am 9. und 10. Dezember 1954, zit. nach Diederich/Schäfer/Ohlemacher, *Jugendweihe in der DDR*, 10.
49 „Anweisungen für das Bistum Berlin", BOK Protokoll vom 1. Februar 1955. Vgl. Diederich/Schäfer/Ohlemacher, *Jugendweihe in der DDR*, 10.
50 Diederich/Schäfer/Ohlemacher, *Jugendweihe in der DDR*, 12.

müsse, seien die bisherigen Sanktionen kein „geeignetes Mittel" mehr, „zur Klarheit der Glaubensentscheidung zu verhelfen".[51] Als die offizielle Gelöbnisformel der Jugendweihe im Dezember 1968 im Hinblick auf die neue Verfassung der DDR verändert worden war, nahm die Berliner Ordinarienkonferenz in einer Stellungnahme vom 25. Februar 1969 eine weitere Modifizierung ihres bisherigen Standpunktes vor. Nach mehreren eingeholten Gutachten und aufgrund von Gesprächen „der Bischöfe mit Priestern und Laien" wurden nunmehr auch die letzten kirchenrechtlichen Sanktionen gegen die Eltern der Jugendlichen aufgehoben. Obwohl weiterhin eindeutig gegen die Teilnahme von Katholiken an der Jugendweihe optiert wurde und sich „keine neuen Gesichtspunkte in der christlichen Beurteilung der Jugendweihe" ergeben hätten, würde „dieser objektive Sachverhalt [...] aber infolge der Zwielichtigkeit der Gelöbnisformel und der Propaganda immer schwerer erkennbar. Daher wird die Teilnahme an der Jugendweihe von den Eltern und Jugendlichen öfter nicht als direkte und bewußte Verfehlung gegen den Glauben gewertet". Offen konstatierten die Ordinarien „immer häufiger" auftretende „subjektive Unmöglichkeit klarer Einsicht". Weil „mit irrigem Gewissen und mit Zweifel an der Berechtigung kirchlicher Weisungen überhaupt gerechnet" werden müsse, seien die bisherigen Sanktionen kein „geeignetes Mittel" mehr, „zur Klarheit der Glaubensentscheidung zu verhelfen".

Mit drei zusammenfassenden Thesen soll das Bild abgerundet werden:

1. Die Einführung der Jugendweihe war ein kirchenpolitischer Kampfakt. Er erschien als Teil einer Neuordnung der kirchenpolitischen Strategie, die als verdeckte Repression eingeführt und mit diktatorischen Eingriffen in die Bildungsbiographien der Betroffenen durchgesetzt wurde.

---

51 Ebd.

2. In der Zielsetzung folgte die Jugendweihe einer Strategie der Beheimatung im kommunistischen Weltbild. Es ging darum, junge Menschen an die Partei und ihre Weltanschauung zu binden. Vorbilder sind eindeutig in den Weihe-Handlungen der proletarischen Freidenker auszumachen, auch wenn diese in den 1920er Jahren ein sehr disparates Bild boten. Wahrscheinlich ist, dass der frühere Funktionär des Verbandes proletarischer Freidenker, Willi Barth, die geschickte Verknüpfung von ideologischer Aufklärungsarbeit und Kampfansage gegen die Volkskirche hergestellt hat.

3. Die heftige Reaktion der Kirchen, die zu keiner Zeit Zweifel am kirchenfeindlichen Charakter der neuen Veranstaltung aufkommen ließ, ist nur auf dem Hintergrund der scheinbar siegreich bestandenen Terrorphase des Frühjahrs 1953 zu verstehen. Tatsächlich aber täuschten sich die Kirchen in der Widerstandsfrage insofern, als der harte Kern, der den liquidatorischen Aktionen des Regimes die Stirn geboten hatte, das Land längst verlassen hatte – entweder in Richtung Westen oder in Richtung Sozialismus.

Für Menschenrechte und Demokratie – Protestanten und die tschechische Bürgerrechtsbewegung Charta 77. Ein Thema im Spannungsfeld von ökumenischer Kirchenpolitik, zivilgesellschaftlichem Engagement und kirchlicher Zeitgeschichte

von Katharina Kunter

„Seit der Gründung ihrer Institution im Jahr 1959 waren sie blind dafür, dass in der damaligen Sowjetunion und allen ihren Satelitenstaaten [sic!] gewalttätige und verlogene Regimes herrschten" hieß es in einem offenen Brief 34 ehemaliger protestantischer Dissidenten der tschechischen Bürgerrechtsbewegung Charta 77 vom 10.6.1992 an die erstmals nach dem Mauerfall in Prag tagende Konferenz Europäischer Kirchen (KEK).[1] Die Menschenrechtspolitik der Ökumene, so die Unterzeichner, habe gegenüber den Christen in den ehemals sozialistischen Ländern komplett versagt; folgerichtig sollten daher die Mitgliedskirchen aus der KEK austreten oder aber die KEK sich selbst auflösen.

Dieser Brief zeigte, dass das Ende des Kalten Krieges 1989 für die 40 Jahre lang in Ost- und Westeuropa geteilte Ökumene nicht nur das Ende einer widernatürlichen Trennung bedeutete. Tatsächlich brachen nach 1989 in der internationalen Kirchengemeinschaft vielschichtige Konflikte auf, zu denen auch die ökumenische Menschenrechtspolitik und die mangelnde Unterstützung protestantischer Dissidenten in Mittel- und Osteuropa seit den 70er Jahren gehörte. Doch nur eine kleine kirchliche Minderheit, die insbesondere von der Nederlandse Hervormde Kerk unterstützt wurde, hin-

---
1 In: Privatarchiv Jan Dus, Prag.

terfragte ihre eigene Rolle und die der ökumenischen Institutionen während der Entspannungspolitik kritisch.[2] Erst die Ankündigung der umfangreichen Studie von Besier, Boyens und Lindemann zur Ökumene im Kalten Krieg[3] und die Angst vor einer zweiten polarisierenden Stasidebatte in der Ökumene führte zu einer breiteren kirchlichen Auseinandersetzung. So veranstaltete etwa ein ökumenischer Initiativkreis, dem zahlreiche Mitglieder des „Plädoyers für eine ökumenische Zukunft" angehörten, zusammen mit der Evangelischen Akademie Mülheim im Mai 1999 eine Tagung zu „Der Ökumenische Rat der Kirchen in den Konflikten des Kalten Krieges"[4] und Konrad Raiser, der Generalsekretär des Ökumenischen Rates der Kirchen (ÖRK), brach im November 1999 zu einer Reise in die Tschechische Republik auf, wo er erstmals das Gespräch mit ehemaligen protestantischen Charta 77-Dissidenten suchte.[5] Zudem erschienen kleinere, partiell apologetische Schriften aus der Zeitzeugenperspektive.[6] Auch institutionell versuchten

---

2 Vgl. Generale Synode der Nederlandse Hervormde Kerk, *Verloren jaren? Over de uitdagingen voor het samen kerkzijn na de ingrijpende veranderingen in Midden- en Oost-Europa en het einde van de Koude Oorlog. Een handreiking van de generale synode van de Nederlandse Hervormde Kerk*, Zoetermeer 1991; Joachim Garstecki, „Erfahrungen und Schwierigkeiten bei der Aufarbeitung der Vergangenheit. Resümee der Berlin-Seminare 1993 bis 2000", in: *Ökumenische Rundschau* 52. 2003, 511–514 sowie die Seminardokumentation *Die Kirchen und der Kommunismus. Seminar zur Aufarbeitung der jüngsten Vergangenheit in den Kirchen Ost- und Westeuropas*, Berlin 1993 und *Kirchen und kirchliche Kontakte in der Zeit des Kommunismus und heute. Zur Rolle der westeuropäischen Kirchen im Ost-West-Konflikt*, Berlin 1995, beide herausgegeben vom Raad voor Kerk en Samenleving van de Nederlandse Hervormde Kerk und der Evangelischen Akademie Berlin-Brandenburg.
3 Gerhard Besier/Armin Boyens/Gerhard Lindemann, *Nationaler Protestantismus und Ökumenische Bewegung. Kirchliches Handeln im Kalten Krieg (1945–1990)*. Mit einer Nachschrift von Horst-Klaus Hofmann, Berlin 1999.
4 Heinz-Jürgen Joppien (Hg.), *Der Ökumenische Rat der Kirchen in den Konflikten des Kalten Krieges. Kontexte – Kompromisse – Konkretionen*, (Beiheft zur ÖR 70), Frankfurt/Main 2000.
5 Pressemitteilung des ÖRK: www.wcc-coe.org/wcc/news/press/99/40prg.html.
6 Vgl. etwa Heinz Joachim Held, *Der ÖRK im Visier der Kritik*, Frankfurt/Main 2001; Heinz-Jürgen Joppien, *Der Ökumenische Rat der Kirchen*; Gerd Stricker,

sich die ökumenischen Institutionen in der Folgezeit an der eigenen Aufarbeitung der Vergangenheit. Der ÖRK platzierte auf seiner Europatagung 2001 in Potsdam eine Podiumsdiskussion zu Osteuropa[7] und der Reformierte Weltbund veranstaltete im August 2002 im rumänischen Oradea eine Podiumsdiskussion und einen Workshop zum Thema „Coping with the Past", zu dem auch der ehemalige Charta 77-Unterzeichner Alfred Kocáb eingeladen war.[8] Einen vorläufigen Höhepunkt stellte schließlich eine überfüllte Veranstaltung zum Thema Kirchen und das Erbe des Kommunismus auf dem Ökumenischen Kirchentag 2003 dar, in dessen Mittelpunkt ein längerer Dialog zwischen Konrad Raiser und Jakub Trojan, auch er ein evangelischer Unterzeichner der Charta 77, stand.

Seitdem scheint eine gewisse Beruhigung in die ökumenische Debatte gekommen zu sein. Doch zeigt sich bereits an diesen kurzen Schlaglichtern, dass sich die öffentliche Debatte des Themas Protestanten und die Charta 77 auf vielfältigen Ebenen vollzieht. Dabei geht es nicht nur um gegenwärtige Interessen der ökumenischen Kirchenpolitik und die unterschiedlichen Deutungen der früheren Akteure, sondern ebenso um zivilgesellschaftliche Perspektiven des europäischen Protestantismus: Denn das Thema Protestanten, Menschenrechte und Demokratie wurde in den letzten 15 Jahren auch zu einem wesentlichen, demokratiestabilisierenden Faktor im tschechischen Transformationsprozess nach 1989. Waren es doch protestantische Unterzeichner der Charta 77, die sich nach 1990 öffentlich für die deutsch-tschechische Versöhnung einsetzten, die sich für den Pluralismus aussprachen, die parteiliche Alternativen zu konservativen postkommunistischen Politikern anboten,

---

„Der Kalte Krieg und die ökumenischen Institutionen", in: *Glaube in der 2. Welt* 28. 2000, 19–21; Karl-Heinz Dejung/Günter Krusche/Martin Stöhr, „Der Ökumenische Rat der Kirchen im Kalten Krieg. Eine andere Sichtweise", in: *JK* 1. 2001, 45–59.

7   Vgl. http://www.wcc-coe.org/wcc/news/press/01/01pre.html.
8   Reformierter Weltbund (RWB)/World Alliance of Reformed Churches (WARC), *Leben in Fülle – Weltweite Vision, Lokales Handeln. Protokoll und Bericht der Europäischen Gebietsversammlung Oradea, 18.–23.8.2002*, Genf 2004.

die Offenlegung der Akten der tschechischen Stasi, des StB, forderten, die christliche Opposition in Kuba unterstützten,[9] sich für eine Invasion in den Irak aussprachen[10] und schließlich – wie Jakub Trojan – klare Bekenntnisse zur Erweiterung der Europäischen Union ablegten: „jauchzend und jubelnd sage ich ja zum Beitritt."[11]

Diese miteinander verwobenen Aspekte von ökumenischer Kirchenpolitik, zivilgesellschaftlichem Engagement und neuester Geschichtswissenschaft gehören zu den Merkmalen kontroverser Diskussionen in der kirchlichen Zeitgeschichte. Trotz unterschiedlicher Ambivalenzen und Abhängigkeiten ist der Dialog miteinander nötig. Für eine kirchlich und politisch verantwortliche kirchliche Zeitgeschichte bleibt es jedoch eine besondere Herausforderung, aktuelle Kontroversen mit Hilfe empirischer Grundlagen zu versachlichen und damit neue Horizonte und Sichtweisen zu eröffnen. Denn bei aller berechtigten Kritik an den kirchenpolitischen Entscheidungen der Ökumene und ihrem Schweigen gegenüber den Menschenrechtsverletzungen in Ost- und Mitteleuropa – das Thema lässt neugierige und gewissenhafte Historiker fragen, ob die nachträgliche Rehabilitierung der Dissidenten denn das Einzige ist, was nach der Öffnung des Eisernen Vorhangs an historischen Einsichten und Fragestellungen über den mitteleuropäischen Protestantismus im Kalten Krieg, also über 40 Jahre kirchliches Leben in einem geteilten Europa, übrig bleibt.

---

9 Katharina Kunter, „Das verlorene Paradies. Kubas Christen und die Menschenrechte", in: *Zeitzeichen* 5. 2004, 8 f.
10 Vgl. National Review vom 11.2.1991: Rush from judgement – moral and religious aspects of U.S. military policy in the Persian Gulf – editorial in: http://www.findarticles.com/p/articles/mi_m1282/is_n2_v3/ai_9859067.
11 Zitiert bei: http://www.dioezese-linz.at/ka/02_content_innen_news_archiv.htm.

An diesem Punkt setzen die folgenden Ausführungen ein.[12] Um den ökumenischen Konflikt aus der Zeit heraus besser verstehen zu können, wird zunächst ein Überblick über die Evangelische Kirche der Böhmischen Brüder (EKBB) in der Periode der „Normalisierung" (1969–1985) gegeben. Daran schließt sich eine Darstellung des Interessenkonfliktes und der Menschenrechtsdiskussion zwischen dem ÖRK und den evangelischen Charta 77-Unterzeichnern an. Erst dann erfolgt ein stärker historischer Zugriff auf das Thema, bei dem das konfessionelle Engagement in der Charta 77 nicht nur als ein wichtiger historischer Traditionsbestand demokratischer Kompetenz herausgearbeitet, sondern auch die Interdependenz von tschechischem Protestantismus und dem historischen Einsatz für Menschenrechte und Demokratie transparent gemacht wird.

I.

Zehn Jahre nach der Niederschlagung des Prager Frühlings durch die Truppen des Warschauer Paktes formulierte der Außenminister von 1968, Jiří Hájek, die damalige Einstellung der tschechischen Reformer so: „We did not expect the Western powers to act differently from how they actually acted. I had had a talk with Henry

---

12 Da die Quellenlage für zahlreiche, hier aufgeworfene Fragestellungen z.T. sehr unbefriedigend ist, wären die folgenden Ausführungen ohne die Auskünfte und Hintergrundinformationen zahlreicher Zeitzeugen nicht möglich gewesen. Für die große Offenheit, das Interesse, die intensiven Gespräche und herzlichen Begegnungen danke ich ganz besonders Alfréd Kocáb, der mich im Dezember 1999 nach Prag einlud und dort u.a. erstmals mit Jakub Trojan, Svatopluk Karásek und Jan Dus zusammenbrachte. Eine zweite Serie von Interviews mit weiteren evangelischen Charta 77-Unterzeichnern konnte ich im Frühjahr 2002 in Prag machen, wobei ich nicht nur teilweise durch die tschechisch-niederländische Übersetzung von Dr. Peter Morée, Prag unterstützt wurde, sondern auch sonst viele Einsichten in das kirchliche Leben in der EKBB in vergangenen und gegenwärtigen Zeiten gewinnen konnte. Auch dafür bin ich sehr dankbar. Seitdem haben sich bei den verschiedensten Treffen immer wieder neue Fragen und Gespräche mit ehemaligen Charta 77-Unterzeichnern ergeben. Einen weiteren Forschungsaufenthalt in Prag mit erneuten Interviewmöglichkeiten ermöglichte mir schließlich 2003 eine wissenschaftliche Mitarbeiterstelle im „Churches and European Integration Projekt (CEI)" bei Prof. Dr. Thomas Bremer, Münster.

Kissinger in Marienbad in April 1968. He then confirmed that the existing division of the world was regarded by both sides as an element of stability based on peaceful coexistence. And that every disruption of the equilibrium would have to lead to unfathomable consequences ..."[13] Ein Zurück zu der „frozen immobilism of the Eastern European *status quo*" verneinte ebenso der Britische Premierminister Harold Wilson und rechtfertigte damit letztlich den Prager Frühling als ein „Opfer" dieser Einsicht.[14] So ergriffen nach dem Verschwinden der Dubček-Führung 1968 schnell die Alt- und Neostalinisten der Kommunistischen Partei der Tschechoslowakei (KPČ) wieder die Macht und begannen im April 1969 unter dem neuen Generalsekretär Gustav Husák (1913–1991) einen Prozess der - verharmlosend formulierten – Normalisierung. Diese Politik versuchte sämtliche Reformergebnisse von 1968 rückgängig zu machen sowie das neue Regime durch die vorreformerischen Prinzipien zu legitimieren. So rechtfertigte im September 1969 die Spitze der KPČ nachträglich die Invasion der Warschauer Pakt-Staaten vom August 1968, und die zweite Session des XIV. Parteitag der KPČ vom 25.–29. Mai 1971 setzte schließlich mit dem Dokument „Die Lehren aus der krisenhaften Entwicklung" einen Schlussstrich unter das kurze Aufblühen des Prager Frühlings.[15] Gleichzeitig wurde hier, wie auch auf dem Plenum des Zentralkomitees vom 26./27.10.1971, eine aggressiv antireligiöse Politik festgeschrieben,[16] die zwar im Großen und Ganzen stärker auf die katholische Kirche als auf die evangelischen Kirchen zielte, aber

---

13 Zitiert bei Vladimir V. Kusin, *From Dubček to Charter 77. A study of „normalization" in Czechoslovakia 1968–1978*, New York 1978, 33.
14 Ebd.
15 Jan Skála, *Die ČSSR. Vom Prager Frühling zur Charta 77*, Berlin (West) 1978, 95.
16 Kusin, *From Dubček to Charter 77*, 33. Siehe auch Jörg K. Hoensch, *Geschichte der Tschechoslowakei*, 3. verbesserte und erweiterte Auflage, Stuttgart 1992, 180–183 oder Skála, *Die ČSSR*. Einen guten Überblick gibt auch Mauritz, *Tschechien*.

nichtsdestotrotz einen deutlich ideologischen, atheistischen Charakter trug.[17]

Neben der Herrschaftskonsolidierung des Machtapparates und der Wiederherstellung der totalen bürokratischen Kontrolle von April 1969 bis zum Mai 1971 begann die KPČ mit einer brutalen Säuberungswelle unter der tschechischen Bevölkerung:[18] Mindestens 500.000 Mitglieder wurden aus der Partei ausgeschlossen, 9.000 Hochschullehrer sowie 40% der Journalisten und leitenden Wirtschaftsfunktionäre verloren ihre Posten und in den wissenschaftlichen Instituten behielten nur 15–20 % der ursprünglichen wissenschaftlichen Mitarbeiter ihren Arbeitsplatz. Dabei war die am schwersten getroffene wissenschaftliche Disziplin die Historiographie, was die tschechoslowakische Geschichtsschreibung von Grund auf ruinierte. Darüber hinaus wurden zwischen August 1969 und Januar 1978 6000 Bürger aus politischen Gründen verhaftet sowie 280.000 1970 und 1973 aus politischen Gründen entlassen. Auch nach den Wahlen von 1971, wo die Einheitsliste der Nationalen Front 99,4% erreichte, ging die nichtöffentliche Verfolgung, Verhaftung und Verurteilung der politischen Gegner weiter. Dieser so genannte „Sozialismus mit der Gänsehaut"[19] führte die Bevölkerung in Ohnmacht, Depression, Demoralisierung, Resignation und Apathie. Im Rückblick schilderte Darja Kocáb, Ärztin und Frau des evangelischen Pfarrers Alfréd Kocáb, diese Zeit folgendermaßen: „Das gegenseitige Unverständnis produzierte noch mehr eine pathologische Symptomatologie, aber immer ein Gefühl der Vereinsamung und Hoffnungslosigkeit [...] Den Mut aber etwas zu

---

17 Weiterführend etwa Emilia Hrabovec, „Ein historischer Abriss", in: *Recht und Religion in Mittel- und Osteuropa*, hg. v. Richard Potz/Brigitte Schinkele/Karl Schwarz/Eva Maria Synek/Wolfgang Wieshaider, Wien 2004, 19–33; das Kapitel „Tschechoslowakei" bei Gabriel Adriányi, *Geschichte der Kirche Osteuropas im 20. Jahrhundert*, Paderborn 1992, 83–96 oder Trevor Beeson, *Mit Klugheit und Mut. Zur religiösen Situation in Osteuropa*, Wien 1979.
18 Vgl. hierzu und im Folgenden u.a. Skála, *Die ČSSR*, 97; Markus Mauritz, *Tschechien*, Regensburg 2002, 198 f. sowie Kusin, *From Dubček to Charter 77*, 203.
19 Skála, *Die ČSSR*, 103.

ändern hatten nur wenige. Die ganze Gesellschaft war beherrscht von Angst. Wer etwas aus eigener Initiative von unten her ändern wollte, wurde verdächtig. Das ganze Leben des Einzelnen war vorprogrammiert. Wer seine Stellung nicht gefährden wollte oder wer versuchte, seine professionelle Karriere zu entfalten, durfte nicht weit aus der Reihe tanzen und durfte auch nicht zu viel neue und freisinnige Ideen verfechten oder durchsetzen wollen."[20]

Ins Visier der neostalinistischen Restauration und der ideologischen Frontstellung unter Husák gerieten nun auch die Katholische Kirche und die EKBB, die unter dem nachlassenden antireligiösen Druck im Prager Frühling zahlreiche jüngere Leute hatte gewinnen können.[21] Vor allem die Katholische Kirche stand im Mittelpunkt eines gezielten atheistischen Propagandafeldzuges in Schule, Medien und anderen öffentlichen Institutionen und wurde als eine reaktionäre und feudalistische Institution gebrandmarkt, da sie dem neugegründeten säkularen Staat der Tschechoslowakei von 1918 und seinem protestantischen Gründervater Tomáš Garrigue Masaryk (1850–1937) wenig Sympathie entgegengebracht hatte. Anders jedoch als die grausamen Christenverfolgungen der fünfziger Jahre, kam die Religionsfeindlichkeit des Husákregimes nun „sanfter" daher. Die 1968 kurzzeitig vorgenommenen religiösen Erleichterungen wurden im Mai 1970 rückgängig gemacht und die Staatsaufsicht über die Kirchen weit über das kirchenpolitische Gesetz von 1949 ausgedehnt, so dass selbst für einmalige geistliche Aushilfen oder private Gottesdienste neue Sondergenehmigungen nötig waren.[22] Gleichzeitig begann eine durch Partei und Rundfunk gesteuerte ideologische Offensive zur vollständigen Atheisierung der Gesellschaft, wozu beispielsweise 1971 die Wiederbelebung der Ab-

---

20 „Living Examples. Bericht aus der Tschechoslowakei", in: *Die Mission der Kirchen in einem säkularisierten Europa. Praktische Aspekte der Mission der Kirchen in einem sich wandelnden Europa, Bericht der Studienkonsultation der KEK 7.–14.10.1991*, (KEK-Studienheft 22), Genf 1993, 52–56; hier zitiert 52.
21 Vgl. hierzu und im Folgenden Kusin, *From Dubček to Charter 77*, 216.
22 Vgl. Hrabovec, „Ein historischer Abriss", 31.

teilung für wissenschaftlichen Atheismus in der Slowakei gehörte, aber auch die seit 1973 begonnene Publikation des zweimal monatlich erscheinenden Magazins „Atheizm". Im Zuge dieses Programms wurde auch der christlich-marxistische Dialog gefördert. Trotzdem reglementierte der Staat stark das kirchliche Leben, indem er etwa die Gehälter der Pfarrer und Priester selbst zahlte und für den Numerus Clausus der theologischen und kirchlichen Ausbildungsstätten verantwortlich war. Gab es 1969/70 noch 800 Theologiestudierende, so waren es jetzt nur noch 400 in allen Kirchen.[23]

Opfer der Husákschen Säuberungsaktionen wurde 1971/72 auch eine Gruppe jüngerer, politisch engagierter Pfarrer aus der EKBB, die sich Ende der sechziger Jahre für einen theologischen Weg von Dubčeks Sozialismus mit einem menschlichen Antlitz ausgesprochen hatten. Sie nannten sich „Neue Orientierung" und betrachteten sich als einen freien, offenen Freundeskreis ohne institutionelle Absicherung oder feste Organisationsstruktur, der Ende der fünfziger Jahre aus der Notwendigkeit, glaubwürdig Kirche in der säkularen Gesellschaft zu repräsentieren, entstanden war. „Es bedarf also einer Aktivität, die die Kluft zwischen der Theologie und der modernen Welt überbrückt – es bedarf eines *neuen Denkens*", formulierte dies 1968 Trojan.[24] Als ihre theologischen Vorbilder betrachteten sie Hromádka, Brunner, Bultmann, Bonhoeffer, Tillich und Niebuhr[25] – und ganz selbstverständlich gehörten die Menschenrechte als eine elementare Bedingung der modernen Gesellschaft für sie zum politischen Kontext dazu.

1971 hatten sich Pfarrer der Neuen Orientierung schriftlich beim Staat für eine Amnestie für aus religiösen Gründen inhaftierte Christen, die Aussetzung der religionsfeindlichen Propaganda und den Beginn eines ehrlichen und ernsthaften Dialoges zwischen

---

23 Hierzu und im Folgenden G2W (Hg.), *ČSSR. Zur Lage der evangelischen Kirche der Böhmischen Brüder. Eine Dokumentation*, Küsnacht 1978/2.
24 Jakub Trojan, „Die Gemeinde in der sozialistischen Wirklichkeit", in: *Reformatio* 17. 1968, 5.
25 G2W, *ČSSR*, 12.

Regierung und Kirchen eingesetzt.[26] Kurz darauf wurde eine größere Anzahl dieser Pfarrer verhaftet, zudem entzog der Staat seit 1971 den Pfarrern Milan Balabán, Petr Brodský, Jan Dus, Jaromir Dus, Petr Čapek, Pavel Fojtú, Vladimír Kalus, Svatopluk Karásek, Alfréd Kocáb, Milos Lojek, Miloš Rejchert, Miroslav Rodr, Vlastimil Sláma, A.M. Satke, Jan Šimsa, Jakub Trojan, Jiří Veber und Jan Zlatohlavek die Berufserlaubnis.[27] Doch bedeutete dies erst den Anfang neuer kirchenfeindlicher Attacken, die nun direkt die EKBB betrafen: 1972 wurden die traditionsreichen kirchlichen Kinder- und Jugendcamps verboten; der Pfarrerbund der EKBB, der zwei Mal im Jahr theologische Wochenkurse für Pfarrer veranstaltete und einen wichtigen Ort der Kommunikation über grundsätzliche und praktische Fragen des Pfarrdienstes bildete, wurde auf Vorschlag des Kultusministers vom Innenministerium der ČSSR aufgelöst.[28] Darüber hinaus konnten die Senioratsversammlungen nur noch begrenzt stattfinden oder wurden nicht mehr erlaubt; ebenso wurden die publizistischen Tätigkeiten der Kirche massiv eingeschränkt: So musste z.b. 1975 die evangelische Monatszeitschrift „Bratrstvo" (Brüderlichkeit) eingestellt werden. Nach mehr als 25jähriger Tradition wurden auch die evangelischen Jugendbrigaden verboten. Gemeinden, Pfarrer der Neuen Orientierung und einzelne aktive Glieder der Kirche wurden diskriminiert und isoliert, Konvente und Synoden systematisch beobachtet und bespitzelt, wobei kirchenintern davon ausgegangen wird, dass 10,4% der evangelischen Gläubigen durch den StB als Mitarbeiter angeworben wurden.[29] Die Kirchenleitung der EKBB, der Synodalrat, die Kirchenleitung der Böhmischen Brüder, stand unter dem hohen kir-

---

26 Vgl. hierzu und im Folgenden Glaube in der 2. Welt (Hg.), Osteuropäische Bürger werden aktiv! Bürgerinitiativen im Spiegel ihrer Dokumente, Zollikon 1978 und Glaube in der 2. Welt (Hg.), ČSSR. Zur Lage der evangelischen Kirche der Böhmischen Brüder. Eine Dokumentation, Küsnacht 1978/2.
27 G2W, ČSSR.
28 Ebd.
29 Die Botschaft der 28. Synode der EKBB vom 20.–23.10.1993 wurde nicht kirchenöffentlich veröffentlicht, nur im unabhängigen Blatt Protestant, siehe die

chenpolitischen Druck, sich vollständig von den betroffenen regimekritischen Pfarrern zu distanzieren, dem sie letztlich nicht widerstehen konnte: 1973 erklärte der Synodalrat öffentlich, dass man jetzt die gesellschaftspolitischen Zustände akzeptieren und mit der Realität leben müsse.[30]

Auch die Unterzeichnung der Schlussakte von Helsinki 1975 änderte an dieser schwierigen Situation für die Protestanten in der ČSSR zunächst nichts; im Gegenteil: 1975 stieg sogar die Zahl der Berufsverbote für Priester und Pfarrer und dadurch die innenpolitische und innerkirchliche Polarisierung.[31] Die im Gefolge der Schlussakte von Helsinki stattgefundene Gründung der tschechischen Bürgerrechtsbewegung Charta 77 vom 1.1.1977 verstärkte diese zusätzlich – gehörte doch ein Großteil der ihres Amtes enthobenen evangelischen Pfarrer zu den Erstunterzeichnern der Charta 77, die aus einem breiten Spektrum politischer und geistlicher humanistischer Strömungen bestand und sich insbesondere für die Freiheit der Meinung, dem Recht auf Bildung und die Informationsfreiheit einsetzte.[32] Die Zugehörigkeit zur Charta gab den bisher eher vereinzelt agierenden verschiedenen Gruppen von Dissidenten eine zukunftsweisende Perspektive, mit der sie einen gemeinsamen, unterstützenden Lebensraum außerhalb der offiziellen Gesellschaftsstrukturen aufbauen konnten. Für die Unterzeichner war die Charta 77, deren Zahl bereits bis Ende 1977 von 257 auf 800 stieg, daher auch ein erfolgreiches soziales Alternativmodell, die Jiří Hájek mit folgenden Worten beschrieb: „It all goes slowly, at a snail's pace, but still in the right direction. We proceed forward, relying on the laws, as the Bible says: ‚Think not that I am come to destroy the law or the prophets; I am not come to destroy but

---

Botschaft auf niederländisch übersetzt in: *Bulletin kerkelijke contacten Tsjechie en Slowakije* 5, März 1994, 11.
30 Ebd.
31 G2W, ČSSR, 9 sowie Katharina Kunter, Die Kirchen im KSZE-Prozess 1968–1978, Stuttgart 2000.
32 Vgl. etwa die Beschreibung der Charta 77 nach Ladislav Hejdánek, *Wahrheit und Widerstand. Prager Briefe*, München 1988, 274.

to fulfill.' And so I think that we have reached the point when the Charter cannot be eradicated. It has emerged in the midst of this society and it is here to stay."[33]

Da neben weiteren aktiven evangelischen Laien in ungefähr gleicher Zahl katholische Pfarrer und Laien in der Charta 77 engagiert waren, bildeten die Christen neben den Reformkommunisten eine wichtige, eigenständige Gruppe in der Charta 77, die sich bis zum Ende des kommunistischen Regimes 1989 regelmäßig mit Stellungnahmen zur Gedanken-, Gewissens- und Religionsfreiheit und zur Lage der Kirchen und Christen in der ČSSR zu Wort meldeten.[34] Den Protestanten erschien dabei der Einsatz für Menschen- und Bürgerrechte als ein selbstverständliches Element evangelischen Glaubens, wie sieben Charta 77-Pfarrer der EKBB ausdrücklich in einer Stellungnahme festhielten: „Die Frage der Menschenrechte [...] geht aus den geistigen Wurzeln hervor, die bis in die Reformation und die nonkonforme Bewegung der Kirchen in der angelsächsischen Welt zurückreichen. Die Werte unserer Reformation, die freie Verkündigung des Wortes Gottes, der Gedanke der religiösen Toleranz und die Achtung vor der Überzeugung bringen uns diese Motive sehr nahe."[35]

Die Zugehörigkeit zur Charta 77 verschärfte jedoch gleichzeitig die Spannungen zum Staat und zu den nicht dissidenten Mitglie-

---

33 Svenska Dagbladed vom 13.11.1977, zitiert bei Kusin, *From Dubček to Charter 77*, 325.
34 Skála, *Die ČSSR*. Eine ausführliche von Villem Prečan zusammengestellte Dokumentation der Briefe, Texte, Eingaben und Stellungnahmen der in der Charta 77 aktiven Christen bietet *Křestané a Charta 77*, München 1980. Siehe ferner Ingeborg Gollert (Red.), *Die Kirchen in der ČSSR und die Menschenrechtsbewegung „Charta 77"*. Dokumente, Briefe und Stellungnahmen der Evangelischen Kirche der Böhmischen Brüder, Berlin 1978 (Osteuropa Dokumentationen) sowie den Abschnitt der religiösen Stellungnahmen bei G. Skilling, *Charter 77 and human rights in Czechoslovakia*, London 1981, 287–290.
35 G2W (Hg.), *Osteuropäische Bürger werden aktiv! Bürgerinitiativen im Spiegel ihrer Dokumente*, Zollikon 1978, 46.

dern der EKBB.[36] Verhöre, Verhaftungen, Erpressungen, weitere Berufsverbote und Ausreisedruck waren die Folge;[37] manche, wie der Pfarrer Svatopluk Karásek, wurden, um ihre Familie zu schützen, zur Emigration gezwungen.[38] Doch die Entscheidung für den Untergrund ermöglichte auch gemeinsame politische Aktionen. So legten am 7. Mai 1977 31 Angehörige der EKBB, Pfarrer und Gemeindemitglieder, in einer Petition an die oberste politische Instanz der ČSSR, der Bundesversammlung in Prag, eine gründliche Analyse zur Lage der Kirche und der Gläubigen in der Tschechoslowakei vor und plädierten für die Einhaltung der internationalen und nationalen Gesetze zur Religionsfreiheit.[39] Ihr Schritt erfolge in guter europäischer protestantischer Tradition, wie die evangelische Theologin und Mitverfasserin Božena Komárkova (1903–1998) festhielt, denn: „der Christ gibt seine Verantwortung an keine Institution ab, sondern trägt sie im eigenen Namen und haftet für sie."[40]

Freilich: Standpunkte wie diese führten innerkirchlich zu einer immer größeren Distanz; die Gespräche zwischen Synodalrat und nichtoffiziellen Strömungen in der Kirche hörten auf, das gegenseitige Unverständnis nahm zu. Dies kam deutlich in der öffentlichen Reaktion auf die Petition der 31 zum Ausdruck, die am 24.5.1977 von den Dozenten der Evangelischen Comenius-Fakultät abgege-

---

36 Dabei befanden sich die meisten Sympathisanten der Charta 77 unter den Gemeindemitgliedern, weniger unter den Amtskollegen und am wenigsten in der Kirchenleitung sowie bei den Mitgliedern der Theologischen Fakultät in Prag, vgl. „Pfarrer zwischen den Zäunen. Alfred Kocab, Pfarrer an der Prager Salvator-Gemeinde der EKBB", in: Doris Liebermann/Jürgen Fuchs/Vlasta Wallat (Hg.), *Dissidenten, Präsidenten und Gemüsehändler. Tschechische und ostdeutsche Dissidenten 1968–1998*, Essen 1998, 130–140, hier 135.
37 Ausführliche Dokumentationen in G2W, *Osteuropäische Bürger werden aktiv!* und G2W (Hg.), *ČSSR. Zur Lage der evangelischen Kirche der Böhmischen Brüder. Eine Dokumentation*, Küsnacht 1978/2.
38 Vgl. Svatopluk Karásek, *Der durchnässte Pfarrer. Ein fröhlich-ernster Lebenslauf Prag–Zürich retour*, Zollikon 2000.
39 G2W, *ČSSR*, 7–18.
40 Enthalten in: G2W, *ČSSR*, 28 f.

ben wurde. Diese war in Anlehnung an die Barmer Theologische Erklärung von 1934 im Bekenntnisstil gehalten, wandte sich scharf in acht Thesen gegen die von den 31 vorgenommene Kritik am Zustand von Menschenrechten und Religionsfreiheit in der ČSSR und formulierte stattdessen ein ausdrückliches Bekenntnis zum Sozialismus derzeitiger Prägung: „Die sozialistische Bewegung wird von uns als ein Ausdruck des menschlichen Verlangens nach Freiheit und sozialer Gerechtigkeit angesehen. Wir sind für alles dankbar, was in dieser Hinsicht in unserem Land erreicht worden ist. Wir halten dafür, dass eine sozialistische gesellschaftliche Ordnung die geeignetste Form ist, die es ermöglicht, dass wir mit den Grundproblemen des historischen Weges der Menschheit zu einem Ausgleich kommen. Kraft unseres Glaubens und auch aus den vorher genannten Gründen betrachten wir die sozialistische Gesellschaft als den Raum, in dem wir unsere Arbeit ohne Nebenabsichten verrichten. Jeder Gedanke, als ob es möglich wäre, mit der Vorläufigkeit der sozialistischen Gesellschaft zu rechnen, schwächt uns geistlich und lähmt unsere kreative Aktivität."[41]

Diese Stellungnahme bedeutete faktisch das Ende des Dialogs mit den evangelischen Charta 77-Unterzeichnern. Neben dem Amts- und Redeverbot verlangte der Synodalrat bis in die achtziger Jahre hinein von ihnen, schriftlich oder mit Ehrenwort, sich jeder politischen Aktivität zu enthalten – was für die Chartisten selbstverständlich nicht akzeptabel war.[42]

II.

Mit der innerkirchlichen und staatlichen Ablehnung der Charta 77-Dissidenten korrespondierte die größtenteils abwehrende Haltung

---

41 G2W, ČSSR, 19. Siehe auch die Reaktion von Miloš Rejchert, *Brief an die Dozenten der Evangelischen Theologischen Comenius-Fakultät zu Prag 1.7.1977*, 23–27.

42 Pfarrer zwischen den Zäunen. Alfréd Kocáb, Pfarrer an der Prager Salvator-Gemeinde der EKBB; in: Liebermann/Fuchs/Wallat, *Dissidenten, Präsidenten und Gemüsehändler*, 130–140, hier 135.

der Ökumene, wie die jüngsten Forschungen und die kirchlichen Debatten gezeigt haben.[43] „Für dissidente Christen in Osteuropa galt, dass *politische* Exkommunikation auch *ökumenische* Exkommunikation bedeutete", fasst diesen Tatbestand der niederländische Theologe Laurens Hogebrink zutreffend zusammen.[44] Zwar ist diese Entscheidung im Kontext der Entspannungspolitik und den Dialogbemühungen der siebziger Jahre zu sehen, an der im Übrigen nicht nur der politische Westen Europas, sondern auch die vatikanische Außenpolitik bis zum Amtsantritt von Johannes Paul II. festhielt.[45] Inwiefern allerdings individuelle Bemühungen fruchtbar oder möglich gewesen waren, bleibt bis heute vor allem eine moralisch und kirchenpolitisch umstrittene Frage, die aber letztlich keine historische ist: Denn die Archivalien von ÖRK und KEK zeigen deutlich, dass man in Genf aus verschiedenen Quellen außerordentlich gut über die Situation der EKBB, ihre unterschiedlichen kirchlichen Strömungen sowie die verhafteten evangelischen Dissidenten und deren politischen Stellungnahmen informiert war.[46] Zwar

---

43 Vgl. u.a. Katharina Kunter, „Die Schlussakte von Helsinki und die Diskussion im ÖRK um die Verletzung der Religionsfreiheit in Ost- und Mitteleuropa 1975–1977", in: *Ökumenische Rundschau* 49. 2000, 43–51; Heinz-Jürgen Joppien, *Der Ökumenische Rat der Kirchen*; Besier/Boyens/Lindemann, *Nationaler Protestantismus und Ökumenische Bewegung.*
44 Laurens Hogebrink, „Ökumene als Friedensarbeit: In Europa eine ambivalente Geschichte", in: Heinz-Jürgen Joppien, *Der Ökumenische Rat der Kirchen*, 230.
45 Vgl. beispielsweise Ackermann-Gemeinde (Hg.), *Der Heilige Stuhl im Dienst der Internationalen Völkergemeinschaft. Engagement für Frieden und Gerechtigkeit bei den Konferenzen von Helsinki und Belgrad. Dokumente*, München 1978 sowie Herbert Schambeck (Hg.), *Agostino Kardinal Casaroli. Der Heilige Stuhl und die Völkergemeinschaft. Reden und Aufsätze*, Berlin 1981. Weiterführend ferner u.a. Paul Wuthe, *Für Menschenrechte und Religionsfreiheit in Europa. Die Politik des Heiligen Stuhls in der KSZE/OSZE*, Stuttgart 2002; Karl-Joseph Hummel (Hg.), *Vatikanische Ostpolitik unter Johannes XXIII. und Paul VI. 1958–1978*, Paderborn 1999.
46 Vgl. etwa die Dokumente im Archiv der KEK-Country Files CZ 1967–1982; Archiv des ÖRK 42.3.036 WCC. Gensekr. Country Files and Correspondence 1946–1995: Europe. 1. CZ sowie 42.3.037 WCC Gensekr. Country Files and Correspondence 1946–1995: Europe. 1. CZ.

gibt es hier in der öffentlichen Debatte kleinere Ungereimtheiten und Unrichtigkeiten: So lässt sich beispielsweise nicht generell behaupten, dass Briefe von evangelischen Charta 77-Unterzeichnern und ihren Unterstützern keine Reaktion in Genf hervorriefen oder nicht beantwortet wurden. Denn dass Dissidenten keine Antwort erhielten, lag häufig vor allem an der Zensurpolitik und den staatlich abgefangenen Briefen in den Heimatländern sowie daran, dass der ökumenische Einsatz für die inhaftierten Protestanten nicht direkt von außen erkennbar war. So führte man in Genf zwar eine genaue Liste über ökumenische Besuche bei Mitgliedern der „Neuen Orientierung" und unterstützte diese mit Geldzahlungen zwischen 500 und 1500 Schweizer Franken – diese wurden dann allerdings über das Hilfswerk der Evangelischen Kirchen in der Schweiz abgewickelt und verbucht.[47] Auf das Ganze hin betrachtet, entschied man sich jedoch in der Genfer Ökumene nicht für das von Dissidenten erhoffte „klare öffentliche Wort", sondern für die „Nichteinmischung", wie etwa der für die Menschenrechte verantwortliche ÖRK-Referent Erich Weingärtner die politische Linie des ÖRK in einem Antwortschreiben an den tschechischen Ex-Pfarrer Jan Dus beschrieb:

„ 2. Ihre langen Äußerungen an Herrn Dr. Potter und mich betreffend den Zustand der Evangelischen Kirche der Böhmischen Brüder bin ich nicht in der Lage abzuwägen. Der Ökumenische Rat der Kirchen mischt sich nicht in die inneren Angelegenheiten seiner Mitgliedskirchen ein. Mit über 300 Mitgliedskirchen wäre das ein höchst unverantwortliches Vorgehen.
3. Der ÖRK ist normalerweise total ausserstande, Einzelfälle von Menschenrechtsverletzungen zu behandeln. Nur in Sonderfällen können wir direkten Einfluss nehmen. Dazu gibt es Richtlinien, die vom Zentralausschuss verabschiedet wurden. Dabei gilt es, in allen Fällen womöglichst durch die jeweiligen Mitgliedskirchen zu

---

47 Siehe etwa Memo von Piet Bouman an P. Potter vom 4.9.1978 in: Archiv des ÖRK 42.3.037 WCC Gensekr. Country Files and Correspondence 1946–1995: Europe. 1. CZ.

handeln. Wenn Sie Recht haben, dass durch die EKBB wenig zu erwarten ist, dann müssen Sie mithinnehmen, dass auch die Möglichkeiten des ÖRK stark eingeschränkt sind. Ich hoffe, dass Ihre Einschätzung nicht den Realitäten entspricht."[48]

Selbstverständlich hört sich heute aus politischer und moralischer Sicht eine solche Argumentation zynisch an – und bedarf fraglos der kritischen Diskussion in den westeuropäischen Kirchen. Aus der historischen Perspektive ist jedoch gleichfalls darauf aufmerksam zu machen, dass die ökumenischen Diskussionen über die Religionsfreiheit, die zögernde theologische Akzeptanz eines nichtreligiös begründeten Menschenrechtsverständnisses sowie die in weiten Teilen des deutschen Protestantismus verspätete Anerkennung der Universalität von Menschenrechten zum Prozess der ideengeschichtlichen Entwicklung des europäischen Menschrechtsbegriffes im 20. Jahrhundert gehört.

III.

Diese Überlegungen verdeutlichen, dass die zeitgeschichtliche Erforschung der Zusammenhänge von Protestantismus, Menschen- und Demokratieverständnis in Europa, sowie deren Wechselwirkungen während des Kalten Krieges samt den jeweiligen spezifischen nationalen Entwicklungen des gesamten 20. Jahrhunderts noch ganz am Anfang steht. Betrachtet man etwa das Menschenrechtsengagement der evangelischen Charta 77-Unterzeichner in einer größeren historischen Perspektive, so ist auch zu berücksichtigen, dass die ČSSR nach ihrer Entstehung 1918 eine der offensten Gesellschaften Europas in der Zwischenkriegszeit besaß und sich Demokratie in einem relativ hohen Bildungsgrad der Bevölkerung widerspiegelte.[49] Die große intellektuelle Ausstrahlung des ersten

---

48 Brief von Erich Weingärtner, Exekutivsekretär der CCIA, am 6.7.1984 an Jan Dus, in: AÖRK (Archiv des Ökumenischen Rates der Kirchen) 42.3.036 WCC GenSekr. Country Files and Corr 1946–1995.

49 Auf diesen Aspekt verweist etwa auch Libor Prudký, „Die Kirche in der Tschechischen Republik – ihre Situation und Entwicklung", in: Ders./Pero

Präsidenten der neuen Republik, des Protestanten Masaryk, seine Vorbildfunktion für ein liberales, gestaltendes Bürgertum ermöglichten es dem tschechischen Protestantismus frühzeitig, Einsatz für Demokratie und Zivilgesellschaft sowie aktives evangelisches Engagement miteinander zu verbinden.

Vor diesem Hintergrund gewinnt etwa die mentalitäts- und ideengeschichtliche Analyse der Lebenswege, der politischen Motive sowie der theologischen Überzeugungen der protestantischen Charta 77-Unterzeichner besondere Bedeutung. Allerdings ist hier ein großes Forschungsdesiderat zu konstatieren, da überhaupt keine der jüngst erschienenen historischen, politischen und soziologischen Untersuchungen zur Charta 77 überhaupt die Konfessionszugehörigkeit der Charta 77-Mitglieder thematisiert.[50] So enthalten zwar die überwiegend in den achtziger Jahren geführten Interviews mit Charta 77-Unterzeichnern des kanadischen Osteuropaexperten Gordon Skilling auch protestantische Stimmen, diesem Gesichtspunkt wird aber nicht weiter nachgegangen.[51] Annabelle Lutz berücksichtigt in ihrer Ende der neunziger Jahre erschienenen Vergleichsstudie von tschechischen und ostdeutschen Dissidenten zwar die Religionszugehörigkeit und die Bedeutung der Kirche als Schutzraum für die ostdeutschen Dissidenten, unterlässt es jedoch, diesen Aspekt in gleicher Weise bei den tschechischen Dissidenten zu untersuchen – womit die Untersuchung eine deutliche Schiefla-

---

Aračić/Krunoslav Nikodem/Franjo Šanjek/Witold Zdaniewicz/Miklós Tomka, *Religion und Kirchen in Ost(Mittel)Europa: Tschechien, Kroatien, Polen*, Ostfildern 2001, 29.

50 Eine Ausnahme bildet lediglich in der jüngst erschienenen Studie *The Struggle for the Soul of the Nation. Czech Culture and the Rise of Communism* von Bradley F. Abrams das Kapitel 12 („Socialism and Protestant Intellectuals: The Kingdom of God on Earth?"), das sich allerdings weitgehend auf Hromádka beschränkt und bereits mit dem Jahr 1948 endet.

51 Vgl. z.B. Gordon Skilling, *Samizdat and an Independent Society in Central and Eastern Europe*, Houndmills 1989; H. Gordon Skilling/Paul Wilson (Hg.), *Civic Freedom in Central and Eastern Europe. Voices from Czechoslovakia*, Houndmills 1991.

ge enthält.[52] Und der amerikanische Soziologe Gil Eyal, der 2003 erstmals eine Art soziologische Gruppenbiographie der Charta 77 vorlegte, mit der er die Ursprünge der postkommunistischen Eliten Tschechiens transparent zu machen versucht, subsummierte der Einfachheit halber beispielsweise Hejdánek, der protestantischer Philosoph und bekennender Böhmischer Bruder ist, unter die Berufskategorie Philosoph und Intellektueller.[53]

Im Gegensatz zu dieser Vernachlässigung in den Untersuchungen zeigt allerdings ein genauer Blick auf die Teilnehmerlisten der Charta 77, dass sich unter den 242 Unterzeichnern der ersten Generation 7,4% Pfarrer sowie 9,9% Laien der EKBB befanden.[54] Vergleicht man dieses Ergebnis mit der Tatsache, dass die EKBB in den siebziger Jahren nur ca. 2% der Gesamtbevölkerung ausmachte – also zwischen 200 000 und 240 000 Mitgliedern besaß – , so ergibt sich damit ein signifikant hoher Anteil von protestantischen Charta 77-Angehörigen.[55]

Angesichts dieser außerordentlich hohen Akzeptanz eines bürger- und menschenrechtlichen Ethos, stellt sich daher nicht nur die Frage, ob der tschechische Protestantismus eine besondere historische, in der Tradition der Böhmischen Brüder verankerte Prädisposition zu Menschenrechten und Demokratie aufweist – und wie sich gegebenenfalls eine solche belegen lassen würde – , sondern auch, ob es sich dabei um ein spezifisch nationales oder doch sogar ein europäisches Phänomen handelt. In diesem Zusammenhang ist beispielsweise darauf aufmerksam zu machen, dass die opposi-

---

52 Vgl. Annabelle Lutz, *Dissidenten und Bürgerbewegung. Ein Vergleich zwischen der DDR und Tschechoslowakei*, Frankfurt/Main 1999. – Aus konfessionsgeschichtlicher Perspektive ist darüber hinaus auch Lutz' Behauptung, dass die reformerischen Vorstellungen der „Besatzungskinder" während der Normalisierung in den siebziger Jahren keine Berechtigung mehr hatten, nicht belegbar.

53 Vgl. Gil Eyal, *The Origins of the Postcommunist Elites. From Prague Spring to the Breakup of Czechoslovakia*, Minneapolis 2003.

54 Für die Mithilfe bei der Auszählung danke ich ganz herzlich Jan Dus, Prag und Alfred Kocab, Prag.

55 Nach eigenen Angaben besaß die EKBB 1977 ca. 240 000 Mitglieder, davon ca. 270 Pfarrer (20 Frauen) und ca. 220 Gemeinden. Vgl. G2W, *ČSSR*.

tionellen Äußerungen des ostdeutschen Protestantismus der siebziger und achtziger Jahre längst nicht die klare politische Signatur der tschechischen Stellungnahmen besitzen und sich insgesamt weniger explizit für Menschenrechte und Demokratie aussprechen.[56] Hier wirkten offensichtlich andere Traditionslinien als in der ČSSR. Dazu ist etwa das Urteil Rudolf Bahros zu zählen, der die Entstehung der Charta 77 als eine auf „unpolitische" Minimalplattform reduzierte Initiative und einen Rückschritt charakterisierte: „Es kennzeichnet den rapiden ideologischen Verfallsprozess in den osteuropäischen Ländern vom August 1968, dass sich das Gros der oppositionellen Elemente erst einmal auf rein liberaldemokratische Forderungen, auf eine Menschenrechtskampagne, zurückgeworfen sieht; auf eine Position also, die zugleich die breiteste und die platteste, konstruktiv gehaltloseste ist."[57]

Bei der Suche nach historischen Anhaltspunkten für die postulierte Interdependenz von tschechischem Protestantismus und Menschenrechtsengagement, zu der hier nur einige erste Überlegungen und Ergebnisse präsentiert werden können, kommt dem tschechischen Young Men's Christian Organization (YMCA) eine Schlüsselrolle zu.[58] Seit 1930 an verschiedenen Orten der ČSSR existierend, während der nationalsozialistischen Besetzung verboten, nach 1945 wieder aufgerichtet und dann erneut 1950 verboten, brachte er beinahe alle wesentlichen theologischen Leitungsfiguren der Nachkriegstschechoslowakei hervor, wie beispielsweise Hromádka, Souček, Dobia, Molnar, und Patočka. Nicht zuletzt Masaryk selbst entstammte dem YMCA. Doch auch führende Charta 77-Unterzeichner der EKBB waren früh dem YMCA verbunden, wie

---

56 Weiterführend Katharina Kunter, *Erfüllte Hoffnungen und zerbrochene Träume. Evangelische Kirchen in Deutschland im Spannungsfeld von Demokratie und Sozialismus (1980–1993)*, AKZG B 46, Göttingen 2006.
57 Zitiert nach Skála, *Die ČSSR*, 10: R. Bahro, *Sechs Vorträge über das Buch „Die Alternative"*, Köln – Frankfurt/Main 1977, 13.
58 Vgl. Jakub S. Trojan, *And the Nightingales sing. Theological Reflections and Dialogues*, Prag 1992, 38 f.

beispielsweise Božena Komárková.[59] Sie studierte Philosophie, Geschichte und Geographie an der Masaryk-Universität von Brno, unterrichtete zunächst am Realgymnasium, wurde dann aber am 10.1.1940 durch die Gestapo wegen verräterischer Aktivitäten gefangen genommen und am 9.6.1942 zu 12 Jahren Zuchthaus verurteilt. Nach dem Krieg erschien 1947 ihre Dissertation *Die Polis von Platon bis Augustinus*, 1949 beendete sie ihre Habilitationsschrift über *Menschenrechte in der Philosophie des 19. Jahrhunderts* – diese wurde allerdings erst 1990 offiziell herausgegeben. Wegen ihres angeblich schädlichen Einflusses auf die Jugend wurde sie erneut am 31. August 1948 aus ihrem Dienst als Lehrerin entlassen, seitdem wirkte sie im Untergrund und gab seit den fünfziger Jahren viele Impulse für die Ausrichtung der *Neuen Orientierung*. Im Prager Frühling gehörte sie, neben Jan Patočka, zu den einflussreichen Kräften, die es vermochten, in einfacher und klarer Sprache Menschen- und Bürgerrechte als fundamentales europäisches und protestantisches Thema herauszuarbeiten, wie Jan Šimsa, einer ihrer Schüler, festhielt, und die dann ganz selbstverständlich mit zu den Erstunterzeichnern der Charta 77 gehörte.[60]

In der Geschichte des tschechischen intellektuellen Protestantismus nach 1945 bildet Komárková einen Dreh- und Angelpunkt. Das lag nicht nur an ihren eigenen Schriften, sondern vor allem an der hohen moralischen und pädagogischen Autorität, die sie ausstrahlte. Kein geringerer als der international angesehene und einflussreiche Josef Hromádka entwickelte sich daher auch zu einer Art Gegenspieler Komárkovás. Denn während Hromádka kurz nach dem Einmarsch der deutschen Truppen 1939 eine Gastprofessur im amerikanischen Princeton und später dann in New York annahm

---

59 Jan Šimsa, Brno danke ich an dieser Stelle ausdrücklich für seine Gastfreundschaft und ein zweitägiges ausführliches Gespräch mit vielen Informationen und Einsichten 2002 in Brno. Siehe auch den biographischen Überblick von Jan Šimsa, „Solidariteit met de geschokten", in: Božena Komárková, *Leven van de geef. Christen-zijn in Tsjechië onder het nationaal-socialisme en het communisme*, Kampen 1998, 118–127.
60 Vgl. ebd., 127.

und dort bis zum Sommer 1947 blieb – und er somit weder die Besatzungszeit, den Krieg, das Kriegsende und die unmittelbare Nachkriegszeit im eigenen Land miterlebte –, konnte die couragierte und intellektuelle Komárková mit einer europäischen Diktaturerfahrung par excellence aufwarten, die Hromádka Respekt, wenn nicht sogar Angst, einflösste. Hinzu kam, dass Božena Komárková, obwohl sie keine öffentlichen Wirkungsmöglichkeiten mehr besaß, einen ansehnlichen Schülerkreis aus der EKBB an sich ziehen konnte.

Dazu gehörte beispielsweise aus der Generation der in den zwanziger Jahren Geborenen Ladislav Hejdánek.[61] Der evangelische Philosoph, 1927 in Prag geboren und stark vom Denken Masaryks und Emmanuel Rádls beeinflusst, wurde 1952 mit seiner Dissertation zur *Konzeption der Wahrheit und einiger ihrer ontologischen Voraussetzungen* promoviert.[62] Trotz seiner nichtmarxistischen philosophischen Orientierung bekam er Anfang Juli 1968 als einer von zwei Nicht-Marxisten am Institut der philosophischen Akademie der Wissenschaften eine wissenschaftliche Mitarbeiterstelle und es gelang ihm noch nach dem Ende des Prager Frühlings 1970 an der Comenius-Fakultät in Prag zu habilitieren.[63] Dann allerdings fiel auch er den Säuberungen der Normalisierung zum Opfer, musste das Institut verlassen, durfte keine Reisen mehr ins Ausland unternehmen und seine Habilitation galt bis 1989 als nichtexistent. Hejdánek organisierte nun private Seminare für junge Studenten anderer Fakultäten sowie vom Studium Abgewiesene und sah sich dabei immer wieder staatlichen Repressionen ausgesetzt. Diese ließen nach seiner Unterzeichnung der Charta 77, die er mitverfasst hatte und deren Sprecher er 1977 sowie 1978–1979 war, nicht nach und führten schließlich zu neun Monaten Gefängnis. Neben den Schlüsselbegriffen seines Werkes, „Wahrheit" und „Widerstand"

---

61 Vgl. hierzu und im Folgenden Milan Walter, „Ladislav Hejdánek: Eine biographische Skizze", in: Hejdánek, *Wahrheit und Widerstand*, 276–279.
62 Vgl. Hejdánek, *Wahrheit und Widerstand*.
63 Vgl. Interview von Hejdánek in: Liebermann/Fuchs/Wallat, *Dissidenten, Präsidenten und Gemüsehändler*, 141–154.

betrachtete Hejdánek, der sich „von Anfang an als einen böhmischen Bruder"[64] bezeichnete, die Respektierung der Bürgerrechte und der menschlichen Freiheit als einen praktischen Beweis dafür, dass das Christentum noch lebt.[65] Darüber hinaus hielt er in seinen Überlegungen auch nach dem Prager Frühling an einer politischen Verantwortung des Christen sowie einer kritischen Orientierungsfunktion des Sozialismus fest: „Mit Sicherheit gilt nicht, dass die Politik für den gläubigen Christen irgendein Adiaphoron sei, etwas, worauf es ihm nicht ankommt, wovon er sich abwendet oder wozu er sich zumindest neutral verhält. Der Christ muss seinen Glauben im ganzen Leben und in allen seinen Schichten und Dimensionen bekunden und geltend machen. Ein apolitischer bzw. politisch nicht engagierter Christ ist in wesentlicher Hinsicht invalid, gelähmt, gebrechlich, kurz defizient. Zur Fülle des Lebens gehört unbedingt auch seine politische Dimension. Er kennt jedoch auch andere, und nicht selten wesentlichere, tiefere Dimensionen des persönlichen und auch des gesellschaftlichen und gemeinschaftlichen Lebens. Er lässt niemals die Politik sein ganzes Leben und sein ganzes Denken überfluten und vernichten. Er wird aber niemals gesellschaftliche und politische Probleme aus seinen Überlegungen verdrängen dürfen [...] Aber in dem Moment, in dem die immer stärker werdende und sich machtpolitisch festigende sozialistische Bewegung selbst Unrecht begeht, muss sich der Christ entsprechend scharf vom Sozialismus und der sozialistischen Bewegung distanzieren."[66]

Zum engen Schülerkreis von Komárková, gehörte ebenfalls der Theologe Jakub Trojan, wie Hejdánek im Jahr 1927 geboren, im Prager Frühling aktiv und Charta 77-Unterzeichner. Er war übrigens der Pfarrer, der 1969 den Studenten Jan Palach, Mitglied der EKBBB, nach seiner Selbstverbrennung aus Protest gegen die russische Invasion, beerdigte. Neben der deutlichen Ablehnung von

---

64 Ebd., 150.
65 Vgl. Ladislav Hejdánek, „Was ist Christentum?' vom 14.4.1977 in: ders., *Wahrheit und Widerstand*, 97.
66 Ebd., 129 und 132.

Luthers Zwei-Reiche-Lehre gehört auch bei ihm die positive Rezeption des säkularen Demokratieverständnisses Masaryks[67] sowie die Akzeptanz der weltlichen Begründung der Menschenrechte zum Grundansatz seiner Theologie: „Even though I personally do not share the philosophy that provided the basis for the formulation of human rights at the UN – I prefer to think of it as a spiritual act whereby responsible citizens agreed to recognise each others? dignity and independence, rather than the natural component of the human make-up – I consider that they have a major regulatory role to play in society ... This is the task which Havlíček, Palacky and Masaryk had in mind when they formulated the ethics of public life and politics in our country." [68]

IV.

Die Liste von prominenten Charta 77-Unterzeichnern aus der EKBB und ihre wechselseitigen Beeinflussungen sowie ihre philosophischen und theologischen Prägungen könnte ohne weiteres verlängert werden. Aus der Generation der in den zwanziger Jahren geborenen Pfarrer wären beispielsweise noch Jan Šimsa (Jahrgang 1929) oder der 1924 geborene Alfréd Kocáb[69] zu nennen. Doch kann bereits an dieser Stelle als ein vorläufiges zusammenfassendes Ergebnis festgehalten werden, dass die hier vorgestellten Theologen der EKBB ihren Einsatz für Menschenrechte und den damit verbundenen Protest gegen die sozialistische Diktatur als einen integrativen Bestandteil ihrer eigenen konfessionellen Identität betrachteten. Insofern war die Entscheidung zur Unterzeichnung der

---

67 Siehe etwa Jakub S. Trojan, „Ferdinand und andere unerfreuliche Kapitel", in: Ders., *Entfremdung und Nachfolge. Zwei theologisch-politische Essays*, München 1980, 87–166. Vgl. ferner Wim Stougie, „Ethiek, moraal en de kerk. Portret van de Tsjechische theolog Jakub Trojan", in: *Bulletin kerkelijke contacten Tsjechië en Slowakije 13*, Juli 1996, 6–7.
68 Jakub S. Trojan, And the Nightingales sing. Theological Reflections and Dialogues, Prag 1992. Kostelec nad Labem 1980–1982, 278.
69 Vgl. etwa Interview mit Kocáb in: Liebermann/Fuchs/Wallat, *Dissidenten, Präsidenten und Gemüsehändler*, 130–140.

Charta 77 nur ein Moment in einer Kette sehr viel längerer politischer Entscheidungen der Akteure, die zwar in der Zeit der kommunistischen Herrschaft in der Regel in die öffentliche und kirchliche Isolation führten, gleichwohl aber die im Prager Frühling geweckte Hoffnung auf einen „Sozialismus mit einem menschlichen Gesicht" am Leben erhielten.

Damit sind nur einige Aspekte der komplexen und ambivalenten Geschichte der protestantischen Opposition in Mittel- und Osteuropa angedeutet. Zu betonen ist dabei, dass trotz der häufigen Kooperation und der aktiven Zusammenarbeit mit dem sozialistischen Staat die protestantischen Kirchen ein wichtiges Reservoir von alternativen politischen Ideen, Lebenswegen und Aktionen bildeten. Dabei spielten selbstverständlich nationale kulturelle Wurzeln des Protestantismus eine wichtige Rolle. Verschiedene theologische Positionen und ideengeschichtliche Traditionen führten aber durchaus zu unterschiedlichen politischen Haltungen. Dies kann besonders deutlich an der heterogenen protestantischen Rezeption der Menschenrechte in der DDR und in der ČSSR nachvollzogen werden. Es spricht einerseits für die staatlich und kirchenpolitisch gelungene Isolation der beiden benachbarten protestantischen Kirchen, wenn der sich stärker zu dem oppositionellen Spektrum zählende ostdeutsche Protestantismus so gut wie keine Kontakte zu den evangelischen theologischen Inspiratoren des Prager Frühlings und der Charta 77 hatte und in den siebziger und achtziger Jahren, vor allem im Rahmen des konziliaren Prozesses, kaum die tschechischen Gedanken und Schriften zu einem liberalen Demokratie- und Menschenrechtsverständnis rezipierte. Erst nach der Wende 1996 begegneten sich führende tschechische und ostdeutsche Protestanten aus der Opposition erstmals zum Gesprächsaustausch.[70] Andererseits bleibt die Frage bestehen, wieso dann doch der ostdeutsche Protestantismus mit seinem Konzept von „Kirche im Sozialismus" größere Faszination und Vorbildfunktion auf den Westen und die

---

70 Vgl. die Dokumentation bei Liebermann/Fuchs/Wallat, *Dissidenten, Präsidenten und Gemüsehändler*.

Ökumene ausübte, und wieso er nach wie vor das Bild von Kirche im Kommunismus in der öffentlichen und wissenschaftlichen Forschung dominiert. Damit ist das Feld eröffnet für einen vergleichenden europäischen Blick. Auch hier werden zukünftige Forschungen in der kirchlichen Zeitgeschichte überraschende Einsichten, die von den bislang geäußerten öffentlichen Meinungen beträchtlich abweichen können, hervorbringen. Als ein Beispiel mögen die hier dargestellten Zusammenhänge gelten: Denn betrachtet man die Interdependenz von Protestantismus, Menschenrechten und Demokratie im 20. Jahrhundert, so liegt zwar zweifelsohne die tschechische Tradition geographisch im Osten, während die ostdeutsche Theologie geographisch westlicher zu lokalisieren ist. Fragt man jedoch nach dem europäischen Erbe, zu dem nicht nur eine integrative Idee von Europa, sondern auch die Akzeptanz liberaler und säkularer Demokratievorstellungen gehört, so ergibt sich die Pointe: Hier lag der tschechische Protestantismus weit im Westen, während sich der ostdeutsche – ja, vielleicht sogar der gesamtdeutsche – Protestantismus weit entfernt im Osten befand.

„Wir sind keine Fremden und Einwanderer"
Die Minderheitenkirchen in Polen im 20. Jahrhundert

von Olgierd Kiec

Identität, Nationalbewusstsein, Nationalismus – diese und ähnliche modische Begriffe haben in den letzten Jahren die Sozialwissenschaften, darunter auch die Geschichtswissenschaft dominiert.[1] Die Bedeutung der Religion und der Kirchen in modernen Nationalismusforschungen wird jedoch meistens unterschätzt; eine Ausnahme stellt die bekannte These des amerikanischen Politologen Samuel Huntington dar, die besagt, dass sich die Identität der modernen Nationen und ethnischen Gruppen gerade in konfessionellen Kategorien äußert.[2] Dieser Ansatz macht nicht nur die Lösung von Konflikten problematisch – wie z.B. des Palästinakonflikts; sie stellt auch immer mehr Personen vor schwere persönliche Entscheidungen. Es gibt nur wenige ethnisch, religiös und kulturell homogene Staaten, die Anzahl der Immigranten, Personen mit schwankender oder doppelter nationaler und konfessioneller Identität nimmt zu, aber andererseits wächst natürlich das Gefühl der Instabilität und Bedrohung in den Gesellschaften, die mit nationalen und religiösen Minderheiten konfrontiert werden.

Das Problem des engen Zusammenhangs der Religion und des Nationalismus ist jedoch nicht neu, und Polen ist ein Land, in dem

---
1 Die Titelformulierung nach einem Interview mit dem lutherischen Pfarrer der Evangelisch-Augsburgischen Kirche in Polen, Alfred Jagucki (1914–2004), vgl. *Nie jesteśmy obcymi i przychodniami – wywiad z ks. dr. Alfredem Jaguckim*, in: Zwiastun Ewangelicki 1994. 6, 16–17.
2 S. Huntington, *Zderzenie cywilizacji i nowy kształt ładu światowego* [The Clash of Civilizations and the Remaking of World Order], Warszawa 1997.

die Religion zu einem wichtigen, vielleicht sogar entscheidenden Faktor wurde, der die Identität der verschiedenen ethnischen Gruppen auf dem Gebiet des polnisch-litauischen Staates beeinflusste – sowohl der Polen, als auch der Ukrainer, Weißrussen, Litauer, Deutschen und Juden. Zwei Weltkriege, die Verschiebung der Grenzen, Umsiedlungen und Vertreibungen der Bevölkerung und nicht zuletzt 45 Jahre der kommunistischen Herrschaft haben den Mythos der „polnischen katholischen Nation" verstärkt und zugleich die nationalen und religiösen Minderheiten vor eine große Herausforderung gestellt. Das Jahr 2001 wurde in der Evangelisch-Augsburgischen Kirche in Polen als „Jahr der Identität" erklärt, als eine Periode, in der die polnischen Lutheraner über ihren Platz in der überwiegend katholischen Gesellschaft nachdenken sollten. Was legitimiert ihre Existenz im polnischen Nationalstaat? Sind sie Nachkommen der deutschen Immigranten und Kolonisten oder Erben der ruhmreichen Traditionen des multikulturellen polnisch-litauischen Staates? Sind ihre Gotteshäuser sichtbare Zeichen des deutschen „Drangs nach Osten" und der Germanisierungspolitik, oder polnischer Toleranz und Vielfalt polnischer Kultur? Mit diesen und anderen Fragen, die am Anfang des 21. Jahrhunderts immer noch unbeantwortet sind, beschäftigten sich die leitenden Kreise nicht nur der polnischen lutherischen Kirche, sondern auch anderer Minderheitenkirchen.

Der Katholizismus erlangte bereits nach dem Sieg der Gegenreformation im 17. Jahrhundert einen überwältigenden Einfluss im polnisch-litauischen Staat; der polnische König musste katholisch sein – was den sächsischen Kurfürsten August Wettin (König von Polen 1697–1733) zum Übertritt zum Katholizismus bewegte, die nichtkatholischen Bischöfe, darunter auch die unierten, hatten keinen Zugang zum Senat, der zweiten Kammer des polnischen Parlaments, und die am 3. Mai 1791 erlassene Verfassung – in der polnischen Geschichtsschreibung als sehr fortschrittlich betrachtet – enthielt ein Verbot der Konversion vom Katholizismus zu einer anderen Religion. Die Bedeutung des Katholizismus steigerte sich in der klassischen Epoche des Nationalismus im 19. und am Anfang des 20. Jahrhunderts; gerade in dieser Zeitperiode befand sich Polen unter der Verwaltung der Nachbarstaaten: des orthodoxen Russlands, des evangelischen Preußens und des katholischen Österreichs. Der nationale Antagonismus wurde durch den konfessionellen Antagonismus verstärkt; eine Schlüsselrolle bei der Entwicklung des polnischen Nationalismus spielte sowohl der Katholizismus als Bekenntnis, als auch die katholischen Geistlichen als führende Personen der polnischen Nationalbewegung, besonders im preußischen und russischen Teilungsgebiet.

Der moderne polnische Nationalismus war jedoch nicht frei von Spannungen und Widersprüchen – der am Ende des 18. Jahrhunderts liquidierte polnische Staat war ein Vielvölkerreich, in dem sich unter dem Einfluss der nichtkatholischen Bekenntnisse – des orthodoxen Christentums, des Protestantismus, Judentums sowie Islams – eine spezifische polnische Kultur entwickelte, die die Elemente sowohl des westlichen, als auch des östlichen Christentums absorbierte; besonders nach der Entstehung des polnisch-litauischen Staates (Doppelstaates) im Jahre 1386 dominierte im östlichen Teil des Landes die ruthenischsprachige Bevölkerung orthodoxen bzw. (seit 1596) unierten Bekenntnisses. Doch andererseits lebten bedeutende Gruppen der polnischsprachigen Bevölkerung bereits viele Jahre vor den Teilungen Polens auf dem Gebiet der preußischen Provinzen Ostpreußen, Pommern und Schlesien, die nie dem polnisch-litauischen Staat angehörten. Der moderne polnische Nationalismus wurde also schon im 19. Jahrhundert mit einem nicht zu lösenden Problem konfrontiert – einerseits beriefen sich die führenden polnischen Nationalisten auf die historischen Rechte und strebten nach dem Wiederaufbau des polnischen Staates in den Grenzen von 1772 (mit starkem Anteil der nichtpolnischen Bevölkerung im Osten); andererseits beriefen sich die gleichen Nationalisten auf die ethnischen Rechte und forderten den Anschluss der deutschen Grenzgebiete, die die polnischsprachige Bevölkerung bewohnte.[3] Doch diese polnischsprachige Bevölkerung wurde gerade im 19. Jahrhundert einem starken Assimilierungsdruck des deutschen Nationalstaates ausgesetzt und akzeptierte allmählich das deutsche Nationalbewusstsein.[4] Die Mehrheit der sog. „polnischsprachigen Deutschen" (Richard Blanke) waren Protestanten, Mitglieder der preußischen, evangelisch-unierten Landeskirche, der polnische Nationalismus wurde also mit einer zweiten bedeutenden Spannung konfrontiert – konnten Nichtkatholiken als gleichberechtigte Mitglieder der polnischen Nation anerkannt werden? Diese zweite Spannung wird selten von der professionellen Geschichtsschreibung berücksichtigt – u.a. deshalb, weil die Kirchen- und Religionshistoriker oft noch als Außenseiter in dieser Zunft gelten;[5] um so wichtiger ist es, die Bedeutung der Kirchen und der Religion in der Gesellschaft stärker zu betonen.

---

3 Tomasz Kizwalter, *O nowoczesności narodu. Przypadek Polski* [Über die Modernität der Nation. Der Fall Polens], Warszawa 1999, 292, Roman Wapiński, *Polska na styku narodów i kultur. W kręgu przeobrażeń narodowościowych i cywilizacyjnych w XIX i XX wieku* [Polen im Berührungsraum der Nationen und Kulturen. Im Kreis der Nationalitäten- und Zivilisationswandlungen], Gdańsk 2002, 75–78.

4 Vgl. Richard Blanke, *Polish-speaking Germans? Language and National Identity among the Masurians since 1871*, Köln 2001; auch: Andreas Kossert, *Preußen, Deutsche oder Polen? Die Masuren im Spannungsfeld des ethnischen Nationalismus 1870–1956*, Wiesbaden 2001.

5 Olaf Blaschke schrieb darüber in seinem bekannten Beitrag: „Moderner Kirchengeschichte, obwohl längst keine Bischofs- und Institutionengeschichte mehr, haftet noch immer der Stallgeruch der skurilen Spezialgeschichte an" (vgl. O. Blaschke, „Das 19. Jahrhundert. Ein Zweites Konfessionelles Zeitalter?", in: *Geschichte und Gesellschaft* 2000. 26, 38–39). Das gleiche lässt sich mit Sicherheit über die Situation der polnischen (weltlichen) Geschichtsschreibung sagen, auch wenn Martin Schulze Wessel anderer Meinung ist; er schrieb u.a.: „In der polnischen Historiographie ist Religion als Paradigma der Geschichtsschreibung nie ignoriert worden" – gab aber in diesem Kontext als angeblich repräsentative Beispiele nur zwei Namen der Historiker von der Katholischen Universität in Lublin, vgl. M. Schulze Wessel, „Religion-Gesellschaft-Nation. Anmerkungen zu Arbeitsfeldern und Perspektiven moderner Religionsgeschichte Osteuropas", in: *Nordost-Archiv. Zeitschrift für Regionalgeschichte*, N.F. 1998 VII/2, 353–364, zit. 354–355.

Der in den Jahren 1918–1919 wiederaufgebaute polnische Staat, die 2. Polnische Republik, war ein Kompromiss zwischen der historischen und ethnischen Idee der Nation und des nationalen Staates; zugespitzt formuliert – zwischen der föderativen Idee von Józef Piłsudski und der Idee des national homogenen Staates von Roman Dmowski. Im Osten des Landes, obwohl Polen auf große Gebiete verzichtete (die bis 1772 zu Polen gehörten), befand sich immer noch eine mehrere Millionen zählende Bevölkerung der orthodoxen bzw. unierten Ukrainer und Weißrussen; im Westen und Norden ist es dem neuen Staat gelungen, etwa ein Drittel Oberschlesiens sowie kleine Grenzstreifen in Mittelschlesien und Ostpreußen als Folge der Plebiszite, Aufstände und diplomatischen Verhandlungen anzuschließen. Insgesamt erreichten die nationalen Minderheiten in Polen 1918–1939 einen hohen Anteil von etwa 30 Prozent der Gesamtbevölkerung. Im Angesichte des Niedergangs der Vielvölkerstaaten und des Sieges der Idee des nationalen Staates wurden jedoch die nationalen Minderheiten als unerwünschte Elemente betrachtet, die man isolieren und zur Auswanderung zwingen (Juden, Deutsche) oder assimilieren (Ukrainer, Weißrussen) sollte.[6]

Die Situation der größten nichtkatholischen, christlichen Bekenntnisse, der orthodoxen Kirche und des Protestantismus, beeinflusste die Tatsache, dass sie als Kirchen der nationalen Minderheiten galten. Ihre Existenz auf dem Gebiet der 2. Polnischen Republik wurde nicht als Erbe der jahrhundertelangen Geschichte des polnisch-litauischen Staates betrachtet, sondern vielmehr als Ergebnis der Russifizierung bzw. Germanisierungspolitik der Besatzungsmächte.

In Anerkennung der wichtigen Rolle der katholischen Kirche im Kampf um den Nationalstaat favorisierten die polnischen Behörden den Katholizismus (mit Ausnahme der Jahre 1926–1935) und verfochten zugleich eine Politik der Isolierung und Einschrän-

---

6 Vgl. Andrzej Chojnowski, *Koncepcje polityki narodowościowej rządów polskich w latach 1921–1939* [Die Konzeptionen der Nationalitätenpolitik der polnischen Regierungen in den Jahren 1921–1939], Wrocław 1979.

kung der Rechte der nichtkatholischen Kirchen. Sowohl die orthodoxe als auch die evangelischen Kirchen mussten ihre Diözesangrenzen an die neuen Staatsgrenzen anpassen, die institutionelle Abhängigkeit der Kirchenbehörden im Ausland (Moskau, Berlin, Breslau, Wien) wurde unterbrochen, die Geistlichen durften nur an polnischen Hochschulen und Universitäten ausgebildet werden. Die Exekutierung dieser Forderungen ähnelte oft der Kirchenpolitik der Teilungsbehörden aus der Zeit vor dem Ersten Weltkrieg – die evangelischen Kirchen in Westpolen, im ehemaligen preußischen Teilungsgebiet, wurden zwar einem starken Druck der lokalen polnischen Behörden ausgesetzt, etliche Geistliche (deutsche Staatsbürger) wurden aus Polen ausgewiesen, aber zugleich konnten diese Kirchen ihre engen Beziehungen zu den Kirchenbehörden in Berlin, Wien und Breslau weiterhin pflegen (auch wenn nur inoffiziell). Am Wichtigsten war aber die Tatsache, dass die Protestanten ihre Gotteshäuser und andere Immobilien behielten; nach der Ausreise der deutschen Bevölkerung nach 1919 wurden nur einzelne Gotteshäuser und andere Objekte durch die polnischen Behörden übernommen oder beschlagnahmt.[7]

Völlig unterschiedliche Maßnahmen wurden in den polnischen Zentral- und Ostgebieten eingesetzt – die orthodoxen Kirchen, erbaut in Kongresspolen im 19. und Anfang des 20. Jahrhunderts, wurden als Symbole der russischen Herrschaft betrachtet und bereits in den 20er Jahren zerstört. Auch die Beziehungen zum Moskauer Patriarchat wurden praktisch durch die Einführung der Autokephalie der Polnischen Orthodoxen Kirche 1925 unterbrochen. Die Ablehnung der Autokephalie sowie die wachsenden nationalistischen Spannungen innerhalb der orthodoxen Kirche bewogen die polnischen Behörden – schon nach dem Tode Marschall Piłsuds-

---

[7] Von den neuesten Arbeiten zur Geschichte des Protestantismus in der 2. Republik Polen vgl. u.a.: Olgierd Kiec, *Die evangelischen Kirchen in der Wojewodschaft Poznan (Posen) 1919–1939*, Wiesbaden 1998; Elżbieta Alabrudzinska, *Protestantyzm w Polsce w latach 1918–1939* [Der Protestantismus in Polen in den Jahren 1918–1939], Toruń 2004.

kis (1935) – verstärkt zu radikalen Maßnahmen, die die Orthodoxie schwächen und den Katholizismus stärken sollten, vor allem in östlichen Grenzgebieten. Besonders drastisch war die vom polnischen Militär durchgeführte Aktion der Zerstörung oder Konfiszierung der orthodoxen Kirchen; als offizielle Rechtfertigung diente die Tatsache, dass viele dieser Kirchen entweder im 19. Jh., während der russischen Herrschaft in Polen gebaut worden waren, oder in der Zeit der polnischen Adelsrepublik der unierten bzw. katholischen Kirchen angehörten und von den russischen (zaristischen) Behörden den Orthodoxen übergeben worden waren – deshalb wurde diese Aktion häufig als „Derussifizierung" oder „Demoskovitierung" bezeichnet.[8]

Doch parallel zu den administrativen Restriktionen und brutalen polizeilichen und militärischen Repressalien versuchten die polnischen Behörden die Minderheitenkirchen auch zu polonisieren. Energisch wirkten vor allem die nichtkatholischen Militärgeistlichen in den 30er Jahren; die orthodoxen Feldbischöfe gründeten im Nordosten Polens einen Verein der Orthodoxen Polen, der übrigens keine nennenswerte Anhängerschaft anziehen konnte. Viel größere Bedeutung hatten dagegen die Aktivitäten der lutherischen Militärgeistlichen, die sich an die verhältnismäßig zahlreichen polnischen Lutheraner in Zentralpolen anlehnen konnten und denen die Ideologie des „polnischen Evangelizismus" zur Verfügung stand, die bereits im 19. Jh. in Russisch-Polen einen breiten Kreis der Anhänger gefunden hatte.

Der „polnische Evangelizismus" war ein interessanter Ansatz, der das Luthertum mit dem polnischen Nationalismus zu verbinden

---

8   Mirosława Papierzyńska-Turek, *Między tradycją a rzeczywistością. Państwo wobec prawosławia* 1918–1939 [Zwischen Tradition und Wirklichkeit. Der Staat und die orthodoxe Kirche 1918–1939], Warszawa 1989; Werner Benecke, *Die Ostgebiete der Zweiten Polnischen Republik. Staatsmacht und öffentliche Ordnung in einer Minderheitenregion 1918–1939*, Köln 1999, 199–245; ders., „Zur Lage der russisch-orthodoxen Kirche in der Zweiten Polnischen Republik 1918–1939", in: *Religion im Nationalstaat zwischen den Weltkriegen 1918–1939*, hg. v. Hans-Christian Maner und Martin Schulze Wessel, Stuttgart 2002, 123–143.

versuchte. Seine Entstehung wurde durch mehrere günstige Umstände gefördert – die Evangelisch-Augsburgische Kirche funktionierte nur auf einem beschränkten Gebiet Kongresspolens, wo die polnische katholische Bevölkerung dominierte, und die Kirchenbehörde befand sich in Warschau – war also von keiner Kirchenbehörde der fremden Teilungsmächte abhängig. Die erste Version des „polnischen Evangelizismus" verfasste Leopold Otto, 1875–1882 Pfarrer der Warschauer evangelisch-augsburgischen Gemeinde. Das Grundprinzip seiner Idee war die Polonisierung des Protestantismus, um auf diese Weise die Isolation der lutherischen Bevölkerung in Polen zu überwinden. Pfarrer Otto war überzeugt, dass der Protestantismus ohne enge Beziehungen zur polnischen Gesellschaft und zu den verschiedenen Strömungen des polnischen kulturellen Lebens, früher oder später liquidiert oder im besten Fall „getthoisiert" werden würde. Der deutsche Charakter des Protestantismus führte dazu, dass viele Lutheraner zum Katholizismus konvertierten; der Übertritt war meistens als letzter Schritt im Prozess der Assimilierung mit der polnischen Mehrheit betrachtet; im preußischen Teilungsgebiet betraf das auch die polnischen reformierten Adelsfamilien, die im Übertritt zum Katholizismus die Aufhebung der letzten Barriere sahen, die sie von der polnischen Gesellschaft trennte. Der „polnische Evangelizismus" war also eine Idee, die vornehmlich innerhalb der Evangelisch-Augsburgischen Kirche realisiert werden sollte; auch wenn die Missionierung der katholischen Polen und ihre Gewinnung für eine nationale, polnisch-lutherische Kirche, nicht ausgeschlossen war.[9]

Dieses Programm ließ sich am besten durch Anlehnung an die real existierenden, polnisch-lutherischen Gemeinschaften realisieren; Pfarrer Otto knüpfte deshalb schon im 19. Jahrhundert enge Beziehungen zu polnischen Lutheranern im Teschener Schlesien an. Völlig neue Voraussetzungen für die Gründung einer starken,

---

9 Mehr dazu vgl. Tadeusz Stegner, *Bóg, protestantyzm, Polska. Biografia pastora Leopolda Marcina Otto (1819–1882)* [Gott, Protestantismus, Polen. Die Biographie des Pastors Leopold Martin Otto], Gdańsk 2000.

polnisch-lutherischen Kirche auf dem gesamten Gebiet des polnischen Staates sind aber erst nach dem Ersten Weltkrieg entstanden. Der evangelisch-augsburgischen Kirche in Russisch-Polen wurden lutherische Gemeinden in Wolhynien und Wilna, sowie in Krakau und in Teschener Schlesien angeschlossen. Zusätzlich sollte das polnische Luthertum durch die Gewinnung der polnischsprachigen Protestanten (Mitglieder der preußischen Landeskirche) in Masuren, Schlesien und im südlichen Großpolen (Posener Land) verstärkt werden. In Realisierung dieses Projektes unterstützte Julius Bursche (seit 1905 Pfarrer der Warschauer Gemeinde und Generalsuperintendent) die polnischen territorialen Forderungen gegenüber Deutschland, indem er persönlich an der Pariser Friedenskonferenz 1919 teilnahm. Das bedeutete jedoch – wie der Berliner Kirchenhistoriker Bernd Krebs 1993 betonte – die Überschreitung der Grenze zwischen den kirchlichen und politischen Interessen. Eine Allianz mit den polnischen Nationalisten besiegelte den Ruf Bursches als rücksichtsloser Polonisator. Dieser führte schließlich zum Konflikt mit den Mitgliedern der Evangelisch-Unierten Kirche in Polen und in Deutschland, sowie mit den deutschen Mitgliedern der Evangelisch-Augsburgischen Kirche in Polen; die Haltung der deutschen Lutheraner in Zentralpolen radikalisierte sich schon während der Besatzung Russisch-Polens durch die deutschen Truppen 1915–1918.[10]

Die auch nach 1919 währende Allianz Bursches mit polnischen Behörden vertiefte die oppositionelle Haltung der deutschen Lutheraner und stellte die Evangelisch-Augsburgische Kirche an die Schwelle der nationalen Spaltung Ende der 30er Jahre; ein neues Konfliktfeld entstand 1937, als nach dem Erlöschen der Genfer Konvention in Oberschlesien die polnische Lokalverwaltung die

---

10 Bernd Krebs, *Państwo, Naród, Kościół. Biskup Juliusz Bursche a spory o protestantyzm w Polsce w latach 1917–1939*, Bielsko-Biała 1998, 24–37, dt. Originalausgabe: Bernd Krebs, *Nationale Identität und kirchliche Selbstbehauptung. Julius Bursche und die Auseinandersetzungen um Auftrag und Weg des Protestantismus in Polen 1917–1939*, Neukirchen-Vluyn 1993.

Evangelisch-Unierte Kirche zu polonisieren versuchte, indem sie die Ausweisung der deutschen Pastoren und Besetzung der Pfarrstellen mit polnisch-lutherischen Geistlichen angeordnet hatte. Als aussichtslos erwiesen sich auch die breit angelegten Maßnahmen, mit denen die polnischsprachigen, evangelisch-unierten Lutheraner im südlichen Großpolen sowie im Soldauer Kreis für den „polnischen Evangelizismus" gewonnen werden sollten; das Scheitern dieser Aktion wurde durch das Misstrauen und die antiprotestantische Stimmung der lokalen Behörden und der katholischen Bevölkerung verursacht.[11]

Die Grundlage für die Aktivitäten der Anhänger des polnischen Protestantismus und der polnischen Orthodoxie nach 1919 bildeten zwei Prinzipien, die auch für die Staatsbehörden in ihrer Minderheitenpolitik in den Ostgebieten leitend waren: nämlich die Attraktivität, die angebliche Anziehungskraft der polnischen Kultur und die Schwäche der Völker und ethnischen Gruppen, die assimiliert werden sollten. Beide Prinzipien erwiesen sich als falsch, um so mehr als ihre Realisierung die Zusammenarbeit mit dem Staat implizierte – dem Staat, der besonders am Anfang und am Ende der Existenz der 2. Republik seinen katholischen Charakter betonte und die Religion in seiner Minderheitenpolitik instrumentalisierte. Wie der Posener Historiker Krzysztof Krasowski 1988 feststellte, wenn in der Zeit der Teilungen Polens die Gleichsetzung des Polentums mit dem Katholizismus das polnische Nationalbewusstsein stärkte, musste das nach 1918 die Integration der multikonfessionellen Gesellschaft verhindern.[12]

Die Folge der Parteiergreifung Bischof Bursches für den polnischen Nationalismus waren Vergeltungsmaßnahmen, die während

---

11 Olgierd Kiec, „Polscy ewangelicy w południowej Wielkopolsce 1900–1950" [Polnische Protestanten im südlichen Großpolen 1900–1950], in: *Dzieje polityczne-kultura-biografistyka. Studia z historii XIX i XX wieku*, hg. v. Lech Trzeciakowski und Przemysław Matusik, Poznań 2002, 243–256.

12 Krzysztof Krasowski, *Związki wyznaniowe w II Rzeczypospolitej. Studium historycznoprawne* [Konfessionelle Verbände in der 2. Republik. Ein historisch-juristisches Studium], Warszawa 1988, 7.

des Zweiten Weltkrieges gegen die polnisch gesinnten evangelischen und orthodoxen Geistlichen eingesetzt wurden. Besonders tragisch war das Schicksal der Anhänger des polnischen Evangelizismus – Bischof Bursche wurde bereits im Herbst 1939 in das KZ Oranienburg eingeliefert; er starb im Berliner Gefängniskrankenhaus 1942; in deutschen Gefängnissen sind auch mehrere seiner Familienangehörigen ums Leben gekommen. Ähnliches Schicksal ist zahlreichen anderen Geistlichen widerfahren, auch wenn nicht alle Pastoren bereit waren, die höchsten Opfer für den polnischen Evangelizismus zu tragen; mehrere bekannte protestantische Kirchenmänner haben die Deutsche Volksliste angenommen; unter ihnen befand sich auch Andrzej Wantuła, 1959–1976 Bischof der Evangelisch-Augsburgischen Kirche in Polen.[13]

Doch besonders drastischen Verfolgungen ist nur eine verhältnismäßig geringe Zahl der Geistlichen zum Opfer gefallen; im kollektiven Gedächtnis der polnischen Bevölkerung hat sich dagegen die Vorstellung über die nichtkatholischen Kollaborateure herausgebildet; abgesehen von den zahlreichen deutschen Protestanten in Polen, die 1939 beinahe enthusiastisch den deutschen, siegreichen Feldzug gegen Polen begrüßten,[14] haben sich auch viele orthodoxe Geistliche ukrainischer, russischer und weißrussischer Nationalität für die Zusammenarbeit mit der deutschen Okkupationsverwaltung entschlossen – der Warschauer Erzbischof Dionizy sollte das Moskauer Patriarchat nach der Eroberung Moskaus 1941 übernehmen,

---

13 Pfarrer Andrzej Wantuła wurde 1944 zur Deutschen Wehrmacht einberufen, gelangte aber in wenigen Wochen in britische Gefangenschaft und wurde als evangelischer Militärgeistlicher in die Polnischen Streitkräfte im Westen eingezogen, vgl. *Losy wojenne ks. Andrzeja Wantuły* [Kriegsschicksale Pfarrers Andrzej Wantuła], Cieszyn 2005.
14 Vgl. Bernd Krebs, „Evangelische Christen in Polen unter zwei Diktaturen", in: *Deutsche und polnische Christen. Erfahrungen unter zwei Diktaturen*, hg. v. Martin Greschat, Stuttgart 1999, 26; Olgierd Kiec, „Die evangelischen Christen in der Stadt Posen und im Süden Großpolens vor und nach 1945", in: *Deutsche und polnische Christen*, 71.

in Krakau hatten die Ukrainer in einer Synagoge eine orthodoxe Kirche eingerichtet.[15]

Dieses Bild konnte nicht ohne Einfluss auf die Situation der konfessionellen Minderheiten nach dem Kriege bleiben. Bereits 1945 wurde als eine der größten Aufgaben und Errungenschaften der neuen kommunistischen Machthaber die Bildung eines ethnisch homogenen Staates propagiert; die nationale Vereinheitlichung implizierte auch eine religiöse Homogenisierung. Tatsächlich wurden in Polen bis 1948 keine nennenswerten antireligiösen Maßnahmen eingesetzt; die polnischen Kommunisten versuchten dagegen, die allgemeine Vorstellung von den „atheistischen Kommunisten" zu verneinen; die führenden kommunistischen Parteifunktionäre und Staatsbeamten nahmen ostentativ an den katholischen Feierlichkeiten teil. Die Rolle des Katholizismus im Wiederaufbau des neuen Staates erwies sich als besonders wertvoll in den „wiedergewonnenen Gebieten"; wenn die Staatsbehörden den Anschluss als „Repolonisierung" propagierten, sprachen die katholischen Bischöfe oft von der „Rekatholisierung" der Gebiete, die seit dem 16. Jahrhundert evangelisch geworden waren. Selbstverständlich war diese eigentümliche Allianz der Kommunisten und der katholischen Kirche rein taktisch, beide Seiten hatten völlig unterschiedliche Grundsätze und Prinzipien, doch trotzdem werden die ersten Nachkriegsjahre in Polen als „in gewissem Sinne ein gelungenes Experiment der Koexistenz der katholischen Kirche und der kommunistischen Macht" bezeichnet.[16]

In dieser Situation wurden die konfessionellen Minderheiten zugleich als nationale Minderheiten betrachtet und einem doppelten Druck ausgesetzt: einerseits der nationalistisch gesinnten Kommu-

---

15 Michail Shkarovskij, *Nazistskaja Germanija i Pravoslavnaja Zerkov* [Nazistisches Deutschland und orthodoxe Kirche], Moskva 2002, 113–149; dt. Übersetzung: Michail Shkarovskij, *Die Kirchenpolitik des Dritten Reiches gegenüber den orthodoxen Kirchen in Osteuropa (1939–1945)*, Münster 2004.
16 Zygmunt Zieliński, *Polska dwudziestego wieku. Kościół – Naród – Mniejszości* [Polen des 20. Jahrhunderts. Kirche – Nation – Minderheiten], Lublin 1998, 58.

nisten, und andererseits der katholischen polnischen Bevölkerung (ähnlich wie vor dem Zweiten Weltkrieg!). Besonders rücksichtslos wurde die griechisch-katholische Kirche behandelt, die als Rückhalt des ukrainischen Nationalismus galt; diese Kirche wurde in den 40er Jahren praktisch liquidiert. Die orthodoxe Kirche musste wieder ihre engen Kontakte zum Moskauer Patriarchat unterbrechen und die Autokephalie nochmals bestätigen; der dagegen protestierende Warschauer Erzbischof wurde 1948 seines Amtes enthoben und durch ein provisorisches Verwaltungskollegium (*Tymczasowe Kolegium Rządzące*) mit dem polnisch gesinnten Bischof Tymoteusz ersetzt.[17]

Nicht minder kompliziert war die Situation der Protestanten, die in Polen allgemein als Deutsche betrachtet wurden; sogar die polnischen und tschechischen Mitglieder der Evangelisch-Reformierten Kirche galten als Deutsche, was viele evangelische Tschechen zur Emigration in die Tschechoslowakei bewogen hatte. Doch besonders kompliziert war die Situation der Lutheraner: der prozentmäßige Anteil der Polen bzw. polnischstämmigen Kirchenmitglieder war gering, und zahlreiche polnischsprachige Lutheraner – Staatsbürger des polnischen Staates bis 1939 – nahmen während des Krieges die Deutsche Volksliste an, was in vielen Fällen auch den Dienst bei der Deutschen Wehrmacht implizierte. Es kann also nicht verwundern, dass bereits 1944 und 1945 zahlreiche evangelische Gotteshäuser von den Katholiken übernommen wurden; die mehr oder weniger spontane Welle der Enteignungen bezeichnete man

---

17 Die Autokephalie der Polnischen Orthodoxen Kirche wurde 1924 ohne Genehmigung der Russischen Orthodoxen Kirche vom Konstantinopeler Patriarchat verliehen; erst 1948 hat das Moskauer Patriarchat seine Genehmigung erteilt und die Autokephalie bestätigt, vgl. Erzbischof Jeremiasz, „Unter zwei Diktaturen. Die Polnische Orthodoxe Kirche in den Jahren 1939–1957", in: *Deutsche und polnische Christen. Erfahrungen unter zwei Diktaturen*, hg. v. Martin Greschat, Stuttgart 1999, 176–177; Stefan Dudra, *Kościół prawosławny na ziemiach zachodnich i północnych Polski po II wojnie światowej* [Die orthodoxe Kirche in den polnischen West- und Nordgebieten nach dem Zweiten Weltkrieg], Zielona Góra 2004, 54–56.

als „Entdeutschung" oder „Polonisierung" des polnischen Gebietes. Die Anhänger des verstorbenen Bischofs Bursche haben in dieser Situation die Idee des „polnischen Evangelizismus" wieder aufgenommen, um die Evangelisch-Augsburgische Kirche als rein polnische, nationale Kirche überhaupt wiederaufbauen zu können. Wieder – wie bereits nach dem Ersten Weltkriege – wurde versucht, die polnischsprachigen Mitglieder der Evangelisch-Unierten Kirche zu gewinnen; doch diesmal wurde die Aktion auf die angeschlossenen Gebiete Ostpreußens und Schlesiens ausgedehnt. Die chaotischen und wenig koordinierten Maßnahmen erwiesen sich jedoch als erfolglos; Gründe dieses Misserfolges waren – neben der geringen Anzahl der polnisch gesinnten lutherischen Geistlichen – auch das Misstrauen der masurischen und schlesischen Bevölkerung, das unerwartete Erscheinen der Methodisten und deren „Kampf um die Seelen", sowie der Argwohn der katholischen Polen, die auch die polnischen Pastoren als „Deutsche" betrachteten.[18] Im Effekt erfolgte bereits gegen 1950 die sog. „Erweiterung der deutschen Option", d.h. die Stärkung des deutschen Nationalbewusstseins der polnischsprachigen Bevölkerung.[19] Die wachsende Zahl der Lutheraner, die sich zum Deutschtum bekannten, zwang die Leitung der Evangelisch-Augsburgischen Kirche zur Gründung der „nichtpolnischen Gemeinden"[20], was natürlich die Realisierung der Idee des „polnischen Evangelizismus" in Frage stellte. Entscheidend für den Ausbau der polnisch-evangelischen Kirchen war jedoch der

---

18 O. Kiec, „Die protestantischen Kirchen in Polen unter kommunistischer Herrschaft. Die Phase der Errichtung der kommunistischen Herrschaft 1945–1949", in: *Zwischen den Mühlsteinen. Protestantische Kirchen in der Phase der Errichtung der kommunistischen Herrschaft im östlichen Europa*, hg. v. Peter Maser und Jens Holger Schjørring, Erlangen 2002, 137–207.

19 Ph. Ther, „Die einheimische Bevölkerung des Oppelner Schlesiens nach dem Zweiten Weltkrieg. Die Entstehung einer deutschen Minderheit", in: *Geschichte und Gesellschaft* 26. 2000, 407–438.

20 Vgl. Wacław Urban, *Zbory niemieckie Kościoła Ewangelicko-Augsburskiego w Polsce 1948–1970. Wybór materiałów* [Die deutschen Gemeinden der Evangelisch-Augsburgischen Kirche in Polen 1948–1970. Quellenauswahl], Kraków 2003.

Konflikt des kommunistischen Staats mit der katholischen Kirche; die Rivalisierung beider Mächte hatte auch eine starke nationalistische Komponente und verlief im öffentlichen Raum. Sowohl die Kommunisten als auch die katholischen Bischöfe präsentierten sich als Diener des polnischen Volkes, als Erben und Sachwalter der ruhmreichen polnischen Geschichte, was besonders während der sog. Milleniumsfeierlichkeiten in den 50er und 60er Jahren deutlich wurde. Die katholische Kirche propagierte damals den Marienkult mit national-katholischer Geschichtsdeutung; 1000 Jahre Christentum wurden als 1000 Jahre Katholizismus in Polen interpretiert, was natürlich den Mythos „polnisch-katholisch" wieder verstärkte. Die Kommunisten präsentierten als Antwort ihre eigene, völlig unterschiedliche Vision der Geschichte Polens, die der katholischen Parole „1000 Jahre des Christentums in Polen" die Parole „1000 Jahre des polnischen Staates" entgegenstellte; nicht ohne Bedeutung war die Tatsache, dass der polnische Staat im 10. Jahrhundert die Westgrenze an der Oder hatte, so dass sich die Kommunisten als Erben der ersten historischen Herrscher Polens betrachten konnten.[21]

Diese propagandistische Konfrontation der katholischen Kirche mit dem kommunistischen Staat brachte die Minderheitenkirchen in eine äußerst schwierige Situation. Einerseits schloss die eindeutige Identifizierung der polnischen Nationalität mit dem Katholizismus jede Zusammenarbeit der Katholiken mit den Protestanten aus, andererseits war ein offener Auftritt der Nichtkatholiken gegen die kommunistischen Behörden aus zwei Gründen unmöglich. Der mächtige Staatsapparat war zu drastischen Schritten bereit, um den Widerstand der Minderheiten zu brechen; bestes Beispiel war die Beschlagnahme der lutherischen St. Trinitatiskirche im Zentrum

---

21 Olgierd Kiec, „Die Milleniumsfeierlichkeiten in Polen 1966 und die Rolle der Minderheitenkirchen zwischen Kommunismus und Katholizismus", in: *Im Räderwerk des real existierenden Sozialismus. Kirchen in Ostmittel- und Osteuropa von Stalin bis Gorbatschow*, hg. v. Hartmut Lehmann und Jens Holger Schjørring, Göttingen 2003, 143–161.

Warschaus 1950. Andererseits wurden die Minderheitenkirchen oft staatlich gefördert, weil schon die bloße Existenz der konfessionellen Minderheiten in Polen der propagandistischen These diente, Polen sei ein Land der religiösen Toleranz; die protestantischen und orthodoxen Kirchenmänner betrachteten also den kommunistischen Staat nicht als Bedrohung, sondern vielmehr als Rückhalt.

Die Loyalitätsbekundungen, die seit den 40er Jahren des 20. Jahrhunderts die führenden Persönlichkeiten der Minderheitenkirchen gegenüber dem kommunistischen Staat deklariert hatten, müssen als Ergebnis einer komplexen Situation gedeutet werden – die konfessionellen Minderheiten, marginalisiert nach dem Zweiten Weltkrieg zu einer winzigen Gruppe, sind zwischen die Fronten geraten – einerseits die Kommunisten, die ihnen die Weiterexistenz sicherten, andererseits die Katholiken, die die engen gegenseitigen Beziehungen des polnischen Volkes und der katholischen Religion betonten – der katholischen Religion in ihren populären, volkstümlichen Formen, die den Marienkult in den Vordergrund stellte und die Einführung der Reformen des 2. Vatikanischen Konzils blockierte. Der Einfluss des Katholizismus in Polen steigerte sich nach der Wahl Kardinals Karol Wojtyła zum Papst 1978 und Gründung der Gewerkschaft Solidarność 1980, was auch den Argwohn der Protestanten deutlich verstärkte. In Folge dessen unterstützten die Protestanten nur mäßig die Oppositionsbewegung in den 80er Jahren und blieben dagegen ihren Kirchenleitungen treu. Wie auf Grund der unzureichenden soziologischen Untersuchungen behauptet werden kann, spürten die Protestanten im Alltagsleben oft den Argwohn und Ausgrenzung vonseiten der katholischen Mehrheit, so dass sie ihre Kirchen keineswegs für „kompromittiert" durch die Zusammenarbeit mit den Kommunisten hielten. Auch wenn ein Teil der Geistlichen und Gemeindemitglieder diese Zusammenarbeit der nichtkatholischen Kirchenleitungen mit kommunistischen Staatsbehörden kritisch beurteilte, wurden in Polen keine massenhaften Kirchenaustritte oder Gründungen unabhängiger Gemeinden verzeichnet.²²

Als besonderer Fall muss die Evangelisch-Reformierte Kirche anerkannt werden; die zahlenmäßig kleine Kirche (ca. 5.000 Mitglieder) konnte sich auf ihre lange Geschichte sowie einen geringeren Prozentsatz der deutschstämmigen Mitglieder berufen. Die Reformierten versuchten (spätestens seit den 70er Jahren) eine Art „dritten Weges" zu finden, d.h. eine Distanzierung gegen den Kommunismus mit gleichzeitiger Annäherung an andere Kirchen, auch an die Katholiken. Anders als die Lutheraner und Orthodoxen, beurteilten die polnischen Calvinisten die Wahl des „polnischen Papstes" und seinen ersten Besuch in Polen 1979 positiv und traten in den 80er Jahren entschieden gegen die kommunistischen Staatsbehörden auf. Doch auch die ökumenisch gesinnten Reformierten konnten manche Elemente des katholischen Glaubens und Kultes nicht akzeptieren – völlig unverständlich waren für sie der Marienkult sowie die massenhaften Kundgebungen während der Papstvisiten in Polen. In den 90er Jahren haben auch die Reformierten, ähnlich wie die Lutheraner, misstrauisch und kritisch die wachsende Anwesenheit der katholischen Kirche in der polnischen Politik und Öffentlichkeit beobachtet. Doch die nächsten Jahre haben diese Befürchtungen nicht bestätigt, die katholische Kirche hat sich in der zweiten Hälfte der 90er Jahre aus der Öffentlichkeit und vor allem aus der Politik zurückgezogen und knüpfte zugleich enge ökumenische Beziehungen zu anderen christlichen Kirchen in Polen. Die Annäherung der Lutheraner und Katholiken war so schnell und tiefgehend, dass sich innerhalb der Evangelisch-Augsburgischen Kirche eine Opposition aktivierte, die um ihre evangelische Identität bangte. Die immer häufiger statt-

---

22 Mehr dazu vgl. Olgierd Kiec, „Protestantische Kirchen in Polen in der Phase des Zusammenbruchs der kommunistischen Herrschaft (1980–1990)", in: *Wie die Träumenden? Protestantische Kirchen in der Phase des Zusammenbruchs der kommunistischen Herrschaft im östlichen Europa*, hg. v. Peter Maser und Jens Holger Schjørring, Erlangen 2003, 117–134.

findenden gemeinsamen katholisch-lutherischen Gottesdienste, die katholisch-lutherische Deklaration der Ökumene über die Rechtfertigung 1999 sowie die Deklaration der christlichen Kirchen in Polen über die gegenseitige Anerkennung der Taufe (2000) waren durch allmähliche Änderungen der Kirchenordnung der lutherischen Kirche in Polen begleitet. Bereits 1992 erhielten die lutherischen Superintendenten in Polen die Bischofsweihen, was ihre Autorität in Verhandlungen und anderen Kontakten mit den katholischen Bischöfen heben sollte. Die im Jahr 2000 erlassene sog. Dienstpragmatik wurde noch kritischer beurteilt als ein Beispiel der allmählichen Verwischung der Grenzen zwischen Protestantismus und Katholizismus; unter Protest wurden folgende Punkte angenommen: die Einführung der offiziellen Bezeichnung „Kathedrale" für die Kirche des Bischofs, die Notwendigkeit einer Dispensation sowie Deklaration über die Erziehung der Kinder im evangelischen Glauben für die Protestanten, die Katholiken heiraten wollen, sowie ein Verbot der Eheschließung der evangelischen Geistlichen mit Frauen anderer Bekenntnisse.[23] In den parallel verlaufenden Diskussionen über die Frauenordination wurde hingewiesen, dass es keine theologischen Gründe für die Nichtzulassung der Frauen zum geistlichen Amt gäbe, doch wegen der zu erwartenden negativen Reaktion der katholischen Kirche sei eine solche Ordination abzulehnen.[24] In dieser Situation hat die Evangelisch-Reformierte Kirche wieder eine andere Haltung vertreten: auch wenn unter den polnischen Kalvinisten die Sorge um mögliche Reaktionen der Katholiken stark war, wurde im Jahre 2003 die erste Frau, Wiera Jelinek, zum geistlichen Amt ordiniert.

---

23 Barbara Poważa-Kurko/Wokół Pragmatyki Służbowej, „List otwarty do Prezesa Synodu Kościoła Ewangelicko-Augsburskiego w Polsce" [Um die Dienstpragmatik. Offener Brief an den Präses der Synode der Evangelisch-Augsburgischen Kirche in Polen], *Zwiastun Ewangelicki* 2000, 6.

24 Tadeusz Wojak, „Pozycja kobiety w Kościele – rozważania związane z ordynacją kobiet" [Die Stellung der Frau in der Kirche – Erwägungen über die Frauenordination], *Zwiastun Ewangelicki* 1994, 23.

Die Geschichte der polnischen Protestanten im 20. Jahrhundert zeigt die Grenzen des Nationalismus, der sich in konfessionellen, religiösen Kategorien äußert. Anders als der polnische Katholizismus, der seine Identität im 20. Jahrhundert in Abgrenzung von den fremden Teilungsmächten, konfessionellen Minderheiten und endlich vom Kommunismus herausgebildet hat, definierten sich die Protestanten vornehmlich in Abgrenzung vom Katholizismus – vom Bekenntnis also, das gerade im 20. Jahrhundert endgültig zur notwendigen Komponente des polnischen Nationalbewusstseins wurde. Die Protestanten, sowohl die Lutheraner als auch die Kalvinisten, versuchten zwar in dieser Situation mühevoll neue Elemente ihrer Identität zu finden, aber verwickelten sich bei dieser Gelegenheit oft in Widersprüche. Sie unterstrichen ihren Beitrag für die polnische Kultur, aber die Zahl der Beispiele blieb beschränkt; neben dem 16. Jahrhundert, dem goldenen Zeitalter der polnischen Kultur und Reformation, wurden nur noch mehrere Vertreter der Befreiungskämpfe im 19. und 20. Jahrhundert erwähnt, sowie Bischof Bursche als Märtyrer, der seine polnische Identität mit dem Tode 1942 bezahlen musste. Der deutsche Charakter des Protestantismus wurde zwar bestritten, aber nach dem Zweiten Weltkrieg, und besonders nach 1990, versuchten die evangelischen Kirchen in Polen das evangelisch-unierte Kirchengut zu übernehmen, gerne wurden auch Kontakte mit evangelischen Kirchen in Deutschland gepflegt. In den 80er und 90er Jahren wurde auch versucht, den Protestantismus als eine Religion der wohlhabenden, erfolgreichen Länder zu präsentieren (meistens war Skandinavien als Beispiel herangezogen), die auch in Polen als Vorbild für die Katholiken dienen könnten. Doch als im Jahre 2000 die Zeitschrift „Zwiastun" die Wahl der 10 größten protestantischen Persönlichkeiten im 20. Jahrhundert ausgeschrieben hatte, wurden in diesen Kreis keine Vertreter der Wirtschaft gewählt, wohl aber zwei in deutschen Gefängnissen verstorbene Geistliche sowie ein polnischer General (Juliusz Rómmel), der 1939 gegen die Deutsche Wehrmacht gekämpft hatte. In dieser Situation versuchten die Protestanten – ohne eine starke nichtkonfessionelle Grundlage für ihre Identität zu haben – durch die Betonung der Gleichberechtigung aller christlichen Konfessionen die Akzeptanz in der Gesellschaft zu erreichen. Unvermeidlich war in dieser Situation die Annahme der Organisationsformen und Sitten, die für die dominierende Konfession in Polen typisch waren, was die innerkirchlichen Diskussionen und Streitigkeiten um die evangelische Identität noch spannender machte.

Einen grundsätzlich unterschiedlichen, und wahrscheinlich erfolgreicheren Weg hat die orthodoxe Kirche in Polen gewählt. Diese Kirche blieb die Kirche der nationalen Minderheiten, vornehmlich der Ukrainer und Weißruthenen, und blieb in ihrem ganzen Wesen auch nach der Anerkennung der Autokephalie russisch geprägt.[25] Auf diese Weise konnte diese Kirche als Rückhalt für die Personen dienen, die sich nicht eindeutig mit der polnischen Nationalität identifizierten. Gleichzeitig bemühte sich diese Kirche auch um Legitimierung ihrer Existenz in Polen; die meinungsbildenden orthodoxen Kreise unterstrichen deshalb ihre Rolle als Brücke, durch die die östliche christliche Kultur auf die polnische Kultur ihren Einfluss ausübte. Als eine besondere Leistung Erzbischofs Sawa kann in dieser Hinsicht eine vorsichtige Distanzierung von den orthodoxen Kirchen in Russland und der Ukraine mit gleichzeitiger Anknüpfung freundlicher Beziehungen an das Konstantinopeler Patriarchat anerkannt werden;[26] auf diese Weise wird Polens Rolle in Europa als die eines Landes definiert, das nicht zwischen Ost und

---

25 Nach 1956 wurden jedoch in größerem Maße die Forderungen der Ukrainer und Weißruthenen nach der Seelsorge in ihren Nationalsprachen berücksichtigt, seit den 60er Jahren wurde auch versucht, polnische Gottesdienste einzuführen bzw. polnische orthodoxe Gemeinden zu gründen – 1970 wurde eine polnische orthodoxe Gemeinde in Wrocław/Breslau gegründet, im Oktober 2005 wurden polnische orthodoxe Gottesdienste in zwei orthodoxen Kirchen in Białystok eingeführt.

26 Erzbischof Sawa (geb. 1938) studierte 1957–1961 Theologie in Warschau, doch 1966 hat er an der Theologischen Fakultät der Universität Belgrad in Jugoslawien promoviert, dort hat er auch die Ordensgelübde abgelegt.

West zerrissen ist, sondern eine Brücke über Geschichte und Gegenwart von zwei europäischen Zivilisationen schlägt.

„Ungleiche Nachbarn" – Der niederländische Blick auf den deutschen Protestantismus nach 1945 und die Modernisierungsgeschichte

von Rolf-Ulrich Kunze

I.

1989 veröffentlichte Horst Lademacher einen Sammelband mit Beiträgen zu den deutsch-niederländischen Beziehungen im 19. und 20. Jahrhundert unter dem Titel „Zwei ungleiche Nachbarn".[1] Auf sehr dezente Weise lässt Lademacher damit die bestehenden Schwierigkeiten der Selbst- und Fremdwahrnehmung zwischen Niederländern und Deutschen anklingen, aber nicht nur das. Der Titel ist Programm, indem er gegenüber dem deutschen Publikum für die Anerkennung von *Unterschieden* zwischen Nachbarländern wirbt, deren Gemeinsamkeiten auf deutscher Seite traditionell mit einer gewissen, für Niederländer oft schwer erträglichen Großzügigkeit im Blick auf die andersartige historisch-gesellschaftliche Entwicklung des nordwesteuropäischen Kulturraums seit dem Westfälischen Frieden herausgestellt werden. Geradezu ‚spiegelverkehrt' plädiert Friso Wielenga, Lademachers Nachfolger in der Leitung des Zentrums für Niederlande-Studien der Westfälischen Wilhelms-Universität Münster, in der Einleitung zu dem von ihm 2004 mitherausgegebenen „Länderbericht Niederlande" der Bundeszentrale für politische Bildung für eine Wahrnehmung der historisch-politischen *Gemeinsamkeiten* Deutschlands

---

[1] Horst Lademacher, *Zwei ungleiche Nachbarn. Wege und Wandlungen der deutsch-niederländischen Beziehungen im 19. und 20. Jahrhundert*, Darmstadt 1989.

und der Niederlande auf der Grundlage notwendiger Differenzierungen – hier gleichsam auch gegen den festen niederländischen Konsens der Überbetonung unüberbrückbarer Verschiedenheit zwischen dem niederländischen und dem deutschen historischen Raum in der Neuzeit argumentierend.[2] Dass die folgenden Anmerkungen zum niederländischen Blick auf den deutschen Protestantismus im Zeichen von Lademachers Betonung der Ungleichheit der niederländischen und der deutschen Perspektive stehen, ist als Plädoyer für die Anerkennung der problemgeschichtlichen Tiefendimension des sich hier zeigenden Wahrnehmungsmusters gemeint, wie Lademacher es beschrieben hat:

„Von zwei ungleichen Nachbarn ist zu handeln, über ihre Beziehungen zu- und ihr Denken übereinander. Ungleich sind sie sicher in ihrer territorialen Ausdehnung, ungleich aber auch in ihrer historischen Erfahrung, in ihrem politisch-kulturellen Werdegang. Es sind unterschiedliche historisch-politische Qualitäten, die da nebeneinander leben, miteinander oder gegeneinander agieren. Es ist die Diskrepanz der Tradition, die zunächst auffällt."[3]

Die „Diskrepanz der Tradition" bezieht sich auch und sogar besonders ausgeprägt auf die konfessionelle Perspektive. Hier wird Verschiedenheit der Erfahrung und der Blickrichtung in einem Ausmaß manifest, dass man geneigt sein könnte, Friedrich Wihelm Grafs engagiert und brillant vorgetragener These von der „Wiederkehr der Götter"[4] und einer postsäkularismusgeschichtlichen Wiederentdeckung der Theologie für die Interpretation der Moderne vorsichtig zu widersprechen. Der niederländische Blick auf Deutschland, insbesondere der auf den deutschen Protestantismus, ist seit der Reformation so stark von konfessionellen und insbesondere theologischen Perspektiven geprägt, dass von ‚Wiederkehr'

---

2 Friso Wielenga, Ilona Taute, „Einleitung", in: dies. (Hg.), *Länderbericht Niederlande. Geschichte – Wirtschaft – Gesellschaft*, Bonn 2004, 7–12.
3 H. Lademacher, *Zwei ungleiche Nachbarn*, 1.
4 Friedrich Wilhelm Graf, *Die Wiederkehr der Götter. Religion in der modernen Kultur*, München 2004.

und ‚Wiederentdeckung' viel weniger die Rede sein kann als von Kontinuität. Mehr noch: viele Facetten des niederländischen Blicks auf Deutschland und die Deutschen, auf deutsche Geschichte im allgemeinen und deutsche Schuld an den Verbrechen des Nationalsozialismus im besonderen, sind in ihrer konfessionellen Struktur eigentlich – und da kann man Graf wiederum nur zustimmen – theologiegeschichtlich bzw. durch eine ‚theologisch aufgeklärte' Geschichtswissenschaft angemessen zu rekonstruieren. Und zugleich sprechen wir bereits über weitgehend historisierte Konfessionsgeschichte, also über Schatten von Mentalitäten, da der nationalreligiöse Mythos der ‚calvinistischen' Nation so weit dekonstruiert und realkirchenpolitisch überwunden ist, dass zum 1. Mai 2004 erstmals in der protestantischen Kirchengeschichte der Niederlande die Gründung einer Protestantse Kerk in Nederland (PKN) möglich wurde – tatsächlich ein Wendepunkt in der nachreformatorischen Kirchengeschichte Westeuropas, der in Deutschland so weit im Schatten der EU-Osterweiterung stand, dass er praktisch nicht wahrgenommen wurde. Sollte sich hier einmal mehr bestätigt haben, dass sich die deutsche Blickrichtung seit 1989 mehr und mehr vom Westen abwendet oder ist es einfach nur normales Desinteresse des großen an einem kleinen Nachbarn?

Der folgende Beitrag zu den zeitgeschichtlichen Auswirkungen konfessioneller Prägungen im niederländischen Bild des deutschen Protestantismus nach 1945 ist auf einige Beispiele beschränkt; dies im Wissen um die sich von selbst verstehende Unvollständigkeit eines solchen Aufrisses. Die steile These von der konfessionellen Struktur des niederländischen Deutschlandbildes bzw. der Verständigungsprobleme zwischen „Frau Antje und Herrn Mustermann",[5] so der Titel einer neueren, ganz erstaunlich konfessionsorientierten ‚Gebrauchsanweisung' „Niederlande für Deutsche" von Dik Linthout,[6] ist ohnehin in diesem Rahmen nicht befriedigend em-

---

5   Dik Linthout, *Frau Antje und Herr Mustermann. Niederlande für Deutsche*, Berlin 2003 (zuerst Amsterdam 2000).
6   Z.B. ebd., 89 f.

pirisch zu erhärten, so dass es nur um in anderem Kontext weiterzuverfolgende Ansätze gehen kann. Sie alle sind aber auf den Nenner zu bringen, dass niederländische Geschichte seit 1566 immer auch als Konfessions- und Theologiegeschichte zu verstehen gewesen ist.

Im einzelnen geht es in diesem Rahmen um die ‚hidden agenda' einer stark konfessionell überformten Moralität, die sich z.B. in Willem Adolf Visser't Hoofts ökumenischer Integrationspolitik gegenüber den deutschen evangelischen Kirchen 1945 zeigt. Im Anschluss steht, zugegebenermaßen in dekonstruktivistischer Absicht, die ‚versteckte' Konfessionalität und konfessionsbezogene Moralität in Ger van Roons Monographie „Die evangelischen Niederlande und der deutsche Kirchenkampf" aus dem Jahr 1983 im Vordergrund.[7] Diesem Beispiel historiographisch funktionalisierter Konfessionalität werden einige Aspekte von Hebe Kohlbrugges Autobiographie „Zwei mal zwei ist fünf"[8] gegenübergestellt, die durch freundliche Vermittlung von Martin Greschat 2003 auf deutsch erschienen ist. Auch Hebe Kohlbrugge steht in der Tradition konfessionell motivierten gesellschaftspolitischen Engagements, das bei ihr allerdings stets eindeutig nonkonformistisch und menschenrechtlich orientiert war. Ferner soll kurz von der konfessionskundlichen Leitmotivik in Linthouts 2003 in deutscher Übersetzung erschienenem Kulturführer die Rede sein, der die Funktion der Konfessionsgeschichte als Schlüssel zur kulturellen Dechiffrierung exemplarisch erkennbar macht. Um die Bedeutung des konfessionsgeschichtlichen Paradigmas im niederländischen Blick auf den deutschen Protestantismus nach 1945 auch im Hinblick auf die Methodendiskussion in der kirchlichen und allgemeinen Zeitgeschichte zu erfassen, ist es notwendig, einen Blick auf die Beson-

---

7 Ger van Roon, *Zwischen Neutralismus und Solidarität. Die evangelischen Niederlande und der deutsche Kirchenkampf 1933–1942*, (Studien zur Zeitgeschichte 24), Stuttgart 1983.
8 Hebe Kohlbrugge, *Zwei mal zwei ist fünf. Mein unberechenbares Leben seit 1914*, Leipzig 2003.

derheiten der Modernisierungsgeschichte zu werfen. Erst im Vergleich des deutschen und des niederländischen Modernisierungsgangs wird erkennbar, in welchem Ausmaß niederländische Historiographie durch konfessionsgeschichtliche Mentalitätsschatten geprägt ist.

Am Ende stehen einige Überlegungen zur möglichen Bedeutung der Gründung der Protestante Kerk in Nederland vom Mai dieses Jahres.

II.

Als sich Willem Adolf Visser't Hooft[9] für das ökumenische Treffen am 19. Oktober 1945 einsetzte, in dessen Rahmen dann deutsche Kirchenvertreter das Stuttgarter Schuldbekenntnis ablegten, begann ein neues Kapitel der Ökumenegeschichte, das allerdings von vielen konfessionsgeschichtlichen Schatten überlagert wurde. Ihre Schuld bekannten Vertreter des kirchlichen Neuanfangs in Deutschland, die ja gerade nicht die Hauptverantwortlichen für eine systemtragende Kirchenpolitik in der NS-Zeit gewesen waren. Das hochsymbolische Bekennen eigener Mitschuld durch eher Regimeferne legitimierte dennoch wirkungsvoll ex post Visser't Hoofts ökumenische Politik seit 1933 und 1939/40, deren antideutsche, präziser: scharf antilutherische Spitzen Eugen Gerstenmaier beschrieben hat.[10] Dass Visser't Hooft zumal ab 1939 die Kooperation mit Theodor Heckels Kirchlichem Außenamt der DEK[11] auf das sachliche Minimum reduzierte und dass er eine beachtliche Rolle als Chef eines privaten Geheimdienstes, der ‚Schweizer Straße' 1942 bis 1944, spielte und dabei vor allem den kirchlichen Wider-

---

9   Rolf-Ulrich Kunze, Art. Willem Adolph Visser't Hooft, in: *TRE* 35, 166–169.
10 Eugen Gerstenmaier, *Streit und Friede hat seine Zeit. Ein Lebensbericht*, Frankfurt/Main u.a. 1981, 84–88, 139–142.
11 Vgl. Rolf-Ulrich Kunze, „Das Kirchliche Außenamt der Deutschen Evangelischen Kirche, 1933/34–1945, und sein Leiter, Bischof D. Dr. Theodor Heckel", in: Wolf-Friedrich Schäufele/Markus Vinzent (Hgg.), *Theologen im Exil – Theologie des Exils. Internationales Kolloquium 17. bis 19. November 1999 in Mainz*, (Texts and Studies in the History of Theology 3), Cambridge/UK 2001, 59–76.

stand in den Niederlanden unterstützte,[12] mochte weitgehend durch die – offensive – Interpretation seines Amtes gedeckt sein. Dieses Amtsverständnis wurde jedoch deutlich erkennbar vom Habitus des Barth-Anhängers und des tief in calvinistischen theologischen Traditionen verwurzelten Prädikanten getragen, der z.b. schon 1937 den Hochideologien der Zeit in seiner Schrift „None other Gods"[13] die calvinistische Gewissheit der Wirkungsmacht von Gottes Wort und Ratschluss gegenübergestellt hatte. Tatsächlich war diese theologische Konstruktion zur Begründung einer ‚Weltökumene' mit stark calvinistischen Zügen – zu denen das calvinistische Widerstandsrecht gehört – konfessionell keineswegs weniger exponiert als z.B. Theodor Heckels Vision eines ‚Weltprotestantismus' lutherischer Prägung.[14]

Die Geschichte gab dem Calvinisten Visser't Hooft recht: Die Vertreter der vielfach schuldig gewordenen deutschen Mutterkirche der Reformation klagten sich an, „nicht mutiger bekannt, nicht treuer gebetet, nicht fröhlicher geglaubt und nicht brennender geliebt"[15] zu haben. Sollte darin nicht auch ein Urteil über deutsche konfessionelle und kirchliche Irrwege seit Martin Luthers Zeiten stecken? Jedenfalls schien die Auseinandersetzung der deutschen Kirchen mit dem Nationalsozialismus geradezu exemplarisch bestimmte konfessionelle niederländische Vorbehalte gegenüber der Entwicklung des deutschen Protestantismus zu bestätigen.

---

12 Jürgen Heideking, „Die ‚Schweizer Straßen' des europäischen Widerstands", in: Gerhard Schulz (Hg.), *Geheimdienste und Widerstandsbewegungen im Zweiten Weltkrieg*, Göttingen 1982, 143–187; Willem A. Visser't Hooft, *Die Welt war meine Gemeinde. Autobiographie*, München 1972; ndl. *Memoires. Een leven in de oecumene*, Amsterdam u.a. 1971, 169 ff.

13 Willem Adolf Visser't Hooft, *None other Gods*, London 1937 (Student Christian Movement Press).

14 Rolf-Ulrich Kunze, *Theodor Heckel, 1894–1967. Eine Biographie*, (KuG 13, zugl. Diss. phil. Würzburg 1995), Stuttgart u.a. 1997, 109–143.

15 U.a. http://www.ekd.de/bekenntnisse/117_144.html.

III.

Ger van Roons 1973 in den Niederlanden unter dem Titel „Protestants Nederland en Duitsland"[16] erschienene Monographie über die Rezeption des Verhältnisses von NS-Staat und Kirchen in den Niederlanden griff dieses kirchen- und konfessionsgeschichtliche Thema zu einem Zeitpunkt auf, als die deutsche Geschichtswissenschaft den Siegeszug makroorientiert sozialgeschichtlicher Perspektiven in einem Umfang erlebte – 1975 erschien die erste Nummer von „Geschichte und Gesellschaft: Zeitschrift für historische Sozialwissenschaft" – , dass man den Eindruck einer weitgehenden Identität von Geschichte und Sozialgeschichte bekommen konnte. Van Roons thematische und methodische Ausrichtung lag zu diesem sozialgeschichtlichen Trend der Zeit quer. Der 1933 in Rotterdam geborene van Roon, seit 1977 Professor für Neueste Geschichte an der Universität van Amsterdam, war 1967 mit einer großen, umfassend archivalisch gestützten Studie über den Kreisauer Kreis[17] hervorgetreten und legte 1969 eine Arbeit über den deutsch-niederländischen Widerständigen Wilhelm Staehle[18] aus dem Umfeld Carl Goerdelers vor, während sich die westdeutsche Zeitgeschichtswissenschaft, Anstößen Hans Mommsens aus dem Jahr 1967[19] folgend, an die Dekonstruktion des ‚bürgerlich-

---

16 Ders., *Protestants Nederland en Duitsland, 1933–1941*, Utrecht 1973.
17 Ger van Roon, *Neuordnung im Widerstand: Der Kreisauer Kreis innerhalb der deutschen Widerstandsbewegung*, München 1967.
18 Ger van Roon, *Wilhelm Staehle: Ein Leben auf der Grenze, 1877–1945*, München 1969; vgl. Norbert Haase, „Staehle, Wilhelm", in: Peter Steinbach/Johannes Tuchel (Hgg.), *Lexikon der Widerstands 1933–1945*, München 1994, 181 f.
19 Hans Mommsen, „Gesellschaftsbild und Verfassungspläne des deutschen Widerstands", in: Walter Schmidthenner/Hans Buchheim (Hgg.), *Die deutsche Widerstandsbewegung gegen Hitler*, Köln – Berlin 1966, 73–167. ND in: Hans Mommsen, *Alternativen zu Hitler. Studien zur Geschichte des deutschen Widerstandes*, München 2000, 53–158.

konservativen' Widerstands machte und den Widerstand aus der Arbeiterbewegung entdeckte.[20]

In einem längeren Kapitel behandelte van Roon in „Zwischen Neutralismus und Solidarität" die Sicht der protestantischen Presse in den Niederlanden im Blick auf die kirchlichen Vorgänge in Deutschland zwischen der Machtergreifung und der Besetzung der Niederlande. Eine empirisch vollständige Erfassung niederländischer konfessioneller Publizistik zu diesem Thema war nicht angestrebt, van Roon ging es vielmehr um „bezeichnende Reaktionen und Verhaltensweisen."[21] Der grundsätzlichen Selbstbild-Fremdbild-Problematik dieser Herangehensweise war sich van Roon durchaus bewusst: „Wenn aus den gezeigten Beispielen eines deutlich wird, dann ist es dies, wie schwer es für viele war, ihr auf niederländische Verhältnisse bezogenes Urteil bei ihrem Kommentar zum Kirchenkampf zu überprüfen, den niederländischen Gesichtspunkt jedenfalls nicht entscheidend sein zu lassen. In vielen Fällen wurde praktisch mehr über die Niederlande als über Deutschland geschrieben."[22] Das, was van Roon als „‚Einfärbung' des allgemeinen Bildes in der Beurteilung der Ereignisse und der Personen"[23] beschrieb, ist einerseits eine grundsätzliche Eigenart konfessioneller Publizistik als Ausdruck der ‚Versäulung' der niederländischen Gesellschaft in scharf gegeneinander abgegrenzte konfessionelle Milieus. Die Besonderheiten der konfessionellen Milieus für die niederländische Zeitgeschichte der Zwischenkriegs- und Kriegszeit hat van Roon einleitend noch einmal zusammengefasst: „Mit einigem Recht könnte man diesen Abschnitt der niederländischen Geschichte ‚das konfessionelle Zeitalter' nennen. Die Konfessionellen beteiligten sich nicht nur an den Regierungen, son-

---

20 Vgl. Michael Ruck, *Bibliographie zum Nationalsozialismus*, Bd. 1, Darmstadt 2000, 604–627; Detlev K. Peukert, „Der deutsche Arbeiterwiderstand 1933–1945", in: *ApuZ* 28/29 (1979), 22–36.
21 G. van Roon, *Zwischen Neutralismus und Solidarität*, 144.
22 Ebd., 159.
23 Ebd.

dern waren tatsächlich *die* führende politische Macht."[24] Aussagekräftig für die erkenntnisleitenden Perspektiven ist aber neben diesem Problem der Quellengattung auch van Roons Quellenauswahl und -gewichtung, schließlich der Rückgriff auf bestimmte zeitgeschichtliche Interpretationsmuster. Van Roon erkannte drei Gruppen kirchlicher Publizistik: die Presse konfessioneller politischer Parteien, die verschiedener protestantischer Kirchen und die „freie" protestantische Publizistik. Hinter dieser Unterscheidung verbarg sich auch ein *ranking*, denn abgesehen von wenigen Ausnahmen führte van Roon Beispiele „freier" protestantischer Publizistik an, die, im Unterschied zur politischen und kirchenpolitischen Presse, für eine frühe und weitgehende Einsicht in den totalitären Charakter der nationalsozialistischen Herrschaft stehen. Diese Blätter „brachten mehr kommentierende Artikel. In dieser Hinsicht haben sie [...] eine wichtige Rolle in der geistigen und politischen Bewußtseinsbildung des evangelischen Volkesteiles gespielt. Kennzeichnend ist auch, dass ‚De Reformatie' im Jahr 1937 eine Zeitlang in Deutschland verboten war."[25] „Geistige und politische Bewußtseinsbildung" setzte van Roon hier mit kritischer Aufklärung über die Gefahren des Nationalsozialismus gleich – obwohl er selbst einräumte, dass in der Regel ganz andere Perspektiven, u.a. die einer Deutung des Phänomens Nationalsozialismus aus niederländisch-konfessioneller Sicht, deutlich überwogen.[26] Ferner zeigt sein chronologisch-thematisch angelegtes Kapitel, dass sich die Themen und Interpretationen im Blick auf die Lage im nationalsozialistischen Deutschland zwischen 1933 und 1942 erheblich veränderten und insgesamt kritischer wurden, das Anlegen eines absoluten moralischen Maßstabes also einer extremen ex-post-Bewertung gleichkommt. Genau diese aber nahm van Roon geradezu in Verlängerung einer prädestinativen Mentalität in die zeitgeschichtliche Interpretation vor, indem er dem „Komplex ‚positi-

---

24 Ebd., 9.
25 Ebd., 164.
26 Z.B. ebd., 158.

ve[r] Reaktionen'" kritische Bewertungen gegenüberstellte. Anders ausgedrückt: Die Perspektive von van Roons Referat der niederländischen konfessionellen Publizistik war eine historisch-moralische Option zugunsten jener konfessionellen Minderheitengruppen und einzelnen Aufrechten, deren theologische Identität eine radikale Ablehnung der nationalsozialistischen Weltanschauung nahe legte. Sie war somit Arbeit am nationalreligiösen Mythos der Niederlande als calvinistische Nation,[27] die u.a. aufgrund ihrer zumindest im Kern intakten ‚starken' konfessionellen Identitäten unbeschädigt aus den Versuchungen des Zeitalters der Diktaturen hervorgehen konnte – fast ist man versucht zu ergänzen: von Gott auserwählt war hervorzugehen. Man kann dem Protestantismus-Historiker Gerrit Schutte nur zustimmen und seinen auf das 19. Jahrhundert bezogenen Satz auf die Zeitgeschichte übertragen: „Das Bild von den Niederlanden als einer calvinistischen Nation ist primär von der Geschichtsschreibung geprägt worden."[28] Das gilt auch für Ger van Roons Blick auf den deutschen Kirchenkampf vom Anfang der 1970er Jahre.

IV.

Hebe Kohlbrugge, geboren 1914 in Utrecht, ist die Urenkelin des auf charakteristisch niederländische Weise nonkonformistischen Theologen Hermann Friedrich Kohlbrugge (eingedeutscht: Kohlbrügge). Kohlbrugge (1803–1875) war als lutherischer Hilfsprediger in Amsterdam zunächst mit der lutherischen Minderheits-, dann mit der reformierten Mehrheitskirche in Konflikt geraten. Seit 1833 hatte er Verbindung zu den Reformierten in Elberfeld, deren geistliche Leitung er 1845 übernahm. 1848 wurde Kohlbrugge Pfarrer dieser sich von der niederländischen reformierten Mehrheitskirche scharf abgrenzenden ‚Niederländischen' Reformiertengemeinde in

---

27 Vgl. Gerrit J. Schutte, „Eine calvinistische Nation? Mythos und Wirklichkeit", in: F. Wielenga, I. Taute, *Länderbericht Niederlande*, 131–187.
28 Ebd., 132.

Elberfeld.[29] Er war publizistisch außerordentlich aktiv und wurde ins Englische und Französische übersetzt. Nach dem Schulabschluss und einer Krankenpflegerausbildung ging Hebe Kohlbrugge aus eigenem Antrieb als Au-Pair-Mädchen nach England, und zwar in die Familie von John Churchill, einem Neffen von Winston. Im Anschluss daran entschloss sich die junge Niederländerin zu einer weiteren Ausbildung am Berliner Seminar für kirchlichen Frauendienst im Burckhardthaus: „Nach der Begeisterung John Churchills und der so negativen Einstellung Winston Churchills wollte ich gerne sehen und erleben, was nun wirklich in Hitler-Deutschland los war. Von der Bekennenden Kirche und von Niemöller wusste ich nichts. Aber ich zog voller Neugierde nach Berlin."[30] Sie lernte Martin Niemöller kennen und engagierte sich für die Jugendarbeit der Bekennenden Kirche in Fehrbellin. Sie war u.a. im Herbst 1938 an widerständigen Aktionen bei der Verteilung vervielfältigter Predigten Niemöllers beteiligt, geriet zufällig in eine Verkehrskontrolle, wurde verhaftet und aus dem Reich ausgewiesen: „So eine Gefängniserfahrung ist etwas Merkwürdiges – man erschreckt sich fürchterlich, wenn die Tür hinter einem ins Schloss fällt, man ist völlig verdutzt über seine Zelle und das Alleinsein. Merkwürdig war, dass nicht nur die Garnisonskirche ihr altes preußisches Lied spielte, sondern dass auch die Gefängniswärter noch vom alten Schlag waren."[31] Nach dem Überfall auf die Niederlande war Hebe Kohlbrugge im niederländischen Widerstand aktiv, verteilte mit ihrer Schwester Hanna illegale Flugblätter und brachte als Kurierin wichtige Papiere über die Grenze. 1944 wurde sie von der Besatzungsmacht verhaftet und saß als politischer Häftling im Frauen-KZ Ravensbrück ein. Hier arbeitete sie in der Krankenbaracke. Der Freundschaft zu einer Gruppe von tschechischen Mitinsassinnen, die sie im richtigen Moment deckten, verdankt sie ihr Leben. In

---

29 Vgl. Elisabeth Moltmann-Wendel, *Theologie und Kirche bei Hermann Friedrich Kohlbrügge*, (Beiträge zur evangelischen Theologie 25), München 1957.
30 H. Kohlbrugge, *Zwei mal zwei ist fünf*, 17.
31 Ebd., 30.

der Nachkriegszeit baute Hebe Kohlbrugge dann wiederum ganz nonkonformistisch ein niederländisch-deutsches Versöhnungswerk auf. Vor allem engagierte sie sich intensiv für Christen hinter dem Eisernen Vorhang. Über Jahrzehnte knüpfte sie höchst erfolgreich Kontakte zu Gemeinden in der Tschechoslowakei, Rumänien, Ungarn, Polen und in der DDR.

In Hebe Kohlbrugges habituellem Nonkonformismus braucht man die theologische Textur nicht lange zu suchen, sie selbst hat ihr Handeln so interpretiert: als bewusstes, vorurteilsloses Liebeshandeln für die Schwächeren und Hilflosen, für die Opfer moderner Diktaturen, deren ‚Opferperspektive' sie aus eigener Anschauung kannte: „In unserem ganzen Leben geht es doch um dieses Zeugnis und das ist für die Gegenpartei ‚politisch'. Kirchlich oder politisch? Die Frage ist so nicht richtig gestellt."[32] Bester calvinistischer Tradition entspricht auch Hebe Kohlbrugges intensive Neigung zu Understatement und gewissensschärfender Selbstkritik. Tatsächlich ist ihre Autobiographie in erster Linie eine Sammlung von Geschichten über ihre Kontaktpersonen. Sie hat keine Schwierigkeiten damit, Ambivalenzen im Umgang z.B. mit DDR-Behörden einzugestehen, u.a. bei der politischen Funktionalisierung des Besuchs der niederländischen Delegation anlässlich der Feiern zum Gedenken an die Befreiung Ravensbrücks 1975:

„Ich konnte nicht anders, ich musste an das Spottlied aus der Hitlerzeit denken: ‚Caesaren-Wahnsinn gibt's noch heute / Claqueure sind bezahlte Leute' – und solche Berufsklatscher, die ein ganzes Festpublikum mitklatschen lassen, die gab es auch hier [...] Sogar bei einer Schimpfkanonade gegen Israel und die Juden wurde geklatscht. Ich wollte nicht klatschen, unter gar keinen Umständen. Aber ich wollte auch nicht provozieren. Ich saß also und stützte den Kopf in die Hand, wie eine tief trauernde Ex-Gefangene [...] Das hatte noch ein merkwürdiges Nachspiel: Als kurz darauf die DDR-Bildzeitung erschien, war ich darauf in Großformat zu sehen, tief

---

32 Ebd., 33.

trauernd. Man konnte doch den Lesern keine fröhlich klatschenden Menschen zeigen!"[33]

Hebe Kohlbrugges konsequenten und immer wieder genuin christlich begründeten und praktizierten Antitotalitarismus teilte die Mehrheit der linksintellektuellen niederländischen Mittelschichten im Blick auf das DDR-Regime seit der zweiten Hälfte der 1960er Jahre durchaus nicht. Der eigener Selbstmythisierung zufolge ‚antifaschistische' Teil Deutschlands war für diese Eliten im publizistisch-vorpolitischen Komplex der chattering class auf jeden Fall das moralisch bequemere Deutschland: anders als das wirtschaftlich mächtige, im Hinblick auf seinen Umgang mit der NS-Vergangenheit unter Dauerverdacht stehende, zudem auch noch stark katholisch durchformte Westdeutschland übte die DDR auf niederländische Jugendliche, manche Sozialdemokraten und Protestanten eine große Anziehung aus. Zudem gab es in Ost-Berlin eine niederländische Kirchengemeinde. Die niederländische Schriftstellerin Lizzy Sara May, Jahrgang 1918, schrieb 1966 über einen DDR-Besuch:

„Und jetzt, in diesem Moment, läuft man, o Wunder, ohne Gefühle des Grolls inmitten der Deutschen. Das heißt: ohne Groll gegen diese Deutschen. Denn im Hinterkopf wird immer das Bild der anderen haftenbleiben, des Soldatenvolks, der Geschäftsleute, fett und säuisch, der Gretchen-Frauen. Das Germanenvolk. Hier aber weiß man, hier sind sie verurteilt worden, hier brauchen 20 Jahre nach dem Krieg keine Auschwitzprozesse mehr geführt zu werden, hier haben sie sie nicht laufen lassen."[34]

Hebe Kohlbrugges praktisches Engagement richtete sich nicht zuletzt gerade gegen eine solche selbstgerechte Realitätsverweigerung, die, so Kohlbrugge, auch von der Kommission für Internationale Angelegenheiten des Niederländischen Rats der Kirchen geteilt wurde. Diese fand Kohlbrugges Berichte aus Osteuropa Anfang der 1970er Jahre zu „unfreundlich" und gab den schönen Rat,

---

33 Ebd., 142.
34 Zit. nach D. Linthout, *Frau Antje und Herr Mustermann*, 108.

doch lieber „aus der osteuropäischen Literatur zu schöpfen, das war authentisch."[35] Anders gesagt: weniger reisen, mehr lesen! Hebe Kohlbrugge hat sich davon nicht irritieren lassen, ganz gemäß dem nonkonformistischen Titel ihres Lebensberichts „Zwei mal zwei ist fünf".

V.

Die – man kann schon sagen: traditionellen – niederländisch-deutschen Kommunikationsprobleme haben viele Dimensionen. Horst Lademachers eingangs zitierter Hinweis auf die „unterschiedlichen historisch-politischen Qualitäten", die sich in den Niederlanden und Deutschland gegenüberstehen, bezieht sich zwar durchaus nicht allein auf das 20. Jahrhundert, doch liegt offen zu Tage, dass die niederländisch-deutschen Beziehungen von den Verwerfungen in diesem ‚kurzen' Jahrhundert am stärksten beeinflusst wurden und werden. Jeder deutsche Niederlandehistoriker kennt aus eigener Erfahrung das Problem, das Dik Linthout in seinem Kulturführer „Niederlande für Deutsche" treffend beschrieben hat: Es geht um den Mechanismus unterschiedlicher Bilder, die, abgesehen von soliden Vorurteilsstrukturen, u.a. auf einem enormen Informationsgefälle beruhen. Linthout spricht zu Recht von der deutsch-niederländischen Grenze als „Informationssieb", das „von den Niederlanden in Richtung Deutschland [...] sehr enge Maschen" hat.[36] Die Niederlande sind ein kleines Land im europäischen Nordwesten, dessen mediale Internationalität seit dem ‚Goldenen Jahrhundert' von einer hohen Präsenz ausländischer Informationen und Medien im eigenen Land getragen wird. Anders ausgedrückt: Es ist in den Niederlanden traditionell leicht, an detaillierte Informationen über das Nachbarland zu kommen, sofern man das wünscht. „Alle niederländischen Zeitungen", so Linthout, „die etwas auf sich halten, haben eigene Korrespondenten in Deutschland."[37] Deutsche

---
35 H. Kohlbrugge, *Zwei mal zwei ist fünf*, 345.
36 D. Linthout, *Frau Antje und Herr Mustermann*, 52.
37 Ebd., 55.

Pressevertreter haben ihren Standort in der Regel in Brüssel und bedienen von dort aus die Niederlande nach Bedarf mit – die fehlende Berichterstattung über die Gründung der Protestantse Kerk in Nederland ist ein bezeichnendes Beispiel für den deutschen Umgang mit niederländischen Topnachrichten. Das deutsche Wissen über die Niederlande ist gering, und professionelle Eliten der verschiedensten Sparten nehmen das kleine Land häufig nur segmentär, falls überhaupt, wahr. „Es gab in Deutschland", so Linthout, „vielleicht mit Ausnahme Niedersachsens und Nordrhein-Westfalens, keine rechte Vorstellung von dem, was die Niederlande eigentlich sind."[38] Diese Nichtwahrnehmung und dieses Nichtwissen um die schlichtesten Tatsachen des politischen Systems, der soziokulturellen Organisation und der niederländischen Geschichte der Neuzeit verstärken den psychosozialen Teufelskreis aus lässigem Desinteresse des großen Nachbarn gegenüber dem Kleinen, der darauf mit noch schärferer Abgrenzung reagiert, die wiederum vom ‚Großen' achselzuckend nicht verstanden wird.

Es ist Linthouts Verdienst, die konfessionsgeschichtliche Dimension dieser Beziehungsproblematik geradezu zum Leitmotiv seines Kulturführers zu machen. Die Calvinismusgeschichte als Geschichte einer idealtypischen nationalreligiösen Selbstfindung und Geschichte der konfessionellen Versäulung der niederländischen Gesellschaft zwischen 1880 und 1960 hat bei Linthout ihren Platz nicht nur im historischen Überblick, sondern bildet auch einen festen Bezugspunkt für die Kapitel über Sprache und Gesellschaft. Auf diese Weise wird eine bemerkenswerte mentalitätsgeschichtliche Grundlage für das Verständnis niederländischer Eigentümlichkeiten vom sozialmoralischen Konsensverhalten der Tarifpartner bis zur idiomatischen Bildsprache des Niederländischen geschaffen. Linthout kann u.a. plausibel machen, warum die niederländische Wissenschaftssprache eigentlich eine um Fachbegriffe erweiterte Alltagssprache ist. Die in ihren mentalitätsgeschicht-

---

38 Ebd., 54.

lichen Wirkungen egalitäre calvinistische Abneigung gegen profilschärfende ‚eitle' Rhetorik habe eine scharfe Abgrenzung der Wissenschaftssprache von der Alltagssprache verhindert, ganz dem traditionellen calvinistischen Sinnspruch folgend: „maar gewoon, dan do je al gek genoeg" (etwa: normal ist schon verrückt genug). Das macht wissenschaftliche niederländische Texte zwar leichter verständlich – aber auch länger.

VI.

Der direkte Vergleich zweier Modernisierungswege, des deutschen und des niederländischen, zeigt sehr deutlich, welche Texturen gerade niederländischer Geschichte komplett aus der Sozialgeschichtsschreibung durch eine makro- und säkularisierungstheoretische Perspektive herausfallen.[39]

Im deutschen und besonders deutlich im niederländischen Fall verlaufen Nationalstaatsgründung und zentrale Aspekte der Modernisierung unabhängig voneinander, zum Teil in verschiedenen historischen Epochen und mit sehr unterschiedlichen Ergebnissen.[40] Die Modernisierungsgeschichte arbeitet dies besonders deutlich heraus: frühe Nationalgesellschaft auf der Grundlage eines nationalreligiösen Unabhängigkeitskampfes aus dem Geist des konfessionellen Zeitalters in den Niederlanden, späte wirtschaftlich-gesellschaftliche Modernisierung in den Niederlanden in Form einer partiell nachholenden industriellen Revolution; später kleindeutsch-großpreußischer Nationalstaat, ‚Modernisierungsblockade' des politischen Systems bis 1918 in Deutschland. Doch ist mit diesen griffig klingenden Formeln noch kein historisches Problem gelöst, keine Frage nach Ursachen und Folgen beantwortet, kein Begriff in der modernisierungsgeschichtli-

---

39 Das Folgende nach Rolf-Ulrich Kunze, *Nation und Nationalismus*, Darmstadt 2005, 87–91.
40 Vgl. Horst Lademacher (Hg.), *Freiheitsstreben, Demokratie, Emanzipation. Aufsätze zur politischen Kultur in Deutschland und den Niederlanden*, Münster 1993.

chen Bilanz erklärt, weil die angewandte Modernisierungstheorie als Musterbeispiel einer sich selbst erfüllenden Prophezeiung lediglich das historisch zu beweisen imstande ist, was sie begrifflich und inhaltlich vorgibt: einen bestimmten Begriff der ‚Moderne' mit politischen, wirtschaftlichen und gesellschaftlichen Aspekten. Diese stark ‚faktoral' eingeschränkte, Entwicklung und Dynamik kaum berücksichtigende, allein schon durch die Begrifflichkeit extrem wertende Interpretation kann die historische Wirklichkeit sogar vollkommen verfehlen. Ein Beispiel dafür liefert der amerikanische Sozialhistoriker Charles Tilly in seiner stark modernisierungs- und säkularisierungsgeschichtlich ausgerichteten Geschichte der europäischen Revolutionen, indem er den Charakter des als Adelsrevolte beginnenden, bis zu seiner Ermordung 1584 vom vornehmsten niederländischen Adligen, Wilhelm von Oranien, angeführten, nationalreligiösen, auf ständische und provinzielle Autonomie zielenden niederländischen Unabhängigkeitskriegs als „das europäische Modell der bürgerlichen Revolution"[41] missdeutet. Tilly begründet dies mit der von starken bürgerlichen Schichten getragenen, weit fortgeschrittenen wirtschaftlich-sozialen Entwicklung im europäischen Nordwesten. Im Calvinismus habe sich das selbstbewusste niederländische Bürgertum eine „modernisierungskompatible" religiöse Aufsteigerideologie zu eigen gemacht. Der niederländische Unabhängigkeitskrieg gegen das katholische Habsburg-Spanien sei also im Kern ein sozioökonomischer Modernisierungskonflikt in konfessionellem Gewand.[42]

Dieser Interpretation liegt ein modernisierungstheoretisches Konzept des Verhältnisses der Begriffe ‚Moderne' und ‚Religion' zugrunde, welches die Autonomie des Religiösen in Frage stellt und

---

41 Charles Tilly, *Die europäischen Revolutionen*, München 1993 (zuerst Oxford 1993), 89–115, hier 106.
42 Zur Kritik dieser Argumentation vgl. Rolf-Ulrich Kunze, „‚Vader des vaderlands', Protorevolutionär oder toleranter Fürst? Zur Rolle Wilhelms von Oranien im Aufstand der Niederlande, 1566–1584", in: *AKG* 82. 2000, 93–119, hier 108 f.

,Modernisierung' säkularisierungsgeschichtlich als Verfall bzw. aktive Auflösung religiöser Lebenswelten interpretiert. Aber selbst rein modernisierungsimmanent übersieht Tilly, dass das von den niederländischen Aufständischen im Zeichen konfessioneller und regionaler Autonomie bekämpfte Habsburg-Spanien Philipps II. das im europäischen Vergleich ,moderne' Modell des zentralistischen Absolutismus verkörperte. Im Hinblick auf nahezu alle ,Modernisierungsaufgaben' war dieser Staat der multipluralen, integrationsfeindlichen nordwesteuropäischen Städte- und Provinzenoligarchie zwischen Wattenmeer und Rhein-Maas-Schelde-Delta weit voraus.

Das modernisierungsgeschichtliche Szenario der niederländischen ,bürgerlichen' Revolution zu Beginn der Neuzeit ist eher normativ als historisch. Die entstehende frühneuzeitliche niederländische Gesellschaft um 1650 – auch noch um 1850 und um 1900 – war in wesentlichen Aspekten nicht modern, sondern vormodern. Sie blieb ständisch gegliedert und fest im Griff einer rigiden öffentlichen Sozialmoral. Die entstehende niederländische Nationalgesellschaft wurde von mächtigen Patrizierkorporationen regiert, woran auch Johan Rudolf Thorbeckes liberale Musterverfassung von 1848 bis nach dem Ersten Weltkrieg wenig änderte, und entwickelte starke konfessionelle und bürgerliche Identitäten. Deren Toleranzbegriff hatte mit den Koexistenz- und Paritäts-Regelungen des Westfälischen Friedens von 1648 weitaus mehr gemein als mit den liberalen Vorstellungen der Vertragstheorie und der allgemeinen Menschenrechte seit 1789 und 1848. Die Niederlande wurden zwar im achtzigjährigen Krieg (1566–1648) eindeutig im Sinne der Kategorien Ernest Renans[43] kraft kollektiven Willensentschlusses zu einer Nation mit einem deutlich vom Rest Europas verschiedenen sozialen Klima, aber sie erfüllten noch zweihundert Jahre später, zur Zeit der Französischen Revolution, kein einziges Zentralkriterium der Modernisierung. Sie ,lösten' keine einzige der ,Mo-

---

43 Ernest Renan, *Que'est-ce que c'est une nation?* Paris 1882, ND u.a. Paris 1993, dt.: *Was ist eine Nation? Und andere politische Schriften*, Wien 1995.

dernisierungsaufgaben' Integration, Partizipation und Nationalstaat
– jedenfalls nicht im Sinne des 19. oder des 20. Jahrhunderts.[44]
Selbst der Widerstand gegen die nationalsozialistische Besetzung
1940 bis 1945 kam überwiegend aus den konfessionell-politischen
‚Säulen' der niederländischen Gesellschaft und verteidigte ein anderes Modell europäischer Moderne gegen den in technologischer,
industrieller und militärischer Hinsicht überlegenen und ‚moderneren' Nationalsozialismus.

Das sich zunehmend in den Niederlanden entwickelnde, für Intellektuelle aus ganz Europa anziehende freie geistige Klima und
die seit 1648 in Europa weitverbreitete Wahrnehmung der Niederländer als ‚fortschrittlich' war nicht ein Ergebnis einer – ‚liberalen' – politischen Verfassungsordnung im Verständnis des 19. Jahrhunderts, sondern eher des völligen Fehlens nationalstaatlicher zentraler Organisation. Nicht der Staat war in der ‚modernen' niederländischen Geschichte entscheidend, sondern die Gesellschaft. Der
Versuch zentralistischer Integrationspolitik im neuen Königreich
der Niederlande von 1815 durch Wilhelm I. mobilisierte lediglich
die Widerstandskraft der korporativen gesellschaftlichen Kräfte und
schuf die Voraussetzung für die ‚Versäulung' der niederländischen
Gesellschaft in stark gegeneinander abgegrenzte sozialmoralische
Milieus. Deshalb passt auch Theodor Schieders typologisches Kriterium des ‚frühen' oder ‚alten' westeuropäischen Nationalstaats
nicht auf die Niederlande.[45] Man kann mit guten Argumenten bestreiten, dass die Niederlande vor Napoleon überhaupt ‚Nationalstaat' waren – und ebenfalls, dass sie es danach in Schieders Sinn
wurden. Denn auch im Vergleich mit anderen ‚westeuropäischen'
Nationalstaaten – z.B. England und Frankreich – überwiegen die
Unterschiede eindeutig die Gemeinsamkeiten.

---

44 Vgl. Piet de Rooy, *Republiek van rivaliteiten. Nederland sinds 1813*, Amsterdam 2002, 15–45.
45 Vgl. Theodor Schieder, „Typologie und Erscheinungsformen des Nationalstaats in Europa" (1966), in: Heinrich August Winkler (Hg.), *Nationalismus*, Königstein/Ts. ²1985, 119–137.

Diese eigene historische Entwicklung, zu der u.a. die Sozial- und Mentalitätsgeschichte der Modernisierung in den Niederlanden gehört, erlaubt im Vergleich mit den makrotheoretischen Kategorien der Modernisierungstheorie weitaus tiefere Einblicke in die Strukturen niederländischer Geschichte und in diese Variante nationaler Pfadabhängigkeit. Die durchgreifende Modernisierung der im europäischen Vergleich ungewöhnlich stark ‚versäulten' niederländischen Nationalgesellschaft erfolgte außerordentlich spät, an der Wende vom 19. zum 20. Jahrhundert, im Hinblick auf die Durchsetzung der Strukturen einer industriellen Massengesellschaft sogar erst endgültig nach dem Zweiten Weltkrieg. Dieser nachholende Wandel in Gesellschaft und Wirtschaft bildet sich z.B. in einem der größten Infrastrukturprojekte der niederländischen Geschichte ab, der Eindeichung der Zuiderzee von 1916 bis 1932.[46] Schon während der langen Vorbereitung des Zuiderzee-Projektes seit den 1890er Jahren war unumstritten, dass ein solches Vorhaben ausschließlich vom Staat ausgeführt werden könne. Nur den staatlichen Institutionen wurde der planvolle Einsatz der erforderlichen Mittel und Kompetenz, ferner die Autorität verteilender Gerechtigkeit gegenüber den neuen Bewohnern zugetraut. Aber tatsächlich lag diese sehr moderne Zuständigkeitsvermutung durchaus nicht in der Kontinuität niederländischer Geschichte, die durch eine Dominanz des Gesellschaftlichen gegenüber der staatlichen Politik, ja durch eine große Skepsis gegenüber allem Staatlichen tief geprägt ist. Die vornapoleonische Oligarchen-Republik der Generalstaaten kann man deshalb nur mit großen Einschränkungen als ‚Staat' bezeichnen. Das nachnapoleonische Königreich war im Hinblick auf die Präsenz des Staats in Militär und Administration alles andere als ein moderner Nationalstaat. Landgewinnung in kleinerem Umfang war im 19. Jahrhundert von privaten Erschließungsgesellschaften

---

46 Rolf-Ulrich Kunze, „Die Modernisierung der niederländischen Gesellschaft, die Infrastrukturgeschichte des Zuiderzeeprojekts und seine Beziehungen zur Fridericiana", in: *Fridericiana. Zeitschrift der Universität Karlsruhe (TH)* 61. 2003, 31–39.

oder von Privatpersonen betrieben worden, die das Neuland entweder selbst nutzten oder unwegsames Sumpfland schnell und möglichst teuer verkauften, ohne an eine weitere Erschließung und Besiedlung des Gebietes zu denken. Den Ausschlag für ein staatlich finanziertes und geleitetes Infrastrukturprojekt gab aber nicht allein die technisch größere Dimension des Zuiderzee-Projektes und die in ihm zum Ausdruck kommende ‚nationalökonomische', auf die gesamten Niederlande bezogene Denkrichtung, sondern vorrangig die Vermutung, dass der im Zusammenhang mit einem solchen Projekt notwendige Interessenausgleich Aufgabe des gesamtstaatlichen Gemeinwesens sein müsse. Der niederländische Staat erfuhr seine Legitimation traditionell durch die Anerkennung der in den Generalstaaten versammelten, eigensüchtigen und untereinander zerstrittenen Provinzen sowie durch den Gedanken des sich in dem jeweils herrschenden Oranier verkörpernden Statthalteramtes, eines Monarchen von provinziellen Gnaden.[47] Mit den Wahlrechtsreformen der zweiten Hälfte des 19. Jahrhunderts kam allmählich das partizipatorische Element hinzu und der durchschnittliche Niederländer erstmalig in der ‚Obrigkeit' vor. Das Zuiderzee-Projekt war nun an einen ganz anderen niederländischen Staat adressiert: nicht an die ferne, überprovinzielle Honoratiorenversammlung in Den Haag, die zwar kraft einer der modernsten europäischen Verfassungen regierte, deren soziale Distanz zum Lebensalltag der meisten Niederländer aber erheblich war, sondern an den Staat als planende und verteilende Agentur sozialer Daseinsfürsorge und Chancenverteilung. Man kann vermuten, dass die lange parlamentarische Unentschiedenheit gegenüber dem Vorhaben nicht zuletzt auch damit zusammenhing, dass der Krisendruck erst eine bestimmte subjektive Schwelle überschreiten musste, um die Bereitschaft für diese Art infrastruktureller Modernisierung von oben zu schaffen. Die Niederlande vollzogen hier mit der Intensivierung der infrastrukturschaffenden Staatstätigkeit wiederum nur

---

47 R.-U. Kunze, „‚Vader des vaderlands'", 94–119.

eine Entwicklung zum modernen Interventionsstaat nach, die sich z.B. im Deutschen Reich unter Bismarck seit den 1880er Jahren abgezeichnet hatte, allerdings in einem ganz anderen Bereich des politisch-sozialen Systems. Die unmittelbare soziale staatliche Daseinsfürsorge würde in den Niederlanden erst durch die politische Kooperation der beiden wichtigsten gesellschaftlichen ‚Säulen', der großen sozialdemokratischen und der kleinen konfessionell katholischen, nach dem Zweiten Weltkrieg als Antwort auf das weitgehende soziale Versagen des liberal dominierten politischen Systems vor 1940 erfolgen.

Selbstverständlich ließe sich diese Geschichte einer Modernisierung vom Ende des 19. bis etwa in die Mitte des 20. Jahrhunderts auch mit der Semantik des Modernisierungstheoretikers als eine Geschichte von Herausforderung und Lösung beschreiben, aber sie bliebe immer ein Sprachspiel. Auch für den Vergleich von Modernisierungsgeschichten ist der Erkenntnisgewinn der Modernisierungstheorie gering, da ein in seinem Kern frühneuzeitliches *nationbuilding* – Niederlande – mit einem *nationbuilding* im 19. Jahrhundert – Deutschland – verglichen und damit vollständig seinem historischen – insbesondere konfessionsgeschichtlichen – Kontext entfremdet würde.

VII.

Seit dem 1. Mai 2004 sind sich die kirchlichen Verhältnisse in den Niederlanden und in Deutschland in organisatorischer Hinsicht ähnlicher geworden. Denn in den Niederlanden ist zu diesem Datum, erstmalig in der Kirchen- und Christentumsgeschichte des nordwesteuropäischen Raums, eine gemeinsame Protestantische Kirche aus Reformierten und Lutheranern entstanden. Die knapp 15.000 Mitglieder der Evangelisch-Lutherischen Kirche im Königreich der Niederlande haben sich mit den beiden großen reformierten Kirchen des Landes, der 1,9 Millionen Mitglieder zählenden liberalen Hervormde Kerk (NHK) und der 660.000 Mitglieder starken orthodoxeren Gereformeerde Kerk (GKN) zur Protestantse Kerk in Nederland (PKN) zusammengeschlossen.[48] Die PKN ist nach der römisch-katholischen Kirche, die rund fünf Millionen Mitglieder hat, damit die zweitgrößte Kirche der Niederlande. Die Synoden der drei Kirchen hatten am 12. Dezember 2003 in Utrecht auf getrennten Sitzungen dem Zusammenschluss zugestimmt, wenn auch mit aufschlussreich unterschiedlichen Mehrheiten: Während die Synoden der lutherischen und der Gereformeerde Kerk mit über 80 Prozent für die Fusion stimmten, lehnten von den 75 Mitgliedern der Hervormde Kerk 26 den Zusammenschluss ab. Mit dem Entstehen der PKN kommt ein Vereinigungsprozess zum Abschluss, der im Jahr 1961 unter dem Namen ‚Samen op Weg' zwischen den beiden reformierten Kirchen begonnen hatte.

Traditionell war die niederländische Konfessionsgeschichte so stark durch Abspaltungstendenzen geprägt, dass man den Begriff ‚Calvinismus' im Grunde konfessionskundlich nur als Kollektivsingular verstehen konnte. Stets galt: ‚zwei Niederländer – drei Kirchen'. Welche soziokulturelle Bindekraft die PKN angesichts des zum Kernbestand der konfessionellen Identität gehörenden Nonkonformismus entfaltet, bleibt abzuwarten. Andererseits stehen angesichts der großen Behutsamkeit im Umgang mit speziellen konfessionellen Identitäten und der großen niederländischen Erfahrung mit pragmatischer Integrationspolitik auf vielen Ebenen die Chancen gut, dass die PKN den kirchlich verfassten Protestantismus in den Niederlanden wesentlich stabilisiert, nachdem die traditionellen sozialmoralischen Milieus der versäulten Gesellschaft seit den 1960er Jahren auf dem Rückzug bzw. pluralisiert sind. Und sollte der PKN dies nicht oder nicht sogleich gelingen, dann gilt die gut calvinistische Kaufmannsregel: „Baat het niet, dan schaadt het niet" (wenn es auch nichts nützt, schadet es doch nichts) bzw. der nicht weniger gut calvinistische und zugleich permissive Lakonismus „moet kunnen" (etwa: das muss erlaubt sein). Ganz sicherlich wird die neue kirchliche Organisationsform auch das Verhält-

---

48 http://www.pkn.nl.

nis zum deutschen Protestantismus verändern, der im Bereich der Kirchenunionen und des Kirchenbundes, der Reichskirche und der EKD tiefgestaffelte historische Erfahrungen gesammelt hat.

Christliche Zionisten, pro-arabische Aktivisten und neutrale Vermittler – Reaktionen britischer Anglikaner und deutscher Protestanten auf den Palästina-Konflikt 1917–1939

von Roland Löffler

Jerusalem am 20. Juni 1920: Im Hauptquartier der britischen Streitkräfte treffen sich der Chef der *Occupied Enemy Territory Administration*, Major General L.J. Bols und der erste zivile High Commissioner, Sir Herbert Samuel, um den Übergang von der Militär- zur Zivilverwaltung in Palästina *very British* zu zelebrieren. Dabei erkundigte sich Sir Herbert zunächst, ob Bols gewillt sei, ihm seinen Koch zu überlassen. Nachdem der General diesem Wechsel zugestimmt hatte, übertrug er seinem Nachfolger das Heilige Land so, als ob es sich etwa um einen wohlsortierten Werkzeugkoffer samt Inventarliste handeln würde. Mit imperialer Nonchalance schrieb er auf einen Briefbogen: *Handed over to Sir Herbert Samuel: One Palestine, complete.* Der High Commissioner reagierte schlagfertig und überreichte im Gegenzug einen Zettel mit der Aufschrift: *E and OE – Errors and Ommissions Excepted*, also: Irrtümer und Auslassungen vorbehalten.[1]

---

1 Vgl. etwa E. Keith-Roach, *Pasha of Jerusalem. Memoirs of a District Commissioner under the British Mandate*, London – New York 1994, 72, der fälschlicherweise allerdings von „Received, One Palestine" spricht, während sich auf dem Originaldokument des Israel State Archive die oben wiedergegebene Version findet. Für diesen Hinweis danke ich Prof. Ruth Kark von der Hebräischen Universität in Jerusalem. In der eher journalistisch orientierten, aber sehr gediegen gearbeiteten Darstellung von T. Segev, *One Palestine, Complete. Jews and Arabs under the British Mandate*. Translated by H. Watzman, New York 2001

Der Stabwechsel war vollzogen. Nur: Was für eine prä-staatliche Entität hatte der oberste Zivilverwalter übernommen? Dank welcher politischen Entwicklungen war das Mandat überhaupt entstanden und was erwartete das Empire in Palästina? Und wie reagierten die anglikanische und die deutsche evangelische Kirche auf die politischen Entwicklungen im Heiligen Land? Den Reaktionsmustern dieser beiden großen protestantischen Kirchen nachzugehen, scheint deshalb nicht abwegig zu sein, weil ihre Einrichtungen wie ein Resonanzboden die politischen Entwicklungen in Palästina reflektierten. Die aus dem gemeinsamen, von 1841–1886 bestehenden Anglo-Preußischen Bistum und sich unter dem Schutz des Bistums entwickelnden Einrichtungen wie die Schulen des Jerusalemsvereins, das Syrische Waisenhaus, das Kaiserswerther Diakonissenkrankenhaus oder die Schulen und Krankenhäuser der Church Missionary Society oder der Londoner Judenmission beeinflussten die Modernisierungsprozesse in den Bereichen Landwirtschaft, Gesundheitsfürsorge, Medizin, Bildung und Wissenschaft nachhaltig.[2]

Die Gründung des Bistums wurde von den Regierungen in London und Berlin nicht nur aus religiösen Motiven gefördert. Vielmehr erschien das Bistum als *die* große Chance für beide Staaten, im untergehenden Osmanischen Reich Fuß zu fassen.[3] Dieses erste

---

fehlt eine genauere Wiedergabe des Zitats, obwohl der Titel des Buches eine deutliche Anspielung darstellt.

2 Vgl. auch den Ausstellungskatalog von J. Eisler/D. Reuter (Hgg.), *Deutsche im Heiligen Land. Der deutsche Beitrag zum kulturellen Wandel in Palästina. Ausstellung des Landeskirchlichen Archivs Stuttgart*, Stuttgart 2005 sowie J.Eisler/N. Haag/S. Holtz (Hgg.), *Kultureller Wandel in Palästina im frühen 20. Jahrhundert. Eine Bilddokumentation*, Epfendorf 2003.

3 Vgl. M. Lückhoff, *Anglikaner und Protestanten im Heiligen Land*, Wiesbaden 1998; ders., „Die Wiederentdeckung des Heiligen Landes – Anfänge des Jerusalemer Bistums im Spannungsfeld von Orient und Okzident", in: A. Feldtkeller/A. Nothnagle (Hgg.), *Mission im Konfliktfeld von Islam, Judentum und Christentum. Eine Bestandsaufnahme zum 150jährigen Jubiläum des Jerusalemsvereins*, Frankfurt/Main 2003, 34–44; ders., „Voraussetzungen deutscher Gemeindearbeit. Das anglikanische Bistum in Jerusalem", in: K.-H. Ronecker/J. Nieper/T. Neubert-Preine (Hgg.), *Dem Erlöser der Welt zur Ehre. Festschrift zum hundert-*

ökumenische Experiment der Neuzeit hatte 45 Jahre Bestand, ehe es 1886 an theologischen, finanziellen und politischen Differenzen zerbrach, war doch die „romantische Unionsökumene des Anfangs [...] einer feindseligen deutsch-britischen Eifersucht, auch im Heiligen Land, gewichen."[4]

Unter der ‚Schirmherrschaft' des Bistums betrieben die administrativ zumeist eigenständigen missionarischen und sozialen Organisationen aus Deutschland und England ihre Arbeit unter den Muslimen und Juden des Heiligen Landes. Zieht man eine Bilanz dieser Bemühungen, so war das deutsche und britische Palästinaengagement unter missionarischen Gesichtspunkten erfolglos. Für die auswärtige Kulturpolitik Englands und Deutschlands entwickelten sich die religiösen, sozialen und pädagogischen Einrichtungen aber zu einem bedeutsamen Faktor. Der auf diesem Gebiet herrschende Konkurrenzkampf unter den diversen Konfessionen Europas und des Orients brachte dem Heiligen Land einen enormen Modernisierungsschub. Führende Kraft in der gesamten Levante war Frank-

---

jährigen Jubiläum der Einweihung der evangelischen Erlöserkirche in Jerusalem, Leipzig 1998, 37–51; ders., „Prussia and Jerusalem: Political and Religious Controversies Surrounding the Foundation of the Jerusalem Bishopric", in: M. Davis/Y. Ben-Arieh (Hgg.), *With Eyes Toward Zion V: Jerusalem in the Mind of the Western World, 1800–1848*, Westport – London 1997, 173–181; ders., „Anglikanisierung des deutschen Protestantismus in Palästina. Die Gründung des protestantischen Bistums in der zeitgenössischen Kritik", in: M. Kohlbacher/M. Lesinski (Hgg.), *Horizonte der Christenheit* (FS F. Heyer), Erlangen 1994, 167–175; F. Foerster, „Das evangelische Bistum in Jerusalem und die Anfänge des Jerusalems-Vereins zu Berlin. Zum 175. Geburtstag Friedrich Adolf Strauß", in: *Berlin in Geschichte und Gegenwart. Jahrbuch des Landesarchivs Berlin* 1992, 83–99; R. Blake, „The Origins of the Jerusalem Bishopric", in: A.M. Birke/K. Kluxen (Hgg.), *Kirche, Staat und Gesellschaft im 19. Jahrhundert. Ein deutsch-englischer Vergleich*, München 1984, 87–98; A.-R. Sinno, *Deutsche Interessen in Syrien und Palästina 1841–1898. Aktivitäten religiöser Institutionen, wirtschaftliche und politische Einflüsse*, Berlin 1982; K. Schmidt-Clausen, *Vorweggenommene Einheit. Die Gründung des Bistums Jerusalem im Jahre 1841*, Berlin – Hamburg 1965.

4 So K. Hammer, *Weltmission und Kolonialismus. Sendungsideen des 19. Jahrhunderts im Konflikt*, München 1978, 215.

reich.⁵ Vor dem Ersten Weltkrieg gab es im Osmanischen Reich 508 französische Schulen mit 43654 Schülern und 1295 Lehrern. Sie wurden zumeist von katholischen französischen Orden betrieben. Auf Platz zwei lagen 542 aus Amerika finanzierte Schulen mit 21746 Schülern und 1099 Lehrern, denen die 192 britischen Schulen mit 8957 Schülern und 400 Lehrern folgten. Das Deutsche Reich konnte mit diesen Zahlen nicht konkurrieren, gab es doch nur 80 deutsche Schulen – darunter 31 Missionsschulen – mit 8665 Schülern und 358 Lehrern. Eine ähnliche Größenordnung erreichte auch das russische Engagement mit 71 Schulen (6374 Schüler und 91 Lehrer).⁶ Alle Versuche, während des Ersten Weltkriegs im Kontext der deutsch-türkischen Militärallianz⁷ den deutschen kulturpolitischen Einfluss zuungunsten Frankreichs zu stärken, scheiterten jedoch an den Zielen der jungtürkischen Bewegung. Sie schaffte zwar die französischen Privilegien ab, setzte aber eine Turkifizierungspolitik in allen Schulen der arabischen Regionen des Osmanischen Reiches durch, die auch die Missionsschulen unterschiedlichster konfessioneller und nationaler Prägung berührte.⁸

Auch nach 1918 spielten Kirchen und Missionen im Nahen Osten in den kulturpolitischen Überlegungen der Außenministeri-

---

5   Vgl. D. Trimbur (Hg.), *Europäer in der Levante. Zwischen Politik, Wissenschaft und Religion (19.–20. Jahrhundert) / Des Européens au Levant. Entre politique, science et religion (XIXᵉ–XXᵉ siècles)*, München 2004; ders., *„Une lecture politique de la mission pour l'Union : la France et la mise en place de la Sacrée Congrégation Orientale, 1917–1922"*, à paraître dans les actes des journées d'études „Littératures missionnaires, missions et littératures", Groupe de recherches interdisciplinaires sur les écritures missionnaires de l'Institut catholique de Paris, Paris, 2004 ; ders./R. Aaronsohn (Hgg.), *De Bonaparte à Balfour. La France, l'Europe occidentale et la Palestine 1799–1917*, Jerusalem – Paris 2001.
6   Alle Zahlen nach H. Gründer, *Welteroberung und Christentum. Ein Handbuch zur Geschichte der Neuzeit*, Gütersloh 1992, 365.
7   Vgl. H.W. Neulen, *Feldgrau in Jerusalem. Das Levantekorps des kaiserlichen Deutschland*, München 1991.
8   Vgl. H. Kayali, *Arabs and Young Turks. Ottomanism, Arabism, and Islamism in the Ottoman Empire, 1908–1918*, Berkeley – Los Angeles – London 1997.

en in London und Berlin keine unbedeutende Rolle.[9] Allerdings war das Verhältnis von Staat und Kirche im Kontext der auswärtigen Kulturpolitik von einem gegenseitigen Geben und Nehmen geprägt. Die kirchlichen Einrichtungen erhielten von staatlicher Seite Schutz und finanzielle Förderung und transportierten im Gegenzug bestimmte kulturelle ‚Images' bzw. Aspekte deutscher bzw. britischer Kultur, Bildung, Wissenschaft, Spiritualität, zivilgesellschaftliche Errungenschaften in die Region. Zunehmend gewannen dabei die anglikanischen Vertreter – die deutschen dagegen kaum – an Selbstbewusstsein und entwickelten im Blick auf die arabisch-zionistische Auseinandersetzung Konfliktregelungsmechanismen, die nur zum Teil mit den Vorgaben der britischen Regierung konvenierten.

Im Folgenden soll es deshalb um die Bedeutung der Kirchen als transnationale Akteure bzw. die Rolle der Kirchen in der britischen und der deutschen Außenpolitik[10] der 1. Hälfte des 20. Jahrhunderts gehen. Der Terminus *Transnationalität* bezeichnet dabei gemäß den gegenwärtigen sozial- und politikwissenschaftlichen Diskursen die überstaatliche Interaktion von nicht-staatlichen Individuen, Gruppen, Organisationen, Gesellschaften, während der Begriff *Internationalität* für die Beziehungen zwischen den Staaten reserviert bleibt.[11]

---

9   Gegen H. Gründer, *Welteroberung und Christentum*, 366, der behauptet, dass die Missionen in den kulturpolitischen Überlegungen des Auswärtigen Amtes nach 1918 „weitgehend ausgeschaltet" wurden. Dies ist m.E. ein völlig verkürztes Urteil.

10 Vgl. D. Trimbur, „La politique culturelle extérieure de l'Allemagne, 1920–1939: le Cas de la Palestine", in: *Francia* 28/3 (2001), 35–73 und H. Goren (Hg.), *Germany and the Middle East. Past, Present and Future*, Jerusalem 2003.

11 Die historischen Sozialwissenschaften unterscheiden seit einiger Zeit zwischen Internationalität und Transnationalität. Während ersteres allein auf die Beziehungen zwischen Staaten bezogen ist, bezeichnet der zweite Begriff die Interaktionen zwischen Individuen, Gruppen, Organisationen, Gesellschaften. Vgl. H. Kaelble/M. Kirsch/A. Schmidt-Gernig, „Zur Entwicklung transnationaler Öffentlichkeiten und Identitäten im 20. Jahrhundert. Eine Einleitung", in: dies. (Hgg.), *Transnationale Öffentlichkeiten und Identitäten im 20. Jahrhundert*,

Im Zentrum dieser Untersuchung stehen die britische Außenpolitik und die Anglikanische Kirche. Durch die Übertragung des Mandats an Großbritannien ergab sich ein weitaus intensiverer Austausch zwischen Staat und Kirche als dies im Blick auf Palästina für Deutschland zutraf. Mit Hilfe des internationalen Vergleichs soll ein Blick auf ein vernachlässigtes Feld der Kirchlichen Zeitgeschichte bzw. der Religionspolitik im Kontext der auswärtigen Politik geworfen werden.[12] Religionspolitik wird dabei als Interaktion von Staat und Kirche auf dem politischen Felde verstanden.[13] Um in die Geschichte des Nahen Ostens und der religionspolitischen Reaktionen der Kirchen einzuführen, gliedert sich der folgende Beitrag in fünf Teile:

1. Palästina in der außenpolitischen Strategie Großbritanniens
2. Die politischen Probleme der Mandatsjahre
3. Religionspolitische Rahmenbedingungen in der Mandatszeit
4. Reaktionsmuster englischer und deutscher Protestanten
5. Die Kirchen als transnationale Akteure im Palästinakonflikt.

Frankfurt/Main – New York 2002, 9 f. Zu einer globalen oder transnationalen Christentumsgeschichte vgl. auch W. Ustorf, *Sailing on the Next Tide. Missions, Missiology, and the Third Reich*, Frankfurt/Main – Berlin – Bern 2000, 15 f.

12 In A. Doering-Manteuffel/K. Nowak (Hgg.), *Religionspolitik in Deutschland. Von der Frühen Neuzeit bis zur Gegenwart* (FS M. Greschat), Stuttgart – Berlin – Köln 1999 fehlen internationale Bezüge weitgehend, bei K. Hildebrand, *Vom Reich zum Weltreich. Hitler, NSDAP und Koloniale Frage 1919–1945*, München 1969; ders., *Deutsche Außenpolitik 1933–1945. Kalkül oder Dogma?*, Stuttgart 1971; H.-A. Jacobsen, *Nationalsozialistische Außenpolitik 1933–1938*, Frankfurt/Main 1968; M.-L. Recker, *Die Außenpolitik des Dritten Reiches*, München 1990; P. Krüger, *Versailles. Deutsche Außenpolitik zwischen Revisionismus und Friedenssicherung*, München 1986; ders., *Die Außenpolitik der Republik von Weimar*, Darmstadt ²1993 spielen die Kirchen praktisch keine Rolle. Lediglich A. Boyens, *Kirchenkampf und Ökumene*, Bd. 1: *1933–1939*, München 1969; Bd. 2: *1939–1945*, München 1973 nimmt diese Fragen in den Blick, widmet sich aber nicht dem Palästinakonflikt und den Kirchen.

13 Vgl. J. Mehlhausen, „Kirchenpolitik. Erwägungen zu einem undeutlichen Wort", in: ders., *Vestigia Verbi. Aufsätze zur Geschichte der evangelischen Theologie*, Berlin – New York 1999, 336–362, bes. 340–343.

1. Palästina in der außenpolitischen Strategie Großbritanniens

Seit 1915 wurde Palästina zu einem der begehrtesten Gebiete des Osmanischen Reiches. Vor allem für Großbritannien und Frankreich war das Heilige Land ein strategisch bedeutsamer Ausgangspunkt für eine militärische, außen- und ölpolitische Einflussnahme im Nahen Osten.[14] Außerdem interagierten zwei neue, transnationale Nationalbewegungen auf diplomatischem Parkett: Die Zionisten hofften auf die Rückkehr ins *Land der Väter* und die arabische Nationalbewegung sehnte sich nach dem Ende der osmanischen Herrschaft und einem unabhängigen Großsyrischen Reich.

Für die Zeit des Ersten Weltkrieges und die Vorphase des britischen Mandats ergeben sich deshalb drei Problemkomplexe: Die Kriegszielvereinbarungen der Alliierten, die britisch-arabischen Absprachen und die britisch-zionistische Partnerschaft, deren jeweilige Hauptdokumente das Sykes-Picot-Abkommen, die MacMahon-Hussein-Korrespondenz und die Balfour-Erklärung sind.[15]

a) Im Briefwechsel zwischen dem britischen High Commissioner in Ägypten, Sir Henry MacMahon und Scharif Hussein von

---

14 Vgl. aus der umfangreichen Literatur z.B. N. Méouchy/P. Sluglett (Hgg.), *The British and French Mandates in Comparative Perspectives / Les mandats français et anglais dans une perspective comparative*, Leiden 2004; H. Mejcher (Hg.), *Die Palästina-Frage 1917–1948. Historische Ursprünge und internationale Dimensionen eines Nahostkonflikts*, Paderborn – München – Wien – Zürich ²1993; ders., „Palästina in der Nahostpolitik europäischer Mächte und der Vereinigten Staaten von Amerika 1918–1948", in: ders. (Hg.), *Die Palästina-Frage 1917–1948*, 187–242; ders., *Die Politik und das Öl im Nahen Osten. Band 1: Der Kampf der Mächte und Konzerne vor dem 2. Weltkrieg*, Stuttgart 1980; Band 2: *Die Teilung der Welt 1938–1950*, Stuttgart 1990; ders., „British Middle East Policy, 1917–1921: The Interdepartmental Level", in: *Journal of Contemporary History* 8 (1973), 81–101; E. Kedourie, *England and the Middle East: The Destruction of the Ottoman Empire, 1914–1921*, Hassocks 1978; M. Kent (Hg.), *The Great Powers and the End of the Ottoman Empire*, London 1984.

15 Vgl. z.B. G. Krämer, *Geschichte Palästinas. Von der osmanischen Eroberung bis zur Gründung des Staates Israel*, München ³2002, 170–180. Die Kerndokumente sind abgedruckt bei W. Laquer (Hg.), *The Israel-Arab Reader. Revised edition*, London 1970, 29–36.

Mekka (1915–1916) unterstützte Großbritannien die Bildung eines von Konstantinopel unabhängigen arabischen Großreiches, sofern die Araber im Gegenzug den Alliierten im Kampf gegen das Osmanische Reich zur Seite stünden. Die arabische Seite erwartete, dass auch Palästina nach dem Krieg zu ihren Gebieten gehörte. Dagegen beriefen sich die Briten auf eine Passage eines MacMahon-Schreibens vom 9. September 1915, in dem dieser die Gebiete westlich der Distrikte von Damaskus, Homs, Hama und Aleppo nicht als rein arabisch bezeichnet hatte und von der vorgeschlagenen Grenzziehung ausschloss. Da Palästina in osmanischer Zeit nicht als territoriale Einheit existierte, sondern auf mehrere Distrikte – wobei es den Terminus in osmanischer Zeit so nicht gab, sondern nur Provinzen (Vilayets) und Unterprovinzen (Sanjaks) existierten – aufgeteilt war und die arabische Seite die gesamte Mittelmeerküste beanspruchte, sorgten diese wenig präzisen Aussagen über Jahrzehnte für emotionale Kontroversen.[16]

b) Im Mai 1916 einigten sich Frankreich und England auf eine Aufteilung des Nahen Ostens nach dem Ende des Osmanischen Reiches und eine Festlegung ihrer Interessenssphären. Das nach den beiden Unterhändlern François-George Picot, dem ehemaligen französischen Generalkonsul in Beirut, und Sir Mark Sykes benannte Sykes-Picot-Abkommen sah einen britischen Einflussbereich vom Mittelmeer bis zum Irak vor, während Frankreich Nordgaliläa, den Libanon und Syrien erhalten sollte. Beiden gemeinsam war die Schaffung einer Pufferzone gegenüber Russland. Palästina sollte einer internationalen Kontrolle unterstellt werden. Unklar blieb jedoch, welche Zonen direkt dem britisch-französischen Einfluss unterstellt, und welche von den Arabern recht autonom verwaltet werden sollten. Damit ergaben sich gerade für die britische Politik gewisse Spannungen zu den Zusagen der MacMahon-Hussein-Korrespondenz.

---

16 Vgl. G. Krämer, *Geschichte Palästinas*, 174 f.

c) Kompliziert wurde die Lage nicht nur durch die abweichenden Zusagen der Londoner Regierung an Franzosen und Araber, sondern vor allem durch die folgenreichste Stellungnahme der Kriegszeit: den Brief des britischen Außenminister Arthur James Balfour an den Präsidenten der *English Zionist Federation*, Lord Walter Rothschild vom 2. November 1917. In der so genannten *Balfour-Erklärung* zeigte sich England als erste Großmacht offiziell dazu bereit, das jüdische Siedlungsprojekt in Palästina zu unterstützen. Damit wichen die Briten in Teilen sowohl vom Sykes-Picot-Abkommen als auch von der MacMahon-Hussein-Korrespondenz ab. Mittlerweile ist sich die Forschung einig, dass London – schon aus Rücksicht auf die Orient-Interessen Frankreichs – nie an eine unabhängige arabische Herrschaft in Palästina gedacht hatte, ohne dass dies den arabischen Verhandlungspartnern aber klargemacht wurde.[17] Aus britischer Sicht ergab sich deshalb kein Widerspruch zwischen der Balfour-Erklärung und den Landzusagen an die Araber.[18] Dass die britische Regierung überhaupt ein prozionistisches Statement herausgab, hatte nach Meinung von Forschern wie Mayir Vereté,[19] Alexander Schölch,[20] Gabriel Sheffer,[21] Bernard Wasserstein,[22] und Gudrun Krämer[23] strategische Gründe: England wollte mit der Protektion der Zionisten die mit dem Sykes-

---

17 Zusammenfassend A. Schölch, „Europa und Palästina 1838–1927", in: H. Mejcher (Hg.), *Die Palästina-Frage*, 13–48, hier: 43.
18 Vgl. G. Sheffer, „Bilanz der strategischen, politischen und wirtschaftlichen Interesse Großbritanniens", in: L. Schatkowski/C. Scharf (Hgg.), *Der Nahe Osten in der Zwischenkriegszeit 1919–1939*, Stuttgart 1989, 29–51, hier: 36.
19 Vgl. M. Vereté, „The Balfour Declaration and Its Makers", in: *MES* 6 (1970), 48–76.
20 Vgl. A. Schölch, „Europa und Palästina 1838–1917", 12–48.
21 Vgl. G. Sheffer, „Bilanz der strategischen, politischen und wirtschaftlichen Interessen Großbritanniens in Palästina und im Nahen Osten", 29–51.
22 Vgl. B. Wasserstein, *Israel und Palästina. Warum kämpfen sie und wie können sie aufhören?* Aus dem Englischen von S. Langhaeuser, München 2003; ders., *Jerusalem. Der Kampf um die Heilige Stadt*. Aus dem Englischen von H.J. Bußmann, München 2002, bes. 84–96.; ders., *The British in Palestine. The Mandatory Government and the Arab-Jewish Conflict 1917–1929*, London ²1991.
23 Vgl. G. Krämer, *Geschichte Palästinas*, 170–180.

Picot-Abkommen intendierte Internationalisierung des Landes und damit Frankreichs Eindringen nach Palästina verhindern. Palästina war zwar das kleinste, aber auch das strategisch bedeutsamste Territorium im Nahen Osten. Gleichwohl hatte sich Großbritannien aus strategischen Gründen eine „doppelte Verpflichtung" gegenüber Juden und Arabern aufgebürdet, die zu einem Kernproblem des gesamten Palästina-Konflikts werden sollte und durch religiöse, soziale, ethnische Sympathien oder Antipathien der Imperialbürokratie „vor Ort" noch verstärkt wurde. Zu diesen strategischen Faktoren zählten der Schutz des Suez-Kanals, der Ausbau einer militärischen Infrastruktur für die *Imperial Reserve*, die Schaffung einer Pufferzone gegen mögliche Angriffe aus dem Norden, der Aufbau einer britisch dominierten geostrategischen Brücke von Ägypten nach Indien. Das prinzipielle Problem der britischen Diplomatie bestand nun darin, die Politik gegenüber den Juden und Arabern in einer Balance zu halten und die Palästina-Frage von den sich transnational entwickelnden arabischen und zionistischen Nationalismen zu isolieren. Dass dieses Vorhaben misslang, ist historisch unstrittig.

d) Forschungsgeschichtlich unstrittig ist, dass London erst relativ spät die *zionistische Karte* für seine Nahost-Strategie spielte. Mit David Lloyd Georges Regierungsantritt im Dezember 1916 kann die exklusive Kontrolle des Heiligen Landes zu den wichtigsten strategischen kriegs- und außenpolitischen Zielen Englands gezählt werden. Anfang 1917 kam es zur Intensivierung der Kontakte zwischen der englischen Regierung und den Zionisten, die vor allem Sir Mark Sykes vorantrieb. Das bedeutet, dass eben jener Diplomat, der seine Unterschrift unter eine englisch-französische Vereinbarung über die Gebietsaufteilung des untergehenden Osmanischen Reiches gesetzt hatte, das Zustandekommen dieses Planes zuungunsten Frankreichs wieder hintertrieb. Die Zionisten sollten gemäß dieser Strategie der Regierung in Paris signalisieren, dass sie selbst eher eine britische als eine französische Herrschaft im Heiligen Land befürworten würden. Im Februar 1917 begannen die Verhandlungen zwischen der Zionistischen Organisation mit ihrem

Präsidenten Chaim Weizmann an der Spitze und Whitehall über den Status der künftigen jüdischen Heimstätte. Umstritten blieb bis zum 2. November des gleichen Jahres, ob „Palestine as *the* national home of the Jewish people"[24] – so die Forderung der Zionisten – oder ob „the establishment in Palestine of *a* national home for the Jewish people" – so letztlich der Text der Balfour-Declaration – angesehen werden sollte. Der Streit um den bestimmten oder den unbestimmten Artikel belegt die Brisanz der mit der Hilfe der englischen Regierung zu gründenden nationalen bzw. (vor)staatlichen jüdischen Entität. Im Grunde lässt sich an der Kontroverse um ein Wort auch die politische Spannung zwischen Zionisten und der britischen Regierung während der Mandatsjahre illustrieren. Die Briten versuchten zwar die Etablierung einer jüdischen Heimstätte zu fördern, bemühten sich aber auch im Blick auf die arabische Bevölkerung um eine balancierte Politik. Die Zionisten dagegen überlasen den unbestimmten Artikel und verstanden Palästina als ihre Heimstätte, das Land, das ihnen zustand.

2. Die politischen Probleme der Mandatsjahre

Nachdem Großbritannien Palästina 1917/18 sukzessive erobert hatte, verfolgte es nach dem Ersten Weltkrieg das Ziel, den militärischen Erfolg im Orient politisch legitimieren zu lassen. Das gelang auf der Versailler Friedenskonferenz und auf der Konferenz des Obersten Alliierten Rates in San Remo 1920. Der Völkerbund setzte schließlich 1922 England als Mandatar über Palästina, Transjordanien, den Irak und Frankreich über Syrien und den Libanon ein. Die nachträgliche völkerrechtliche Bestätigung der quasi-imperialistischen Aufteilung von San Remo samt internationaler Sanktionierung der Balfour-Erklärung durch ihre fast wörtli-

---

24 Der Textvorschlag der Zionisten in D. Ingrams (Hg.), *Palestine Paper 1917–1922. Seeds of Conflict*, London 1972, 9.

che Übernahme in den Mandatstext diente also zu nichts anderem als der Besiegelung eines „machtpolitischen fait accompli."[25]

Obwohl die Mandatsmächte nach den Ideen des Völkerbundes die treuhänderisch zu verwaltenden Länder zur Unabhängigkeit führen sollten, unterstellten London und Paris die Mandatsverwaltungen ihren jeweiligen Kolonialministerien und regierten die nahöstlichen Territorien im imperialen Stil. Palästina wurde auf Grund eines Kabinettsbeschlusses sogar wie eine britische Kronkolonie geführt.[26] Unberücksichtigt blieben, wie bereits erwähnt, die Interessen der zeitweiligen arabischen Kriegsverbündeten.

Das oben skizzierte imperial-strategische britische Interesse an Palästina stand in gewisser Spannung zu den grundsätzlichen Ideen des Völkerbundes. Zudem waren die politischen Vorgaben unklar formuliert: Der zweite Artikel des Völkerbundmandats – eine fast buchstäbliche Wiedergabe der zentralen Passage der Balfour-Erklärung – sah ausdrücklich „the establishment of a Jewish national home" vor, hielt aber gleichzeitig fest, dass „the civil and religious rights of all the inhabitants of Palestine, irrespective of race and religion" gewahrt werden sollten.[27] Als problematisch erwies sich auch, dass nach Artikel 4 zwar eine „Jewish Agency" als „public body"[28] gegründet werden sollte, der in Zusammenarbeit mit der britischen Zivilverwaltung die Bildung der jüdischen Heimstät-

---

25 H. Mejcher, „Palästina in der Nahostpolitik europäischer Mächte und der Vereinigten Staaten von Amerika 1918–1948", 195.
26 Die Konzeption etwa des britischen Mandats nach Artikel 22 der Völkerbundsatzung stellte unter ideengeschichtlichen, kolonial- und ordnungspolitischen sowie völkerrechtlichen Aspekten „einen Kompromiss zwischen dem klassischen Imperialismus der Vorkriegszeit und der neuen Weltordnungsidee" des Völkerbunds dar, wobei die „Ansprüche und legitimen Rechte der Völker des Vorderen Orients und vor allem der arabischen Unabhängigkeitsbewegung" nicht ausreichend Berücksichtigung fanden. So H. Mejcher, „Palästina in der Nahostpolitik europäischer Mächte und der Vereinigten Staaten von Amerika 1918–1948", 193 f. Ähnlich urteilt H. Kleinschmidt, *Geschichte der internationalen Beziehungen. Ein systemgeschichtlicher Abriß*, Stuttgart 1998, 332–37.
27 Vgl. H. Mejcher (Hg.), *Die Palästina-Frage*, 246.
28 Ebd.

te vorantreiben sollte, aber kein vergleichbares Vertretungsgremium für die indigene arabische Bevölkerung vorgesehen war. Die Mandatsverwaltung erhielt umfassende gesetzgeberische und exekutive Vollmachten. An ihrer Spitze stand der High Commissioner, dem ein rein britischer Exekutivrat und ein gemischt besetzter Advisory Council zur Seite standen. Letzter setzte sich aus zehn britischen Beamten und zehn einheimischen Vertretern (vier Muslimen, drei christlichen Arabern, drei Juden) zusammen.[29] Damit war die muslimische Bevölkerungsmehrheit deutlich unterrepräsentiert.

Die britische Regierung brachte sich letztlich damit in große Nöte, dass sie über Jahre eine klare Strategie für die Umsetzung ihres Mandatsauftrags vermissen ließ. Meist reagierte sie ad hoc auf politische Unruhen. Klar wurde in der Zwischenkriegszeit, dass sich die arabische Bevölkerung übervorteilt und ihres eigenen Landes beraubt fühlte. Im Gegensatz zu den sehr gut organisierten, professionell agierenden zionistischen Organisationen fehlte der palästinensischen Nationalbewegung eine vergleichbare Kompetenz auf politischem Gebiet. Zudem war sie an Clan-Linien entlang gespalten.

Palästina veränderte sich in der Zwischenkriegszeit durch Migration, Urbanisierungsprozesse und industrielle Aufbaumaßnahmen nachhaltig. Die Bevölkerungszahlen des Landes veränderten sich in der Mandatszeit nachhaltig: Die erste Volkszählung unter britischer Herrschaft im Jahre 1922 ergab, dass 820.000 Menschen im Lande lebten, davon 89% Araber islamischen oder christlichen Glaubens sowie 11% Juden. 1931 hatte das Land bereits über eine Million Einwohner, 1946 rund 1,94 Millionen, darunter 27% Juden. Durch die politisch gewollte, starke jüdische Einwanderung ergaben sich demographische Verschiebungen. Der jüdische Bevölkerungsanteil wuchs jährlich um durchschnittlich 8,4% an, der christliche um 3% und der muslimische um 2,6%. Die meisten jüdischen Migranten kamen aus Osteuropa.[30]

---
29 Vgl. G. Krämer, *Geschichte Palästinas*, 201.
30 Ebd. zu den Zahlen, 215–217.

Hand in Hand mit der Einwanderung ging der zügige Aufbau jüdischer Institutionen sowie ein systematischer Landankauf durch zionistische Organisationen. Der Modernisierungsprozess auf der arabischen Seite konnte zu keiner Zeit mit dem im jüdischen Sektor mithalten. Die arabische Wirtschaft blieb von Landwirtschaft, Handwerk und von den innerstädtischen Basaren geprägt, während auf jüdischer Seite Industriebetriebe aufgebaut wurden, ein schwunghafter Import-Export-Zweig gerade über den neuen Hafen in Haifa entstand, wo auch das aus dem Irak durch eine Pipeline ankommende Öl auf Tanker verladen wurde und so ein Kontakt zur Weltwirtschaft entstand. Der „zionistische" Tiefseehafen in Haifa lief dem traditionellen arabischen Hafen in Jaffa den Rang ab. Während das Wachstum auf arabischer Seite „weitgehend aus eigener Wirtschaftskraft erfolgte", profitierte die jüdische Seite von der „seit 1928 steigenden Zufuhr enormer materieller und menschlicher Ressourcen von außen".[31]

Die politische Ungleichbehandlung und das daraus resultierende wirtschaftliche Ungleichgewicht führte auf Seiten der einheimischen Bevölkerung zu erheblicher Unzufriedenheit.

Dass London die Enttäuschung auf arabischer Seite billigend in Kauf nahm, führte zu einem politischen und gesellschaftlichen Sprengstoff, fühlte sich doch die arabische Nationalbewegung um die Zusagen der Kriegszeit betrogen. Schon 1920/21 kam es zu massiven antibritischen und antizionistischen Unruhen in Palästina während des islamischen „Nebi-Mussa-Festes", bei denen 47 Menschen auf jüdischer und 48 auf arabischer Seite starben. Nachdem diese beigelegt werden konnten und die Zivilregierung 1920 die Militärverwaltung ablöste, der erste High Commissioner, der jüdische Politiker Sir Herbert Samuel sich recht erfolgreich um Ausgleich bemühte, verschwand Palästina für eine Weile von der Tagesordnung der britischen Politik und Öffentlichkeit. Erst in den späten 1930er Jahren rückte der Palästina-Konflikt wieder ins In-

---

31 So H. Mejcher, „Palästina in der Nahostpolitik europäischer Mächte und der Vereinigten Staaten von Amerika 1918–1948", 210.

teresse der britischen Politik, als sich die Veränderungen im Land erneut zu diesmal aber sehr viel gewalttätigeren Ausschreitungen der Jahre 1928/29 sowie in der so genannten *großen palästinensischen Revolution* von 1936–1939 führte, die für die arabische Seite insgesamt ohne Erfolg blieb. Die britische Regierung reagierte auf die Unruhen, indem sie 1936 und 1938 zwei Untersuchungskommissionen einsetzte – die Royal Commission unter Lord Peel und die Woodhead-Kommission. Die Kommissionen untersuchten die Ursachen der Proteste, analysierten die britische Politik und schlugen schließlich, wenn auch im Detail mit unterschiedlichen Grenzen, die Teilung des Landes in einen jüdischen, einen arabischen und britisch-internationalen Sektor vor. Diese Pläne wurden aber von arabischer Seite abgelehnt. Nachdem verschiedene Verhandlungsrunden scheiterten, entschied sich London mit dem Weißbuch von 1939, seine bisher maßgeblich an der Balfour-Erklärung orientierte Palästina-Politik aufzugeben. Nun sollte ein unabhängiger gemischt-nationaler Staat mit einer arabischen Bevölkerungsmehrheit innerhalb von zehn Jahren entstehen. Er sollte von Juden und Arabern gemeinsam verwaltet werden. Die Zahl der jüdischen Einwanderer wurde quotiert, der Verkauf arabischen Bodens an Juden untersagt. Doch die Kapitulation der britischen Politik vor der palästinensischen Rebellion sorgte keineswegs für eine Befriedung des Landes. Das Land blieb in Spannung, fühlten sich doch im Verlauf der 1940er Jahre zionistische Terrorgruppen auf den Plan gerufen. Zudem bestärkte der nationalsozialistische Judenmord die Zionisten an der raschen Umsetzung ihrer Pläne zur Schaffung eines eigenen Staates. Als am 14. Mai 1948 von David Ben Gurion der Staat Israel ausgerufen wurde, war das Weißbuch von 1939 längst Makulatur geworden.

Die veränderte weltpolitische Lage nach dem Ersten Weltkrieg wirkte sich natürlich auch auf die Situation der deutschen und englischen Institutionen im Vorderen Orient aus. Als Staatskirche der Mandatsmacht erlebte die Church of England einen zuvor ungeahnten gesellschaftlichen Bedeutungszugewinn. Die schwedische Historikerin Maria Småberg meint sogar feststellen zu können, dass „the Anglican Church, with its connections to the British state, had the role of an outside ruler in a period of conflict."[32] Diese These scheint mir aber zu weitgehend und kaum belegbar zu sein, überschätzt sie doch die sicherlich respektablen und konstruktiven Vermittlungsbemühen der Church of England auf internationalem Parkett erheblich.

Da die deutschen konfessionellen Missions- und Wohlfahrtseinrichtungen in Übersee im Rahmen der auswärtigen Kulturpolitik gefördert wurden, machte sich die geschwächte internationale deutsche Position auch in Palästina bemerkbar. Zwar zeigte das Auswärtige Amt auch nach 1918 ein erkennbares Interesse, die kirchlichen Institutionen „aus kulturpropagandistischen Gründen" als „wichtige Symbole des Deutschtums im Ausland" weiter zu fördern.[33] Im Zionismus erwuchs ihnen jedoch ein übermächtiger Konkurrent, der schnell die christlichen Institutionen im Aufbau eines modernen Gemeinwesens überholen sollte.

---

32 Vgl. z.B. M. Småberg, *Ambivalent Friendship. Anglican Conflict Handlings and Education for Peace in Jerusalem 1920–1948*, Diss. Phil.-Manuskript, Lund 2005, 5. Allgemein zum anglikanischen Engagement im Palästina der Mandatszeit vgl. M. Marten, Anglican and Presbyterian Presence and Theology in the Holy Land, in: *International Journal for the Study of the Christian Church* Vol. 5, No. 2 (2005), 182–199; I.M. Okkenhaug, *The Quality of Heroic Living, of High Endeavour and Adventure. Anglican Mission, Women and Education in Palestine, 1888–1948*, Leiden 2002; R. A. Farah, *In troubled waters. A history of the Anglican Church in Jerusalem 1841–1998*, Leicester 2002 sowie die entsprechenden Passagen in N. Shepherd, *Ploughing Sand. British Rule in Palestine 1917–1948*, New Brunswick 2000.

33 Vgl. das Memorandum des Auswärtigen Amtes vom 30.10.1919 „Die deutschen Interessen in Palästina", Evangelisches Zentralarchiv (EZA) 5/1989 und den Bericht „Deutsche Kulturpolitik im Ausland" des Deutschen Generalkonsulats Jerusalem vom 2. April 1928, EZA 5/3123.

3. Religionspolitische Rahmenbedingungen in der Mandatszeit

Welche Bedeutung die britische Führungsschicht der Eroberung Palästinas beimaß, kann aus den vertraulichen Gesprächen ersehen werden, die 1917 vor dem Einmarsch der britischen Truppen am 9. Dezember in Jerusalem zwischen dem stellvertretenden Außenminister, Minister of Blockade (1916–1918) und späteren Friedensnobelpreisträger (1937), Sir Robert Cecil (1864–1958) und dem Erzbischof von Canterbury, Randell Davidson abgehalten wurden.[34] Dabei ging es um ein mögliches Wort des anglikanischen Primas aus Anlass der Einnahme der Heiligen Stadt.

Man einigte sich darauf, dass der Erzbischof in seiner Funktion als oberster kirchlicher Repräsentant Englands ein kurzes Schreiben an die religiösen Häupter der Heiligen Stadt senden würde. Randell Davidson weigerte sich jedoch aus religionspolitischen Gründen, einen Dankgottesdienst in der *St. Paul's Cathedral* abzuhalten. Er wollte weder die Gefühle der Muslime noch der Franzosen verletzen. Einen solchen Gottesdienst hatte der Generalsekretär der *Anglican and Eastern Association*, Rev. H.J. Fynes-Clinton vorgeschlagen. Er sah in der Wiedereroberung der Stadt durch eine christliche Nation einen Akt der Gnade und eine Erfüllung der Kreuzfahrerideen.[35] Auch Cecil hielt „anything in the nature of a national thanksgiving on the occupation of Jerusalem would be out of place."[36]

Erst ein knappes Jahr später, nachdem das gesamte Heilige Land unter englischer Herrschaft stand, wagte der Erzbischof den Schritt an die Öffentlichkeit und rief am 24.9.1918 alle Diözesen in Eng-

---

34 Vgl. den Brief von R. Cecil an den Erzbischof vom 21.4.1917, die Gesprächsnotiz des Erzbischofs vom 7.6.1919 sowie das Schreiben von Bischof Rennie MacInnes an den Erzbischof vom 15.10.1917, Lambeth Palace Library (LPL)/R.T. Davidson Papers 400.
35 Vgl. die Anfrage H.J. Fynes-Clinton vom 23.11.1917 und die Antwort des Erzbischofs vom 26.11.1917, LPL/R.T. Davidson Papers 400.
36 Vgl. den Brief R. Cecil an den Erzbischof vom 26.11.1917 und die Notiz zum Gespräch zwischen Cecil und George Bell vom 3.12.1917, damals Junior Chaplain des Erzbischofs, LPL/R.T. Davidson Papers 400. Vgl. R.C.D. Jasper, *George Bell. Bishop of Chichester*, Oxford 1967, 21–34.

land und Wales auf, am folgenden Sonntag Gott für die Befreiung des Heiligen Landes von den Türken zu danken. „The occasion is a great one, and it is right that we should in the most solemn way possible return thanks for the answer given to our prayers in the success which has crowned the valour of the Allied troops. That this great victory my prove to be the inauguration of happier days for the land so sacred to us all must be our earnest prayer and our confident hope."[37] Die Römisch-Katholische Kirche in England reagierte in einer ähnlichen Weise und feierte einen *Solemn service for the deliverance of Nazareth and the Holy Land* in der Westminster Kathedrale, ihrem wichtigsten Gotteshaus auf der Insel.

Nach der Eroberung des Landes wandten sich die britischen Missionsgesellschaften – unterstützt von Lambeth Palace – mit der Bitte an das Foreign Office (F.O.), möglichst rasch ihren von den Türken während des Krieges beschlagnahmten Besitz zurückzuerhalten. Auch das F.O. mahnte zur Eile, weil der römisch-katholische Einfluss wieder angewachsen sei.[38] Außerdem plädierten die Missionsgemeinschaften für die Einführung der Religionsfreiheit und erinnerten Außenminister Balfour an seine Aussage vom Dezember 1917, dass die Interessen und Rechte der Missionsgesellschaften bei den zukünftigen Regelungen über Palästina berücksichtigt würden.

Im Mai 1920 erinnerte das War Office den Erzbischof daran, die Angelegenheit der Missionen noch einmal mit dem neuen Außenminister Lord Curzon zu vertiefen, da nun die Ausarbeitung des Mandatstextes bevorstehe und religionspolitische Fragen im letzten Moment meist vergessen würden.[39] Dieser Hinweis kam zur rechten Zeit, denn die Missionsgesellschaften waren, wie Davidson

---

37 Vgl. den Artikel „Deliverance of the Holy Land. A Thanksgiving Day" vom 25.9.1918 in der *Morning Post*, LPL/R.T. Davidson Papers 400.
38 Vgl. die Abschrift des Schreibens der *Conference of Missionary Societies* an Balfour vom 16.10.1918, des Briefes des Erzbischofs an Balfour vom 16.10.1918 sowie die Antwort Balfours vom 26.10.1918, LPL/R.T. Davidson Papers 400.
39 Vgl. den Brief des War Office an den Erzbischof vom 17. Mai 1920, LPL/R.T. Davidson Papers 400.

an Curzon schrieb, verunsichert darüber, dass der Artikel 15,1 des Mandatstextes zwar die Religionsfreiheit garantierte, aber die Möglichkeit zum Religionswechsel nicht erwähnte. Außerdem sahen sie einen Widerspruch zwischen Artikel 15,2, der den Missionen das Recht zugestand, Schulen gemäß ihrer eigenen Tradition und Sprache zu führen, und Artikel 16, der der Mandatsregierung die Oberaufsicht über das Schulwesen übertrug. Die Missionen befürchteten, dass dieser Artikel bei einem Machtwechsel missbraucht werden könnte.[40] Curzon entgegnete jedoch, die Artikel 15 und 16 würden im wesentlichen die Ideen der Missionen treffen. Eine Neuverhandlung des Mandatstextes lehnte er dagegen ab.[41] Obwohl die kirchlich-missionarische Lobbyarbeit keineswegs durchschlagend gewesen war, zeigten sich John Oldham und Randell Davidson dennoch mit dem Mandatstext zufrieden.[42] Für den weiteren Fortgang der protestantischen Missionsarbeit bedeutete dies auch, dass die

---

40 Vgl. den Brief des Erzbischofs an Lord Curzon vom 18. Mai 1920, LPL/R.T. Davidson Papers 400.
41 Vgl. den Brief des Sekretariats Curzon an den Erzbischof vom 15.2.1921, LPL/R.T. Davidson Papers 400.
42 Vgl. die Notiz über den Anruf des Colonial-Office (C.O.)-Beamten Herbert Young bei Bell am 3. Juni 1920. Young teilte Bell mit, dass die Korrespondenz zwischen dem Erzbischof, Balfour und dem *League of Nations*-Generalsekretär vom F.O. an das C.O. erst am 31. Mai oder 1. Juni angekommen sei. Young machte dafür organisatorische Probleme im F.O. verantwortlich. Bell setzte sich daraufhin mit Bickersteth in Verbindung, der wiederum Young kontaktierte, LPL/R.T. Davidson Papers 400. Allerdings wurde auf Betreiben der Zionisten in Paragraph 16 das Wort *missionary* gestrichen und durch *religious or eleemosynary* ersetzt. Der Artikel 16 lautete deshalb wie folgt: „The Mandatory shall be responsible for exercising such supervision over religious or eleemosynary bodies of all faiths in Palestine as may be required for the maintenance of public order and good government. Subject to such supervision no measure shall be taken in Palestine to obstruct or interfere with the enterprise of such bodies or to discriminate against any representative or member of them on the ground of his religion or nationality." Zuvor hatte der Text folgenden Inhalt gehabt: „The Mandatory shall be responsible for exercising such supervision over missionary enterprises in Palestine as may be required for the maintenance of public order and good government. Subject to such supervision no measure shall be taken in Palestine to obstruct or interfere with such enterprise, or to discriminate against

britische Mandatsmacht – entgegen der antiprotestantischen Polemik der Römisch-Katholischen Kirche – ihrer Staatskirche keine Privilegien gewährte.[43]

Überhaupt verzichtete die britische Mandatsregierung auf die Schaffung eines neuen Religionsrechts. Da schon frühzeitig abzusehen war, dass das Mandat erhebliche politische Probleme schaffen würde, schien es ratsam, auf religiösem Gebiet möglichst sensibel vorzugehen, um weitere Spannungen zu vermeiden.[44]

Für die Kirchen besaßen vor allem die Artikel 9, 13, 14, 15, 16 des Mandatstextes Bedeutung. Das oberste, im Artikel 13 des Mandatstextes niedergelegte Ziel der britischen Religionspolitik in Palästina war die Bewahrung des *Status quo* an den Heiligen Stätten, wie er in den osmanischen Statuten von 1757 und 1852 festgelegt worden war.

Artikel 9, 15 und 16 garantierten die Religionsfreiheit. Außerdem wurde die Verwaltung der religiösen Stiftungen, der *Waqfs* gemäß den religiösen Regeln der Gründer zugesichert und nach Artikel 14 eine Kommission für die Heiligen Stätten eingesetzt. Sie wurde auf Vorschlag Balfours 1922 durch den Völkerbund in eine christliche, jüdische und islamische Sektion unterteilt.[45] Der Arti-

---

any missionary on the ground of his religion or nationality." Vgl. LPL/R.T. Davidson Papers 400.

43 Vgl. S.P. Colbi, *A History of the Christian Presence in the Holy Land*, Lanham – New York – London 1988, 145 und T. Hummel, „Between Eastern and Western Christendom: The Anglican Presence in Jerusalem", in: A. O'Mahony (Hg.), *The Christian Communities of Jerusalem and the Holy Land. Studies in History, Religion and Politics*, Cardiff 2003, 147–170, hier: 161.

44 Vgl. die Rechtssammlung in Bodleian Library Oxford (BLO)/Dep. C.M.J., d. 56/1–11 wie z.B. Office of the International Missionary Council (Hg.), *Treaties, Acts and Regulations relating to Missionary Freedom*, London 1922 – zu Palästina, 21–24. In den Artikeln 15 und 16 des Mandatstextes wurden die Religions- und Gewissensfreiheit geregelt. In *The Palestine Order in Council* vom 10. August 1922 befassten sich die Artikel 18 (Die Gesetze des Legislative Council dürfen nicht Religions- und Gewissensfreiheit berühren) und 51–56 (Religious Courts) mit religionsrechtlichen und -politischen Fragen.

45 Vgl. A. O'Mahony, „Church, State and the Christian Communities", 23. Die christliche Sektion wurde von einem französischen Vorsitzenden geleitet und

kel 15 gestand jeder Religionsgemeinschaft das Recht auf eigene Schulen für die Erziehung ihrer Mitglieder in ihrer eigenen Sprache zu. Allerdings musste der Unterricht den pädagogischen Vorgaben der Regierung entsprechen. Da es drei offizielle Landessprachen (Englisch, Arabisch, Hebräisch) gab, bildete sich ein plurales Schulsystem.[46]

Im Prinzip blieben die meisten Religions- und Familienstandsregelungen des islamisch-osmanischen Millet-Systems bestehen, das den christlichen und jüdischen Gemeinschaften administrative und jurisdiktionelle Selbstverwaltung unter einem selbsternannten, von der Pforte anerkannten Oberhaupt zugestand.[47] In Konfliktfällen hatte der staatliche *Chief Justice* das letzte Wort. Eine offe-

---

hatte drei römisch-katholische, drei orthodoxe, ein armenisches, ein äthiopisches und ein koptisches Mitglied. Die islamische Sektion wurde von einem Italiener geleitet. Ihr gehörte ein palästinensischer, ein französischer und ein indischer Muslim an. Die jüdische Sektion hatte einen amerikanischen Vorsitzenden und Mitglieder aus dem palästinensischen, dem britischen und dem sephardischen Judentum. Der Vorsitzende der Gesamtkommission war ein amerikanischer Protestant.

46 Vgl. K. Thomas, *Das Deutschtum in Palästina*. MS Diss. phil. Universität Berlin o.J., 369.
47 Vgl. allgemein zum Millet-System K.S. Abu Jaber, „The Millet System in the 19th Century Ottoman Empire", in: *Muslim World* 3 (1967), 212–223 und B. Braude, „Foundation Myths of the Millet System", in: ders./B. Lewis (Hgg.), *Christians and Jews in the Ottoman Empire: the functioning of a plural society*, Bd.1, New York – London 1982, 69–88. Speziell zur Mandatszeit siehe A. O'Mahony, „Church, State and the Christian Communities", 15. Für die Protestanten stellte sich das Problem, dass sie keine religiösen Gerichtshöfe besaßen. Die Sonderrolle des Protestantismus machte sogar eine Rechtsdefinition nötig. In der *Legal definition* vom 24.2.1939 heißt es, dass ein Protestant ein Christ sei, der nicht zur „Roman Catholic Church, the Old Catholic Church, or the Eastern Churches" gehöre, Israel State Archive (ISA) RG 2/B/2/39. Dass die Protestanten keine Gerichte besaßen, geht aus der Antwort auf eine Anfrage von Propst Döring hervor, der am 10.8.1944 von der Mandatsregierung Auskunft in einem Scheidungsfall haben wollte. Nach Artikel 51 des *Palestine Order in Council 1922* sollte die Jurisdiktion von religiösen Gerichtshöfen ausgeübt werden. In einer Auflistung aller religiösen Gerichtshöfe im *First Schedule to the Successive Ordinance* wurde aber kein protestantisches Gericht genannt, ISA RG 2/B/2/44.

ne Frage blieb die Zivilehe, die im osmanischen Recht unbekannt war.[48]

4. Reaktionsmuster englischer und deutscher Protestanten

Im Folgenden soll es um eine Typisierung und nicht um eine Chronologie der kirchlichen Reaktionen auf die politischen Entwicklungen der Mandatszeit gehen. Meines Erachtens lassen sich unter den deutschen und englischen Protestanten drei Reaktionsmuster erkennen, die auf jeweils unterschiedliche theologisch-politische Konzepte zurückgehen. So finden sich für die Zeit bis zum Ende des britischen Mandats 1948: erstens eine pro-zionistische Haltung, die aber ausschließlich in Kreisen der Judenmission anzutreffen war; zweitens eine pro-arabische Haltung in den Kreisen der Missionsgesellschaften, die vornehmlich mit und unter der arabischen Bevölkerung arbeiteten; schließlich drittens eine vermittelnde Friedens- und Versöhnungsposition, die vor allem der anglikanische Bischof in Jerusalem und der Erzbischof von Canterbury vertraten.

4.1. Die pro-zionistische Position

Die 1809 gegründete *London Society for Promoting Christianity Amongst the Jews* – kurz: *London Jews Society* (LJS), ab 1916 umbenannt in *The Church's Mission to Jews* (CMJ), beobachteten die politischen Entwicklungen in Palästina in einer heilsgeschichtlichen Perspektive. Die Missionare besaßen eine chiliastische Weltsicht, mit deren Hilfe sie die *Zeichen der Zeit* als letzte Versuchung

---

[48] Im *Palestine Order in Council 1922* wurden die religiösen Rechte ebenfalls aufgenommen. In der Präambel heißt es, dass sich die britische Regierung der Umsetzung der Balfour Erklärung verpflichtet wisse, in der aber auch betont werde, dass die zivilen und religiösen Rechte der nicht-jüdischen Gemeinschaften in Palästina unberührt blieben. In Artikel 46 legte die Regierung den Fortbestand der von den Religionsgemeinschaften betriebenen Zivilgerichtsbarkeit fest. Als Stichtag für die religionsrechtlichen Regelungen des Osmanischen Reiches wurde der 1. November 1914 festgelegt. Alle Rechtsfragen, die mit Hilfe der entsprechenden osmanischen Gesetze nicht abschließend geklärt werden könnten, sollten nach englischem Recht entschieden werden.

vor dem Jüngsten Gericht deuteten. Im 19. Jahrhundert wurde der Chiliasmus zu einem starken Motor für religiöse und politische Veränderungen. Der Chiliasmus katalysierte dank ahistorischer Hoffnungsbilder des Tausendjährigen Reiches den Wunsch nach Freiheit, persönlicher Entfaltung und einer besseren Welt.[49] Mit der biblisch inspirierten Vision der *Restoration of the Jews* wollten die Chiliasten die Juden der Diaspora im Heiligen Land sammeln, ihnen das Evangelium nahe bringen und so das Feld für die Wiederkunft Christi missionarisch bestellen.[50] Auf diese Weise würde nach Ansicht dieser *christlichen Zionisten*[51] der göttliche Heilsplan erfüllt. Die verschiedenen Stationen der Orientalischen Frage führten zu entsprechenden Deutungen, denn die jeweils hauptbeteiligten Politiker wurden als Instrumente Gottes betrachtet.

Die LJS/CMJ verfolgte deshalb auch die Entwicklung des Zionismus sehr genau. In ihrer Missionszeitschrift *Jewish Missionary Intelligence* druckte sie etwa die wichtigen Reden Theodor Herzls und Max Nordaus auf dem Ersten Zionistenkongress in Basel 1897 nach. Die Londoner Judenmission begegnete der neuen jüdischen

---

49 Zum Chiliasmus vgl. die auch begriffsgeschichtlich differenzierte Einführung von S. Holthaus, „Prämilleniarismus in Deutschland, Historische Anmerkungen zur Eschatologie der Erweckten im 19. und 20. Jahrhundert", in: *PuN* 20 (1994), 191–211 und R. Bauckham, Art. Chiliasmus IV: Reformation und Neuzeit, in: *TRE* 7, 737–745 (beide mit Lit.!). Im Blick auf Palästina instruktiv R. Kark/Y. Ariel, „Messianism, Holiness, Charisma, and Community: The American-Swedish Colony in Jerusalem, 1881–1933", in: *Church History* 65 (1996), 641–657 sowie R. Föll, *Sehnsucht nach Jerusalem. Zur Ostwanderung schwäbischer Pietisten*, Tübingen 2002.

50 Vgl. F. Kobler, *The Vision Was There: A History of the British Movement for the Restoration of the Jews to Palestine*, London 1956; M. Verété, „The Restoration of the Jews in English Protestant Thought, 1790–1840", in: *MES* 9 (1973), 2–50 und B. Tuchman, *Bibel und Schwert. Palästina und der Westen. Vom Frühen Mittelalter bis zur Balfour-Erklärung*, Frankfurt/Main 1983.

51 Eine kurze Einführung in die Thematik bietet A. Carmel, „Christlicher Zionismus" im 19. Jahrhundert – einige Bemerkungen, in: E.W. Stegemann (Hg.), *100 Jahre Zionismus. Von der Verwirklichung einer Vision*, Stuttgart – Berlin – Köln 2000, 127–135. Vgl. auch P.Ch. Merkley, *The Politics of Christian Zionism 1891–1948*, London – Portland 1998.

Nationalbewegung mit großem Enthusiasmus.[52] Die LJS und eine Reihe zum Christentum konvertierter Juden, die sich selbst als *Messianic Jews* oder *Hebrew Christians* bezeichneten, gingen sogar so weit, eine Zehn-Punkte-Erklärung an Theodor Herzl zu senden „laying before him an offer of assistance in attaining the Zionist goals."[53] Die Unterzeichnenden erklärten, dass ihr Übertritt zum Christentum ihre Sympathien für das nationale Anliegen der Zionisten nicht beeinträchtige. Sie sahen sich selbst als Vermittler zwischen den Religionsgemeinschaften, weil sie der Rasse nach Juden, dem Glauben nach aber Christen seien. Von zionistischer Seite wurden die Bemühungen der so genannten *Hebrew Christians* weitgehend ignoriert.

Nach dem Fünften Zionistenkongreß in Basel 1902 meinte der Kommentator des *Jewish Missionary Intelligence* erkennen zu können, dass die Zionisten das Ziel Gottes für das Volk Israel, nämlich die Rückkehr ins Land der Väter, zu realisieren helfen. Die Judenmission las also ihre eigenen, biblisch motivierten Ziele in die Politik der Zionisten hinein. Diese Haltung prägte die Londoner Judenmission über Jahrzehnte. Sie übersah dabei, dass es sich bei den Zionisten um säkulare Juden handelte, deren nationale Ideologie mit der *Restoration of the Jews-Idee* nicht kompatibel war.

Die Judenmission begrüßte trotz allem die Balfour-Erklärung und das Projekt einer nationalen jüdischen Heimstätte enthusiastisch. 1917 hieß es in der LJS-Zeitschrift *Jewish Missionary Intelligence*: Das 2000jährige Exil des jüdischen Volkes sei nun beendet, die biblischen Prophezeiungen hätten sich erfüllt. „Ever since A.D. 70 Jerusalem and Palestine have been under Gentile domination, and now we seem to be on the very verge of a literal fulfilment of

---

52 Vgl. Y. Perry, *British Mission to the Jews in Nineteenth-Century Palestine*, London – Portland 2003, 175.
53 Vgl. Y. Perry, *Mission to the Jews*, 176.

the last prediction, and it is certainly a distinct warning to us that the Lord ‚is near, even at the very doors.' (St. Matt. 24:32)."[54]

Die Balfour-Erklärung wurde also heilsgeschichtlich und philosemitisch gedeutet.[55] Waren die Juden bisher ein Volk, das – in Anspielung auf Jesaja 53 – als „scattered and peeled, robbed and spoiled" galt, das über die Erde „without common leaders, without a country and without national cohesion" wanderte, so schien nun der Punkt gekommen, an der sich die Geschichte zum Glück der Juden veränderte.[56] Das jüdische Volk organisiere sich selbst und nehme wieder Gestalt an. Die Judenmissionare fühlten sich an Ezechiel 37 erinnert und bezeichneten den Zionismus als „a movement amongst the ‚dry bones' of Israel". Die vertrockneten Knochen fügten sich zusammen und ein Ganzes entstünde. „The uniting element being the possibility in the very near future of their being allowed to organize a Jewish State in their own God-given country of Palestine."[57]

Die LJS-Zeitschrift zog auch Vergleiche zum Edikt des persischen Königs Cyrus (538 vor Christus), das den ersten Exilierten die Rückkehr von Babylon nach Jerusalem erlaubte und zum Bau des zweiten Tempels führte. Die christlichen Zionisten sahen eschatologische Parallelen zwischen der ersten und der zweiten Rückkehr

---

54 Vgl. den Artikel „An Epoch-Making Announcement", in: *Jewish Missionary Intelligence* 1917, 129 f. – zitiert nach K. Crombie, *For the Love of Zion*, 160.
55 Der evangelikale australische Publizist und Palästinakenner K. Crombie neigt in seinen Büchern zur Religionsgeschichte des Heiligen Landes noch immer zu derartigen Thesen vgl. ders., *Anzacs, Empires and Israel's Restoration. 1798–1948*, Osborne Park, 1998; ders., *For the Love of Zion. Christian witness and the restoration of Israel*, London-Sydney-Auckland-Toronto 1991; ders., *A Prophetic Property*. The story of one of modern Jerusalem's most famous properties, 82 Prophets Street – The English Mission Hospital – which offered sanctuary to the Palestine Exploration Fund (PEF); where hundreds of Jewish Russian refugees worked in the first aliyah; where General Allenby visited and stayed; where Hadassah Hospital was located; and which today hosts the Anglican International School of Jerusalem. Maschinenschriftliches Manuskript, Jerusalem 2001.
56 Vgl. *Jewish Missionary Intelligence* May 1918, 38 – zitiert nach Y. Perry, *The Mission to the Jews*, 175.
57 Ebd.

des Volkes Israel, machten aus Balfour eine Art zweiten Cyrus: „As the proclamation [des Cyrus, R.L.] preceded the return of the Jews from captivity in preparation for the first coming of Christ, so the famous letter [von Balfour an Rothschild, R.L.] was a step in the working out of God's purpose for the return of the people to the land in preparation for the second coming of our Lord."[58]

Die Judenmission las also erneut ihre Vorstellungen in politische Zusammenhänge hinein. Gerade in der Zwischenkriegszeit zeigte sich, dass diese heilsgeschichtliche Politikdeutung völlig naiv war und letzten Endes zu einem Niedergang der Judenmission führte. Die kritische Haltung der Zionisten gegenüber der LJS veränderte sich nicht. Das Interesse an der Integration christlicher Zionisten in die nationale Bewegung war nicht vorhanden. *Hebrew Christians* wurden im jungen *Jewish National Home* weiter diskriminiert. Das führte zu großen Frustrationen auf Seiten der Judenmissionare, die dies lediglich als Hindernis auf dem Weg zur Wiederkunft Christi interpretierten. Der LJS/CMJ hatte verstanden, dass die Zionisten eine Bekehrung eines Juden zum Christentum als Denationalisierungsphänomen bekämpften. Die Judenmission wollte deshalb den Beweis antreten, dass ein Judenchrist „need not necessarily be denationalised. To do this effectively, the L.J.S. ought to have well-equipped mission stations dotted about Palestine, surrounded by whole-hearted Jewish converts who at the same time could prove themselves to be Jewish patriots."[59]

Das war die große Vision: Gut ausgestattete Missionsstationen und ein Heer religiös wie national engagierter Judenchristen würden die der Mission feindlich gesinnten weltlichen Juden dazu bekehren, nicht mehr jüdische, sondern messianische, christliche Zionisten zu werden. Die Realität sah allerdings anders aus, der Aufbruch blieb aus.

---

58 *Jewish Missionary Intelligence* vom Juli 1919, 105 – zitiert nach Y. Perry, *British Mission to the Jews*, 198.

59 *Jewish Missionary Intelligence* Mai 1918, 38 – zitiert nach Y. Perry, *British Mission to the Jews*, 177 f.

Die LJS/CMJ konzentrierte ihre Aktivitäten auf Jerusalem und Jaffa. Das Krankenhaus und die Kirche in Safed wurden aus finanziellen Gründen 1921 an die schottische Mission abgegeben. In Jerusalem bildete weiter die *Christ Church* das Herz der Arbeit. In Haifa besaß die Mission ein kleines Krankenhaus, ein Missionshaus sowie das Buchdepot und war an der Mädchenschule beteiligt. Sie unterhielt in Jaffa die *Immanuel Church* und die *English High School*, einen Jugendclub, der Sprachunterricht in Englisch und Arabisch sowie Bibelstunden anbot, ein Buch-Depot, in dem im Jahre 1925 fast 1200 Bibeln verkauft wurden, und engagierte sich in Evangelisation und Seelsorge.[60] Das war ohne Zweifel eine respektable Arbeit – aber sie war weder quantitativ noch qualitativ der große Wurf, der eine Alternative zum zionistischen Siedlungsprojekt hätte bilden können. Radikale anti-missionarische Artikel in zionistischen Publikationen wurden vom *Governor of Jerusalem* unterbunden, dem an einem friedlichen Zusammenleben der unterschiedlichen Gemeinschaften gelegen war.[61] Schritt für Schritt verlor die Judenmission in der Zwischenkriegszeit ihre Position als ernstzunehmender Gegner der Zionisten. Auch finanziell gab es Probleme. Die Sitzungen des CMJ-General Committee in London belegen, dass die Judenmission mit einem enormen Defizit zu kämpfen hatte. Es betrug 1921 7670.1.0 Pfund, konnte bis 1923 auf 5317.4.6 Pfund reduziert werden,[62] stieg dann bis 1927 auf 10.830.2.9 Pfund und betrug 1938 16.584.7.9. Pfund.[63] Die CMJ musste immer größere Kredite aufnehmen, ohne dass diese durch ein wachsendes Spendenaufkommen gedeckt werden konnten. Zudem blieb der missio-

---

60 Vgl. die Aufzeichnungen der Jahre 1931–34 des zur LJS/CMJ gehörenden Immanuel Church Councils, BLO/Dep. C.M.J. 88/1.
61 Vgl. K. Crombie, *For the Love of Zion*, 173.
62 Vgl. die Protokolle der General Committee-Sitzungen vom 28.4.1922, 2.5.1924, 27.4.1928, BLO/Dep. C.M.J. c.38.
63 Vgl. das Protokoll der General Committee-Sitzung vom 28.4.1939, BLO/Dep. C.M.J. c.39.

narische Erfolg aus; die CMJ geriet in eine Krise, aus der sie sich nicht mehr befreien konnte.[64]

Letztlich hatte sich die Vision einer *Restoration of the Jews* in ihr Gegenteil verkehrt: Zwar wanderten Hunderttausende Juden ins Heilige Land ein. Sie schienen die biblische Prophetie zu erfüllen. Zum Christentum bekehrte sich allerdings fast niemand.

Die Visitationsreise des hochkarätig besetzten CMJ-Vorstands nach Palästina im Jahre 1936 führte zu einer etwas realistischeren politischen Sicht der Dinge, aber keineswegs zur Aufgabe der grundsätzlichen geschichtstheologischen Positionen.[65] Die Kommission erkannte, dass die politischen Veränderungen und jüdische Masseneinwanderung die Voraussetzungen für die Mission fundamental veränderten. Die bisherigen Missionsmethoden mit der schwerpunktmäßigen Betreuung verarmter Juden aus Osteuropa hatte sich als untauglich erwiesen. Die evangelistische Literatur war veraltet, das Bildungsniveau vieler Mitarbeiter unzufriedenstellend, vor allem für eine Auseinandersetzung mit gebildeten Zionisten.

Ratlos beobachteten die Judenmissionare das Anwachsen eines jüdischen Nationalismus nach 1918, in dem die religiöse Zugehörigkeit eines Juden identitätsstiftende Funktion habe, weshalb eine Konversion Verrat an diesem nationalen Erbe wäre. Die LJS/CMJ

---

64 Insgesamt traten während des gesamten 19. Jahrhunderts kaum mehr als 600 Juden in Palästina zum Christentum über. Vgl. Y. Perry, *British Mission to the Jews*, 98.
65 Vgl. BLO/Dep. C.M.J., d. 56/7: Commission to Palestine. Draft Report 1936. „Private and Confidential for Members of Committee only". Der Bericht erschien später auch im Druck: Church Mission to Jews (Hg.), *„Oppurtunity out of Crisis" in Palestine. Incorporating the Report of the Commission to Palestine, 1936*, London 1936. Die Kommission bestand aus: Bischof Norman Tubbs, Assistent Bishop and Archdeacon of Chester, sometime Bishop of Rangoon und Tinnevelly als Vorsitzenden, R. Bevington, Mrs. Gill, Rev. L. Hills (Vicar in Lee), Rev. Dr. W.F. Scott (Chaplain of St. Peter's Hall Oxford), Rev. C.H. Gill als Sekretär und Miss J. Gill als Assistant Secretary. Zwei Wochen lang wurden die Missionseinrichtungen in Jerusalem und Jaffa besucht, weitere zwei Wochen wurde am 25seitigen Report gearbeitet.

erkannte, dass unter diesen politischen Rahmenbedingungen ein *Hebrew Christian* zwangsläufig zum sozialen „outcast" werden müsse. Deshalb kam die Kommission zu der ernüchternden Konklusion: „Under existing conditions, therefore, we see little prospect of building an indigenous Hebrew-speaking body within the Anglican Communion."[66] Die bibeltreuen Christen der Kommission gaben gleichwohl ihre missionarische Hoffnung und Aufgabe nicht auf, sahen in der welthistorisch bedeutsamen Rückkehr der Juden ins Heilige Land weiter eine „unique opportunity and paramount claim" für ihre Arbeit. Die Judenmissionare sollten sich noch intensiver als bisher mit den Grundlagen des Judentums beschäftigen, Kurse in der Newman School of Missions besuchen, Vorträge an der Hebrew University hören oder auch halten, in Jaffa ein „aggressive evangelism" versucht werden. Kleine „Zellen" und „Kleingruppen" sollten sich um die westeuropäischen Juden kümmern, die mit dem Zionismus oder mit dem auch in Palästina zu beobachtenden Materialismus und Säkularismus unzufrieden seien. Trotz ihrer selbstkritischen Analyse hielt die *CMJ/LJS* am spirituellen Kampf um die Zukunft des Judentums und an der Gründung einer *Hebrew Church* fest, in der allerdings Platz sein sollte „for Arab, for Englishman and for Jew."[67]

Der Bischof von Worchester interpretierte in seinem Vorwort der Druckfassung den arabisch-jüdischen Konflikt als ein Versagen der Kirche Christi, unter den Menschen „a spirit of love and goodwill" hervorzurufen.[68] Britische Christen stünden sowohl politisch wie religiös in der Verantwortung. Sie sollten die Krise der Mission als Chance begreifen, dass auch unter diesen schwierigen Umständen Menschen zu Gott finden. Allerdings lässt sich aus dem historischen Verlauf keine wirkliche Veränderung für die Judenmission ersehen. Aus der Krise, in die sie sich durch ihre geschichtstheolo-

---

66 Vgl. BLO/Dep. C.M.J., d. 56/7: Commission to Palestine. Draft Report 1936.
67 Vgl. K. Crombie, *For the Love of Zion*, 196.
68 Vgl. Church Mission to Jews (Hg.): „*Opportunity out of Crisis" in Palestine. Incorporating the Report of the Commission to Palestine, 1936*, London 1936.

gische Sicht der Dinge und ihre mangelnde realpolitische Analyse selbst hineinmanövriert hatte, fand sie keinen Ausweg.

4.2. Die pro-arabische Haltung

Von Seiten der unter den Arabern wirkenden Missionen wurde die Bildung eines Judenstaates aus Sympathie für ihr Klientel, aus Gründen der politischen Fairness, einer dekolonialistischen Position, aber mitunter auch aus antijudaistischen oder antisemitischen Gründen abgelehnt.

Im *Boten aus Zion (BaZ)* des deutschen evangelischen Syrischen Waisenhauses, der größten christlich-missionarischen Berufsschule für arabische Schüler, wurden die Entwicklungen der Mandatszeit kritisch beleuchtet. Im Umfeld des Herausgebers, Hauptautors und Vorsitzenden des Evangelischen Vereins für das Syrische Waisenhaus, des Kölner Pfarrers Ludwig Schneller finden sich neben der Solidarisierung mit der arabischen Bevölkerung auch einige der in deutschen konservativen, protestantischen Kreisen nicht selten vorfindbaren antijudaistischen bzw. antisemitischen Stereotypen.[69] Der Autor der im Folgenden vorzustellenden Artikel blieb zwar anonym, da aber die meisten Artikel ohne direkte Autorenangabe im *BaZ* aus der Feder Ludwig Schnellers stammten, ist es naheliegend, ihm auch diese Beiträge zuzuschreiben.

1916 wurde in einem *BaZ*-Artikel über „Die Juden in Palästina" recht unpolitisch, romantisch historisierend das „Heimweh nach Asien" bzw. „das Heimweh nach Palästina" als Antrieb des zionistischen Interesses am Heiligen Land gewertet.[70] Wer sich „nur mit einiger Liebe in die Empfindungen des Judenvolkes" hineinversetze, könne „die ganze Glut der Sehnsucht" verstehen. In Europa seien die Juden unbeliebt, seien ohne harte Arbeit, wohl aber

---

69 Im *BaZ* 29. Jg., Heft 1 (1913), 1 wird eine Weihnachtsfeier beschrieben, auf der Knecht Ruprecht die Kinder damit erschreckt, dass er mit einer „Fratze des ewigen Juden" erschien.

70 Vgl. ohne Verfasser „Die Juden in Palästina", in: *BaZ* 32. Jg., Heft 3 (1916), 8–15, hier: 8.

durch „einen schlauen und verschlagenen Handel" zu einem Millionenvermögen und damit „an die Spitze der Völker" gelangt.[71] Dies habe historische, aber auch religiöse Gründe, die vor allem auf der „Unvollkommenheit der alttestamentlichen Erkenntnisstufe" beruhten.[72] Dass die als Lösung der Judenfrage favorisierte Assimilation im 19. Jahrhundert scheiterte, lag nicht nur an der mangelnden Anpassungsfähigkeit der Juden selbst, sondern auch an dem biblisch bezeugten „göttlichen Verhängnis", was auf die von Paulus in Römer 11 beschriebene Verstockung bzw. Blendung des Volkes Israels gegenüber der Christus-Offenbarung hindeutete. Dass sich nun ein Aufbruch der Juden nach Palästina zeige, dürfe den biblisch orientierten Christen weder gleichgültig lassen noch „mit dem Auge des Antisemiten" gesehen werden. Man müsse es vielmehr aus seinem Unglauben und Unglück „herauslieben."[73] Der *BaZ* bemängelte jedoch, dass der zionistischen Bewegung jedes religiöse Bewusstsein fehle und sie vom Rassengedanke geprägt sei. Gleichwohl hatte der *BaZ* noch – der *LJS/CMJ* nicht unähnliche – Sympathien für die *Restoration of the Jews*-Idee, die sich später aber verflüchtigten. Allerdings sah der Autor des *BaZ* die Chancen des Zionismus nicht in dessen Aktivitäten; ihn interessierte nicht, „was die Zionisten wollen, sondern das, was Gott mit dem Zionismus anfangen will. Und er kann die Bewegung zu ganz anderen Zielen führen, von denen sich die heutigen Führer, die oft völlig gleichgültig gegen den religiösen Hintergrund der Sache sind, von ferne nichts träumen sollen. Soll die Bewegung zu dem gottgewollten Ende kommen, so kann dies nur geschehen durch die Bekehrung des Volkes zu seinem Heilande [...]". Die Leser des *BaZ* wurden sogar aufgefordert, „den jüdischen Ansiedlern eine herzliche, in der heiligen Schrift begründete Sympathie entgegenzubringen."[74] Trotz geschichtstheologischer Übereinstimmungen mit den

---

71 Ebd., 9.
72 Ebd., 9.
73 Ebd., 11.
74 Ebd., 11.

christlichen Zionisten Englands, besaß Schneller genug politischen Realitätssinn, um die aktuellen Ziele der Zionisten richtig einschätzen zu können. Die ersten Siedlungserfolge der Juden in Palästina wurden zwar gewürdigt, aber auch kritisch beleuchtet, weil binnen weniger Jahre die Zweigstelle des Syrischen Waisenhauses in Bir Salem durch raschen Landzukauf „von lauter jüdischem Besitze umklammert ist."[75]

Nur wenige Monate später, im März 1917 erschien im *BaZ* erneut ein langer Artikel „Vom Zionismus", in dem geschichtstheologische Anklänge zum Tragen kamen.[76] Allerdings wurde nun als Konkurrenzphänomen beschrieben, hätten es doch sowohl der *Bote aus Zion* als auch die Zionisten auf Palästina „abgesehen".[77] Zudem wurde erneut die fehlende religiöse Orientierung des Zionismus im allgemeinen und die mangelnde Christus-Erkenntnis im Speziellen kritisiert: „Israel wird keinen Frieden finden, bis es den als seinen Herrn anerkennt, der der rechtmäßige König auch dieses Volkes und seines ‚heiligen' Landes ist, Jesus Christus."[78]

Die Reihe der Artikel „Vom Zionismus" wurde 1920 mit einer Abhandlung über die Judenfrage vom Beginn der Bibel bis heute fortgesetzt. Dessen Fokussierung auf die Bibel zeigt deutlich, dass der pietistische Lutheraner Schneller sich in seiner theologischen Methode kaum von englischen Judenmissionaren, durch seine antisemitischen Tendenzen aber sehr wohl von deren Philosemitismus unterschied.[79] Der Aufsatz bezeichnete die Juden als lästig und unbequem, deren erkennbare körperliche Unterschiede sie zum Außenseiter unter den Völkern Europas machten.[80] Für den antisozialistisch eingestellten Autor des Artikels waren es vor allem Juden

---

75 Ebd., 12.
76 Vgl. ohne Verfasser, „Vom Zionismus", in: *BaZ* 33. Jg., Heft 1 und 2 (1917), 12–24.
77 Ebd., 13.
78 Ebd., 23.
79 Vgl. ohne Verfasser, „Vom Zionismus", in: *BaZ* 36. Jg., Heft 3 (1920), 14–24.
80 Ebd.,14 und 18.

– von Trotzki bis Kurt Eisner – die im Europa der ersten Nachkriegsjahre politische Unruhe und Blutvergießen verursachten. Nach den Nebi-Mussa-Aufständen des Jahres 1920 war dem Syrischen Waisenhaus-Magazin klar, dass die „ruhigen Zeiten für das Heilige Land" vorüber waren. Der *BaZ* lehnte nun einen Judenstaat ab, weil er nur durch die Verdrängung der Araber aus ihrem Land möglich würde. Deshalb warb er dafür, das Selbstbestimmungsrecht der Völker auch und gerade den Arabern zuzugestehen. Auch die religiöse Perspektive wurde nun noch stärker unter den Vorzeichen einer Bekehrung zu Christus akzentuiert, was auch politische Konsequenzen mit sich brachte: Die Rückkehr ins Land der Väter sei keineswegs die Wiedergutmachung eines historischen Unglücks. Nach den Aussagen des Neuen Testament habe Jesus selbst über „dieses halsstarrige und hartnäckige Volk" das gerechte Urteil gesprochen, die Zerstörung des Tempels und die Vertreibung prophezeit. Jesus – und in seiner Nachfolge Paulus – knüpften die Bedingungen für eine göttliche Wiederannahme des Volkes an die Bekehrung „zu seinem Gott und seinem gekreuzigten Heiland."[81] Die Zionisten propagierten statt religiöser Einsicht „nur Selbstverherrlichung, Selbstbeweihräucherung als des edelsten, besten, genialsten aller Völker. Die beiden Hauptmerkmale des Judentums, die einst zur Verwerfung Jesu führten, sind heute noch genau dieselben wie damals."[82] Die rein politische Ausrichtung des Zionismus und der damit einhergehende Hass gegen das Christentum würden ihm zum Verhängnis werden und keinen Frieden bringen, auch wenn Millionen Juden nach Palästina einwanderten. Eine Vision einer zukünftigen Palästina-Politik konnte der Autor des *BaZ* nicht präsentieren, sondern ließ seinen Artikel mit polemischen Fragen enden: „Also die anderen Völker wollen die Juden nicht, die Einwohner und Eigentümer Palästinas wollen sie auch nicht – was soll man mit den Juden anfangen? Wo liegt die Lösung der Judenfrage?"[83]

---

81 Ebd., 20.
82 Ebd., 20.
83 Ebd., 24.

Ebenfalls motiviert durch den engen Kontakt zur arabischen Bevölkerung, aber ohne antijudaistische Töne, kamen Ende der 1930er Jahre verschiedene Vertreterinnen und Vertreter der anglikanischen Schulen, Kirchen, Missionen zusammen, um gegen die ihrer Meinung nach verfehlte Politik ihrer Regierung zu protestieren. Es ist naheliegend, dass sich die anglikanischen Araber-Missionen wie die Church Missionary Society (CMS) im Palästina-Konflikt auf die Seite der einheimischen Bevölkerung stellten.

Den Schritt in die Öffentlichkeit wagten vor allem Pädagoginnen der anglikanischen Eliteschulen, an denen die arabische Oberschicht erzogen wurde. Sie waren der Ansicht, dass die Polizei mit unangemessenen Methoden gegen die arabischen Freischärler vorgegangen war.[84] Die harten Abschreckungs- und Vergeltungsmaßnahmen wie das Sprengen von Häusern überführter arabischer Attentäter, Kollektivstrafen für ganze Dörfer, Übergriffe gegen muslimische Frauen, Misshandlungen und Folterungen der arabischen Rebellen in britischen Gefängnissen verstießen nach Ansicht der britischen Lehrerinnen gegen fundamentale Prinzipien der Gerechtigkeit und Menschenrechte und würden letztlich den Terrorismus nur weiter fördern.

Inger Marie Okkenhaug sieht in dem Protest der Pädagoginnen ein Anzeichen für einen politischen Transformationsprozess innerhalb des anglikanischen Lagers.[85] Die evangelikale Susanna P. Emery, von 1932–1948 Principal der English High School for Girls in Haifa, beurteilte die politischen Entwicklungen mit Hilfe ihres ethisch-pädagogischen Menschenbildes. Die Erziehung und das gesellschaftliche Miteinander basierten auf den Prinzipien des ‚character building' und des ‚public spirit'.[86] Sie glaubte, dass Palästina regierbar wäre, wenn sich die Menschen an den christlichen

---

84 Vgl. I.M. Okkenhaug, *The Quality of Heroic Living*, 173–213.
85 Vgl. z.B. I.M. Okkenhaug, „From Neutrality to Critic of British Mandate Policy: Anglican Women Teachers and the Arab-Jewish Conflict in Palestine, 1936–48", in: *Chronos. Revue d'Histoire de L'Université de Balamand* 6 (2002), 113–143.
86 Vgl. I.M. Okkenhaug, *The Quality of Heroic Living*, 185.

Moralcodex halten würden. Politik als Durchsetzung exklusiver Interessen widersprach diesem Ideal. Dass die zionistische Seite exklusive nationale Ansprüche auf Palästina erhob, offenbarte für sie das Fehlen eines „civic spirits" und rief ihren Protest hervor.[87] Sie unterstützte deshalb die bi-nationalen Pläne des langjährigen Präsidenten der Hebrew University, Jehuda Magnes,[88] arbeitete eng mit den arabischen Eltern zusammen und schrieb Protestbriefe an Regierungsbeamte in London.

Einen Schritt weiter ging die aus der CMS ausgeschiedene und damit unabhängige ehemalige Missionarin und Lehrerin Francis Newton. Sie suchte den direkten Weg in die britische Öffentlichkeit, um ihre Position deutlich zu machen. Die radikal pro-arabische Pädagogin, die bereits 1921 als ‚friendly advisor' eine arabische Delegation nach London begleitet hatte, schickte 1938 Material an

---

87 Ebd.
88 Der in San Francisco geborene Zionist Jehudah Leon Magnes entstammte einer deutsch-jüdischen Auswandererfamilie, promovierte – nach der Ordination zum Rabbiner am *Hebrew Union College* in Cincinnati (1900) – in Heidelberg zum Dr. phil. Er gehörte in Spitzenpositionen verschiedenen jüdischen Großorganisationen in Amerika wie dem *American Jewish Committee*, der *Federation of American Zionists* und *Kehillah* an, die verschiedenen Zweige des US-Judentums organisatorisch vereinigte. Er war mit 30 Jahren bereits Rabbiner der wohlhabendsten New Yorker Reformgemeinde, des *Temple Emanuel*. Magnes wandte sich nach heftigen Auseinandersetzungen wieder vom Reformjudentum ab und den jüdischen Konservativen zu. Politisch blieb er ein Linker. Während des Ersten Weltkriegs erntete er durch seinen Pazifismus, seinen moderaten Zionismus und seine Sympathie für die bolschewistische Revolution heftigen Widerspruch. Dank seiner hervorragenden Kontakte gelang es ihm, die tragenden Säulen des weltweiten Judentums für einen finanziellen Beitrag zum Aufbau der 1923 gegründeten Hebräischen Universität zu gewinnen. 1925 wurde er deren Kanzler und 1935 deren Präsident, ein Amt, das er bis zu seinem Tode im Jahre 1948 innehatte. Vgl. auch den Art. „Magnes, Judah", in: R. Medoff/C.I. Waxman, *Historical Dictionary of Zionism*, Lanham – London 2000, 118–120. Zu Berith oder Brit Shalom vgl. auch M. Buber, *Ein Land und zwei Völker. Zur jüdisch-arabischen Frage*. Hg. von P. R. Mendes-Flohr, Frankfurt/Main 1983, 102–126. Vgl. auch das programmatische Buch von M. Buber/J. Magnes, *Arab-Jewish Unity. Testimony Before the Anglo-American Inquiry Commission for the Ihud (Union) Association*, London 1947, Reprint Westport/Conneticut 1976.

die *Times*. Der Chefredakteur druckte es zwar nicht, gab es aber an Kolonialminister Ormsby-Gore weiter. Das zeigte Wirkung, denn Ormsby-Gore verlangte nun vom High Commissioner einen Bericht über das Vorgehen der Polizeikräfte.[89]

Newton sandte ihre Unterlagen auch direkt an das britische Parlament, den Völkerbund sowie die Lobbyorganisation *Arab Centre* in London, der sie unter dem Titel *Punitive Measures in Palestine* publizierte. Ormsby-Gore attackierte diese Schrift im Unterhaus und warf der Verfasserin vor, Lügen zu verbreiten. Newton ließ sich von diesem Angriff nicht abhalten und veröffentlichte zusammen mit dem *Arab Centre* einen zweiten, überaus regierungskritischen Bericht *Searchlight on Palestine, Fair-Play or Terrorist methods? Some personal Investigations by Francis Newton*.[90]

Newton warf den britischen Truppen ein überaus brutales Vorgehen gegen die arabischen Rebellen vor. Der anglikanische Bischof in Jerusalem, George Francis Graham Brown, der auch den Erzbischof von Canterbury über die Methoden der britischen Polizei informiert hatte, unterstützte Newtons Schritt an die Öffentlichkeit. Er wollte sich aber mit Rücksicht auf seine exponierte Stellung nicht an dieser Schrift beteiligen. Newton musste für ihre Philippika einen hohen Preis bezahlen: High Commissioner MacMichael verbannte sie für fünf Jahre aus Palästina.[91]

Etwa zwei Monate vor Beginn der St. James-Konferenz 1939, einer der letztlich gescheiterten Verhandlungsrunden zur Beilegung des Konflikts, plädierten verschiedene anglikanische Lehrer, Pfarrer und Missionare in einem Leserbrief an die *Times* dafür, die Anliegen der arabischen Seite stärker als bisher zu berücksichtigen.[92]

---

89 Vgl. I.M. Okkenhaug, *The Quality of Heroic Living*, 201 f.
90 Vgl. F. Newton, *Searchlight on Palestine, Fair-Play or Terrorist methods? Some personal Investigations by Francis Newton, London 1938* – zitiert nach I.M. Okkenhaug, *The Quality of Heroic Living*, 201.
91 Vgl. I.M. Okkenhaug, „From Neutrality to Critic of British Mandate Policy", 137.
92 Vgl. den Leserbrief „Palestine Problem", in: *The Times* vom 2.12.1938, EZA 5/3123. Zu den Unterzeichnern gehörten A.I. MacRae, von 1922–1926 General

Die nicht-offiziellen angelsächsischen Christen, wie sie sich selbst nannten, sahen im Leiden der einheimischen Bevölkerung und der Angst vor einer zu starken jüdischen Einwanderung zwei entscheidende Punkte für den Ausbruch der Revolte der späten 1930er Jahre. Die Unterzeichner setzten sich für eine friedliche und gerechte Lösung auf dem Verhandlungswege ein und forderten eine Amnestie für inhaftierte bzw. deportierte palästinensische Aufständische.

4.3. Schwierigkeiten einer Vermittlungsposition

Die offizielle anglikanische Seite bemühte sich um einen Mittelweg zwischen den Konfliktparteien. Die anglikanische Kirche sah sich nämlich aufgrund ihres theologischen Selbstverständnisses als reformierte katholische Kirche schon seit dem Ende des 19. Jahrhunderts als „‚peace-maker' between the different religious communities."[93]

Damit verbunden war auch das ökumenische Selbstverständnis des anglikanischen Bischofs *in* Jerusalem, sich selbst nur als Botschafter des Anglikanismus in Jerusalem zu betrachten und den Ehrenprimat des Orthodoxen Patriarchen unangetastet zu lassen. Diese kirchliche Haltung konvenierte mit der britischen Außenpolitik. Im Vergleich mit der Mandatsregierung war es für die anglikanische Kirche einfacher, eine Politik des Ausgleichs zu vertreten, weil sie keine rechtlichen oder politischen Verpflichtungen gegenüber den Streitparteien eingegangen war, sondern als moralisch-gesellschaftliche Größe handeln konnte. Mit der britischen Machtübernahme nahm der gesellschaftliche Einfluss des anglikanischen Bischofs zu. Er suchte selbst bzw. übernahm die an ihn herangetragene Rolle als Mediator zwischen den Konfliktparteien. Gerade die

---

Secretary des Y.M.C.A., Charlotte Ellis, von 1917–1938 Lehrerin an der Bishop Gobat School, J.P. Thornton Duesbury, der Headmaster der St. George's School in Jerusalem, die Schulrätin des anglikanischen Schulsystems, M.C. Warburton, CMS-Secretary J.W. MacInnes, Kenneth L. Reynolds, von 1904–1929 Headmaster, St. George's School in Jerusalem, Winfred A. Coate, Principal des Jerusalem Girls College und Eric F.F. Bishop, der Leiter der Newman School of Mission.

93   I.M. Okkenhaug, „From Neutrality to Critic of British Mandate Policy", 113.

christlich-arabische Bevölkerung sah in ihm eine zweite britische Autorität neben der Mandatsregierung. Entsprechend oft wurde der Bischof als Kanal oder Instrument zur Vermittlung arabischer Positionen adressiert.

Nach Vorstellung der Anglikaner sollte der Weg der Versöhnung modellartig in den anglikanischen Schulen umgesetzt werden. Toleranz und Respekt vor der Kultur und Religion des Anderen wurden dort großgeschrieben. Die anglikanischen Schulen verstanden sich deshalb als eine Art Miniaturausgabe des Völkerbundes.[94] Im Jerusalem Girls' College wurde 1931 von den älteren Schülerinnen sogar eine *League of Nations Union* gegründet, in der sechs Nationalitäten und drei Religionen vertreten waren.[95] Dieser Ansatz bewährte sich und half unter den Schülerinnen unterschiedlicher Herkunft, Spannungen abzubauen. Die Ausschreitungen der Jahre 1928/1929 hatten keine Auswirkungen auf die anglikanischen Schulen. Als die Mandatsregierung im Spätsommer 1936 überlegte, einige anglikanische Schulen aus militärischen Zwecken zu beschlagnahmen,[96] schaltete der Jerusalemer Bischof Lambeth Palace ein. Der Erzbischof von Canterbury, Cosmo Gordon Lang protestierte auf höchster politischer Ebene gegen diesen Plan und erklärte, dass die Schulen einen wichtigen Beitrag zur Befriedung des Landes leisten würden.[97] High Commissioner Wauchope zog daraufhin seine Pläne zurück und beschlagnahmte die Schulen nicht.

Lang selbst versuchte einen neutralen Friedens- und Vermittlungskurs einzuschlagen. In einem vertraulichen Brief aus dem Sommer 1936 an den Sekretär der freikirchlichen *Congregational*

---

94 Ebd., 114. Vgl. auch *Bible Lands* Nr. 126 – October 1930, 60–64.
95 Vgl. *Bible Lands* Nr. 127 – January 1931, 96 f.
96 Vgl. den Brief des neuen JEM-Sekretärs Matthew an Dr. Alan Don vom 23.10.1936 samt dem Memorandum Graham Browns *Possible Commandering of Christian Schools for Military Purposes*, LPL/Lang Papers 52.
97 Vgl. den Brief des Erzbischofs an High Commissioner Wauchope vom 27.10.1936 und dessen Antworten vom 5.11. und 10.11.1936 sowie das persönliche Schreiben des Erzbischofs an Wauchope vom 16.11.1936, LPL/Lang Paper 52.

Union of England and Wales, Rev. S.M. Berry erklärte Lang seine politische Haltung: Er bedauere die Entwicklungen in Palästina und führe regelmäßige Gespräche mit der Regierung, sehe aber darüber hinaus keine Möglichkeit, dass sich die Kirchen direkt engagieren könnten.[98] Zudem besprach er sich regelmäßig mit Zionistenführer Chaim Weizmann, mit den Spitzen des Kolonial- und des Außenministeriums und empfing arabische Delegationen zum Gedankenaustausch.

Gerade der zweite Bischof in der Mandatszeit, der evangelikale Theologe und Pädagoge George Francis Graham Brown, versuchte sich als Brückenbauer zu betätigen. Sein Vorgänger Rennie MacInnes hatte durch sein weitreichendes gesellschaftliches und politisches Engagement zwar die Position des Bischofs aufgewertet. Zum Mediator taugte er aber wenig, stand er doch trotz einiger hochrangiger Beziehungen ins jüdische Lager dem Zionismus kritisch gegenüber.[99] Bereits wenige Jahre nach dem Krieg beobachtete MacInnes, dass sich der Zionismus in Palästina anders als in Europa verhalte. Er war verwundert, dass die britische Regierung den Juden oft freie Hand bei der Gestaltung der jüdischen Heimstätte lasse. Deshalb habe das „British prestige, which was so high after the liberation" sehr gelitten und es gäbe eine Reihe von arabischen Stimmen, „who now say to us that they wish the British had never come near their country at all if we are only going to hand it over to the Jews, for they (the people) would far prefer to have the Turks back again."[100] Er bezweifelte, dass die Regierung gegen den Willen der arabischen Bevölkerung die Zusagen der Balfour-Erklärung durchsetzen könne. MacInnes befürchtete aus heutiger Sicht durchaus zutreffend, dass sich in Palästina ein langwieriger Konflikt entwickeln würde.

---

98 Vgl. den vertraulichen Brief des Erzbischofs an Berry vom 22.7.1936, LPL/Lang Papers 52.
99 Vgl. R.A. Farah, *In troubled waters*, 87.
100 Vgl. MacInnes Brief an den Erzbischof von Canterbury vom 28.2.1920, LPL/R.T. Davidson Papers 400.

Wie auch andere kirchlich-missionarische Akteure in Palästina, beurteilte auch Graham Brown die Entwicklungen im Heiligen Lande aus biblischer Perspektive. Dabei oszillierte er eigentümlich zwischen politischem Realitätssinn und theologischen Visionen. In einem Brief an den Sekretär der seinem Bistum unterstellten *Jerusalem and the East Mission* vom 15.10.1936 machte er klar, dass die Schaffung einer nationalen jüdischen Heimstätte nicht durch die Vorhersagen des Alten Testaments gedeckt sei. Den jüdischen Anspruch auf das Heilige Land wies er aus theologischen Gründen zurück, weil die prophetischen Aussagen über das Heilige Land auf die Kirche als das neue Israel übergegangen seien. In Christi Predigt sei vom spirituellen Israel die Rede.[101] Als wenig später die Royal Commission unter Lord Peel zur Untersuchung der Unruhen ins Heilige Land kam, schrieb er an den Missionsfunktionär John Oldham über die geradezu göttliche Aufgabe der Politik: „I am convinced that unless the members of the Royal Commission view their work in full acknowledgement that there is a purpose of God for this land and people, their best endeavours will fail to produce ultimate peace."[102] Graham Brown schwebte eine christliche Lösung für Palästina vor, die in einer Hinwendung aller Konfliktparteien zu Christus gründe. Er war sich jedoch im klaren, dass dies eine politisch kaum zu realisierende Vision war. So setzte er sich realpolitisch für den Schutz der heiligen Stätten und die Minderheitenrechte der Christen ein und favorisierte eine pazifistisch-visionäre Lösung des Palästina-Konflikts. Graham Brown lag damit cum grano salis auf der Linie des charismatischen Präsidenten der Hebräischen Universität und liberalen Rabbiners, Jehuda Magnes. Zusammen mit Magnes versuchte der Bischof, moderate Kräfte beider Konfliktparteien zusammenzubringen. Magnes kooperierte intensiv mit *Berith Shalom*, einer 1925 von einem Kreis jüdischer Intellektueller um Joseph Horowitz, Hans Kohn, Arthur Ruppin, Samuel Hugo Bergman, Martin Buber und Gershom Sholem gegründeten

---

101 Zitiert nach R. A. Farah, *In troubled waters*, 111.
102 Ebd.

Organisation, die sich für einen bi-nationalen Staat und eine enge arabisch-jüdische Verständigung einsetzte. Vorbild für dieses staatliche Modell war die Schweiz.[103] *Berith Shalom* ging davon aus, dass die beiden Völker mehr Gemeinsamkeiten als Unterschiede hätten und deshalb in einem gemeinsamen Staat zusammenleben könnten. Hinter diesem Modell steckten zwei strategische politische Gedanken, nämlich der Wunsch, den Status quo im Lande auf friedlichem Wege zu ändern und die Erkenntnis, dass eine Feindschaft mit den Arabern die Existenz einer jüdischen Heimstätte in Palästina dauerhaft gefährden würde.

Die Vertreter der bi-nationalen Idee waren Juden mit hohen, um nicht zu sagen absoluten moralischen Vorstellungen, die die Prinzipien der Gerechtigkeit, des Pazifismus und des Sozialismus umsetzen wollten. Buber leitete diese Prinzipien aus der Bibel ab und sah das jüdische Volk von Gott zur moralischen Führerschaft in der Welt berufen.[104] Diese idealistisch-moralische Vision setzte jedoch ein hohes Maß an Kompromissbereitschaft voraus, die in der Zwischenkriegszeit nicht vorhanden war. So scheiterten die leidenschaftlich für ihre Idee kämpfenden Intellektuellen an der Realpolitik. Auch auf arabischer Seite gab es wenig Sympathien für eine bi-nationale Lösung,[105] die auch Graham Brown favorisierte.

Während Unruhen der späten 1930er Jahre, versuchte Graham Brown zunehmend einen schwierigen Spagat, weil er einerseits weiter als Vermittler auftreten wollte und deshalb mit Magnes als einem hochrangigen Repräsentanten des liberalen Judentums kooperierte, er sich andererseits aber zunehmend zum Sprachrohr der arabischen Christen machte. Der Bischof unterstützte die Bemühungen der arabisch-anglikanischen Gemeinden, die im wesentlichen die Positionen der arabischen Nationalbewegung vertraten

---

103 Vgl. S.L. Hattis, *The Bi-national Idea in Palestine during the Mandatory Times*, 21.
104 Ebd., 28–30.
105 Ebd., 318–324.

– nämlich das Einfrieren der jüdischen Einwanderung und einen Stopp des Landverkaufs.[106]

Als die Peel-Kommission[107] im Herbst 1936 ihre Arbeit aufnahm und die Gründe der arabischen Revolte untersuchte, hielt sich Graham Brown in der Öffentlichkeit zurück, führte aber hinter den Kulissen unermüdlich Gespräche und versuchte über den Erzbischof von Canterbury Einfluss auf Whitehall zu nehmen. Zwischen dem 10.11.1936 und dem 14.11.1936 erarbeitete der Jerusalemer Bischof ein zehnseitiges Memorandum zur Situation in Palästina, das er dem Erzbischof schickte.[108] Graham Brown kam zu dem Schluss, dass die britische Regierung eine erkennbare politische Geste machen müsste, um das Vertrauen der Araber wiederzuerlangen. Ein solcher Schritt könnte der Stopp der jüdischen Immigration sein. Das würde zwar einen massiven jüdischen Protest hervorrufen und vermutlich die Zahl der wirklich Kommenden gar nicht reduzieren, hätte aber eine nachhaltige psychologische Wirkung. Als einziger christlicher Bischof suchte er zudem das Gespräch mit der Royal Commission, um ihr die Anliegen der christlichen Gemeinschaften in Palästina nahe zu bringen. Er machte dabei auf die wachsenden Spannungen zwischen Christen und Muslimen sowie die Diskriminierung der *Hebrew Christians* durch die Jewish Agency aufmerksam.

In einem zweiten, ebenfalls für Lambeth Palace erarbeiteten Memorandum vom Januar 1937[109] entwickelte er Modelle, wie Palästina international verwaltet werden könnte. Da er weiter daran festhielt, dass die religiöse Bedeutung des Landes der Schlüssel zur Lösung des Konflikts sei, plädierte er für die Errichtung eines *Religious Advisory Council*, der als Beratungsorgan neben einen *Legislation Council* treten sollte. Der Bischof sprach sich zudem für *Round Table Conference* aus, an der Vertreter aller beteiligten Grup-

---

106 Vgl. R. A. Farah, *In troubled waters*, 111.
107 Vgl. G. Krämer, *Geschichte Palästinas*, 325–332.
108 Ebd.
109 Vgl. Graham Browns Brief an Lang vom 15.1.1937, LPL/Lang Papers 52.

pierungen teilnehmen sollten. Dazu kam es schließlich im Januar 1939. Außerdem sollte sich die britische Regierung seiner Meinung nach endlich zu einer eindeutigen Interpretation des Mandats durchringen.[110]

Dank seiner guten Kontakte wurde Graham Brown sogar in einer hochpolitischen Angelegenheit vom *Arab Higher Committee* als Vermittler beansprucht. Das wichtigste arabische Gremium hatte sich nach einer mehrmonatigen Verweigerungshaltung doch noch dazu entschieden, mit der Peel-Kommission zu sprechen. Der Bischof kontaktierte den Sekretär der Kommission, die natürlich Interesse hatte, das *Arab Higher Committee* zu empfangen. Graham Brown organisierte einen inoffiziellen Empfang für die Häupter aller Religionen und die Kommission.[111]

Im Oberhaus unterstützte Lang derweil die Teilungspläne der Peel-Kommission, die eine arabische, eine jüdische und eine internationale Zone vom Mittelmeer bis Jerusalem umfassten.[112] In der Presse wurde Langs Position als pro-zionistisches Statement gewertet, weil der Erzbischof über den Peel-Report hinausgehend den Einschluss bestimmter Stadtviertel Jerusalems in den jüdischen Sektor empfohlen hatte.[113] So titelte die Zeitung *Near East*: „Dr Lang supports Zionism" und die *Palestine Post* schrieb am 22.7.1937: „Primate urges Jerusalem's inclusion in Jewish State". Während Weizmann ihm überschwänglich für seine Rede dankte und sein Eintreten für ein jüdisches Jerusalem im neuen Juden-

---

110 Zudem kritisierte Graham Brown die Amtsführung des High Commissioners Sir Arthur Wauchope (1931–1937), der das Vertrauen der Bevölkerung verspielt habe. Diese Bemerkung schien Lang offenkundig gekränkt zu haben, da er Wauchope zu seinen persönlichen Freunden zählte und ihn als einen Menschen mit großen christlichen Idealen schätzte. Vgl. Langs Antwort an Graham Brown vom 30.1.1937, LPL/Lang Papers 52.
111 Vgl. den Brief Graham Browns an Lang vom 21.1.1937, LPL/Lang Papers 52.
112 Vgl. Parliamentary Debates (Lords), 5th series, 106, London 1937, cols. 645–53 – zitiert nach G. Turner, „Archbishop Lang's Visit to the Holy Land in 1931", 356.
113 Vgl. LPL/J.A. Douglas Papers 15.

staat niemals vergessen wollte, musste sich Graham Brown mit den Beschwerden verschiedener arabisch-christlicher Delegationen auseinandersetzen.

Mit seiner Vorliebe für die Privatdiplomatie und unorthodoxe Vermittlungsvorschläge scheinen sich Magnes und Graham Brown trotz ihrer unterschiedlichen theologischen Positionen wechselseitig ergänzt zu haben. Das Bemühen, die moderaten Kräfte auf beiden Seiten zu gewinnen, zeigte kaum Früchte, weil die Hardliner diese Vermittlungsbemühungen ins Leere laufen ließen. Über sein Vorgehen informierte Graham Brown die Mandatsregierung stets nur in groben Zügen. Sie schätzte zwar seine Kenntnis des Landes, missbilligte aber diese Geheimdiplomatie, ohne ihn jedoch an seinem Vorgehen zu hindern.[114]

Auch Lang respektierte Graham Browns Engagement und begrüßte die bi-nationalen Lösungsmodelle.[115] Er zweifelte jedoch offen daran, dass die zionistischen und die arabischen Entscheidungsträger jemals diesem Plan zustimmen würden.

Kurz vor Beginn der St. James-Konferenz[116] im Februar 1939, zu der sich arabische und zionistische Vertreter zu allerdings ergebnislosen Verhandlungen in London trafen, wandte sich der Erzbischof mit einem Leserbrief in *The Times* an die Öffentlichkeit. Er erinnerte an die gedächtnisgeschichtliche Bedeutung des Heiligen Landes als Ort der Passion Christi und appellierte an alle „Christian people in our own land to pray for the conference [...] that once again the message of peace and good will among men may be given in the Holy Land to its own people and sent forth from it to a troubled world."[117] Mit diesem geistlichen Wort wollte Lang seiner Vermittlerrolle gerecht werden. Auch die britische Diplomatie

---

114 Vgl. Graham Brown an Lang vom 10.2.1938 mit 14seitigem Memorandum, LPL/Lang Papers 53.
115 Vgl. den Brief des Erzbischofs an Graham Brown vom 7.3.1938, LPL/Lang Papers 53.
116 Vgl. z.B. G. Krämer, *Geschichte Palästinas*, 342.
117 Vgl. den „Letter to The Editor" des Erzbischofs, *The Times* vom 3.2.1939, EZA 5/3123.

hatte sich vorgenommen, auf der St. James-Konferenz als Mediator aufzutreten. Sie wollte Juden und Araber an einen Tisch bringen und zwischen den Konfliktparteien vermitteln. Da sich die arabische Delegation weigerte, in direkte Verhandlungen mit den Zionisten einzutreten, ließ sich dieser Plan nicht realisieren.

Zusammenfassend lässt sich also festhalten, dass die anglikanische Kirche – allerdings de facto und nicht intentional – ihre Rolle als Vermittler auf zwei Schultern verteilte. Graham Brown bemühte sich durch Privatdiplomatie vor Ort darum, unterschiedliche Gesprächspartner zusammenzubringen und kämpfte für eine bi-nationale Lösung des Konflikts. Seine theologische Gesamtsicht der Dinge und die in seinen Augen ungerechte britische Mandatspolitik ließen ihn doch zunehmend Sympathien für die arabische Seite entwickeln. Dagegen pflegte Erzbischof Lang einen intensiveren Kontakt mit Weizmann und vertrat in der Öffentlichkeit mitunter pro-zionistische Anliegen. Lang gelang es dank seiner exponierten Stellung besser als Graham Brown mit den politischen Entscheidungsträgern in Kontakt zu treten. Auch wenn beide sich als kirchliche Vertreter in einer neutralen Mediatoren-Position wähnten, behielten sie diese nicht immer bei, sondern wurden ihren Rollen zugunsten eines einseitigen Engagements mitunter untreu. Letztlich hoben sich die unterschiedlichen Haltungen der beiden Bischöfe jedoch auf, was mit Sicherheit die Durchschlagskraft der Kirche in politischen Fragen eher schwächte.

Auch die ihrer politischen Analyse zugrundeliegenden theologisch-gedächtnisgeschichtlichen Überzeugungen ließen sich nur bedingt in konkrete politische Handlungsanweisungen umsetzen. M. Småberg sieht die Leistung der anglikanischen Kirche darin, dass sie eine „spiritual solution" als „complement to the existing official political negotations" angeboten habe.[118] Gerade indem die Kirche als „an informal third party" aufgetreten sei, hätte sie einen

---

118 Vgl. M. Småberg, *Ambivalent Friendship*, 164 f.

Beitrag zur Konfliktlösung beitragen können.[119] Die anglikanische Kirche brachte ihre ethischen und religiösen Maxime deshalb in den Vermittlungsprozess ein, weil sie als moralische Autorität meinte, dass die Konfliktparteien ihr Verhältnis durch einen „moral change" auf eine neue Basis stellen müssten. Dieses Bemühen stieß jedoch da an Grenzen, wo geistliche Angebote nicht zum Kern des Konflikts vorstießen bzw. die Kirche nur als Mediator, nicht aber als Lösungsgeber gesehen wurde. Småberg kritisiert zudem, dass die Protagonisten der anglikanischen Ideen von „peacemaking, mediation and friendship" wenig selbstkritisch ihren impliziten christlichen Universalismus und den damit verbundenen protestantischen Kulturpaternalismus in den Konflikt hineintrugen und nicht recht erkannten, dass ihre Werte nur begrenzte Überzeugungskraft für Juden und Araber besaß.[120] Über Småberg hinausgehend erscheint es mir fraglich, ob die mitunter fehlende außenpolitische Analyse bzw. das Übergewicht theologisch-moralischer Deutungsmuster den engagierten Bischöfen nicht den Blick für die Realitäten und vor allem auch ihre eigene Rolle trübte. Trotz des gesellschaftlichen Bedeutungszuwachses der anglikanischen Kirche in der Mandatszeit scheint doch gerade ein Bischof wie Graham Brown, anders als der Erzbischof von Canterbury, seine Rolle etwas überschätzt zu haben. Was den Anglikanern fehlte, war ein politischer Think Tank, der theologische Grundüberzeugungen und politische Expertise zusammenführte.

Mit diesem Problem sahen sich die deutschen Protestanten in der Mandatszeit nicht konfrontiert. Was die Palästinafrage angeht, hielt sich der Deutsche Evangelische Kirchenausschuss, aber auch der deutsche Propst in Jerusalem öffentlich völlig zurück. Wie der britische Historiker Jonathan Wright ausführte, bewegten sich die

---

119 Ebd., 166. Dass Småberg in ihrer Analyse fast ausschließlich den Beitrag der Bischöfe und der Schulen in den Blick nahm und damit die abweichenden prozionistischen bzw. pro-arabischen Positionen der Missionen weitgehend übersah, ist bedauerlich.
120 Ebd., 134.

deutschen evangelischen Kirchenführer auf außenpolitischem Gebiet weitgehend in den Bahnen der deutschen Außenpolitik. Da Palästina nicht zu den vorrangigen Zielen der deutschen Außenpolitik gehörte, gab es für den Deutschen Evangelischen Kirchenausschuss keinen Grund, sich auf diesem Gebiet zu exponieren.[121]

Der außenpolitische Kurs des langjährigen Präsidenten des altpreußischen Oberkirchenrates und des Deutschen Evangelischen Kirchenausschusses, Hermann Kapler zeigte deutliche Übereinstimmungen mit der Politik Stresemanns. Beiden ging es darum, Deutschland aus der Isolation zu führen – Kapler auf ökumenischem Gebiet, Stresemann auf diplomatischem Parkett. Kapler versuchte deshalb, „die ausländischen Kirchen von der unumgänglichen Notwendigkeit einer Änderung des Versailler Vertrags zu überzeugen..."[122] Kritik blies Kaplers Ökumene-Kurs sowohl von pazifistischer als auch von nationalistischer Seite entgegen. In der Weimarer Republik hielten es die Kirchenführer für ihre Pflicht, auf außenpolitischem Gebiet die deutschen Interessen zu unterstützen, wobei dies eher aus Liebe zur Nation als zur Demokratie geschah. Auf internationalen kirchlichen Konferenzen protestierten führende deutsche Protestanten gegen den Versailler Vertrag und lehnten die Kriegsschuldklausel in Artikel 231 ab.[123]

Eine gewichtige Rolle spielten die deutschen evangelischen Kirchen- und Missionseinrichtungen nach 1918 aber im Kontext der auswärtigen Kulturpolitik, mit der die Weimarer Republik nach dem Versailler Vertrag verlorenes Terrain zurückerobern wollte. Die evangelischen Einrichtungen in Palästina wurden vom Auswärtigen Amt großzügig gefördert. Die Schulen in Palästina wurden als Propagandaschulen für die deutsche Kultur verstanden und sollten die arabische Mittel- und Oberschicht positiv für Deutschland einnehmen. Nach 1933 änderte sich die Politik, weil die Nazis an diesem kulturpolitischen Werbeeffekt kein Interesse mehr zeigten. Sie

---

121 Vgl. J.R.C. Wright, „Über den Parteien", 105.
122 Ebd., 114.
123 Ebd., 115.

verlangten die Schulen gleichzuschalten; sie sollten vor allem der Erziehung der deutschen Kinder im nationalsozialistischen Geiste dienen. Dagegen wehrte sich die evangelische Kirche, wenn auch erfolglos.

Der religionspolitische und ökumenische Spielraum für die deutschen Pröpste an der repräsentativen Erlöserkirche in Jerusalem wurden in der Zwischenkriegszeit durch die politischen Rahmenbedingungen stark begrenzt. In einer unveröffentlichten, politischen Abhandlung für die Evangelische Jerusalem-Stiftung aus dem Jahre 1934 würdigte etwa Propst Ernst Rhein die Modernisierungsleistung des jüdischen Sektors für das ganze Land.[124] Auch er unterstützte die bi-nationale Lösung des Palästina-Konflikts. Weiter ging er nicht, nicht zuletzt deshalb, weil eine einseitige Position die evangelischen Institutionen im Lande gefährdet hätte.

5. Sechs Thesen zur Rolle der Kirchen als transnationale Akteure im Palästinakonflikt

1. Die anglikanische Kirche erlebte in der Zeit des britischen Mandats eine enorme Aufwertung ihrer gesellschaftlichen und religionspolitischen Rolle. Der Bischof in Jerusalem, der sich historisch als Botschafter des Anglikanismus beim Orthodoxen Patriarchen verstand, wurde zu einer dominierenden Figur der Jerusalemer Ökumene. Auch innerhalb der britisch-anglikanischen Mandatsgesellschaft kam ihm Bedeutung zu, was der intensive Austausch zwischen dem jeweiligen Bischof, den Spitzen der Mandatsverwaltung und der Regierung in London zeigte. Sogar von den zionistischen Organisationen und der arabischen Nationalbewegung wurde sein öffentliches Auftreten genau verfolgt.

2. Die anglikanische Kirche besaß kein elaboriertes außenpolitisches Konzept, mit dem sie auf die drängenden Fragen

---

[124] Vgl. Rheins Ausarbeitung „Was geht in Palästina vor sich?" für das E.J.St.-Kuratorium vom 19.2.1934, EZA 56/38.

des Palästina-Konflikts hätte angemessen politisch reagieren können. Das lag daran, dass die Anglikaner theologisch und nicht politisch reagierten. Allen drei geschilderten Reaktionsmustern lagen zum Teil utopische, zumindest stark idealistische, biblisch geprägte Vorstellungen von Politik zugrunde: Die Judenmission begrüßte die Zionisten aufgrund ihrer *Restoration of the Jews*-Idee. Die Arabermission bekämpfte die Zionisten aus anti-judaistischen Motiven. Der binationalen Vermittlungsvorstellung der Anglikaner lag eine Selbststilisierung der Kirche als Brückenbauer zugrunde, die jedoch eine realpolitische Selbstüberschätzung war. Strategisches außenpolitisches Denken war den Kirchen in der ersten Hälfte des 20. Jahrhunderts fremd.

3. Im Verlauf des Palästinakonflikts veränderte sich die Haltung des anglikanischen Establishments in Palästina. Noch mehr als sein Vorgänger MacInnes Anfang der 1920er Jahre neigte Graham Brown dazu, sich in den politischen Konflikt zugunsten der arabischen Seite einzumischen. Damit verließ er mitunter die Rolle als Mediator im politischen Konflikt. Auch der Erzbischof von Canterbury, Cosmo Gordon Lang beließ es nicht bei einem Neutralitätskurs, sondern unterstützte punktuell die Zionisten. Damit war die anglikanische Spitze intern gespalten, was ihre Einflussnahme im politischen Konflikt erschwerte.

4. Die deutschen Protestanten mussten sich aufgrund der geschwächten deutschen Position auf internationalem Parkett mit politischen Stellungnahmen zum Palästina-Konflikt zurückhalten. Sie schlugen deshalb – auch nach 1933 – einen unzweideutigen Neutralitätskurs ein. Lediglich auf kulturpolitischem Gebiet verstanden sie sich zu profilieren und setzten Akzente durch anerkannte Schulen, Krankenhäuser und Wohlfahrtseinrichtungen. Mit der Machtübernahme der Nationalsozialisten wurde die kulturpropagandistische Haltung

der Weimarer Zeit weitgehend aufgegeben und die Gleichschaltung der deutschen Diaspora vorangetrieben.

5. Welchen Einfluss die Kirchen im außenpolitischen Konzert einnahmen, hing also letztlich von den Vorgaben der Diplomatie ab. Wurden die Kirchen gebraucht, wie im 19. Jahrhundert, gewannen sie an Gewicht, dominierte die Realpolitik, schwand ihr Einfluss. Das gleiche gilt auch für ihre Rolle als konfliktregelnde „third party": Solange die kirchlichen Akteure als Mediatoren akzeptiert wurden, konnten sie aktiv und konstruktiv konfliktregelnd tätig werden. Schwand das Interesse an Vermittlung, war auch der kirchliche Einfluss auf den Lösungsprozess dahin. Die eigenständige Geheimdiplomatie erwies sich als ehrenwerter, aber wenig fruchtbarer Sonderweg.

6. Insgesamt fällt auf, dass die Kirchen- und Missionsvertreter sich selbstbewusst am öffentlichen Diskurs über den Palästina-Konflikt beteiligten. Die Anglikaner als Bürger einer etablierten Demokratie taten sich auf diesem Felde leichter und gingen offensiver vor als die deutschen Protestanten, die nach der Kriegsniederlage eine starke Zurückhaltung an den Tag legten. Auch wenn ihr ein durchschlagender Erfolg verwehrt blieb, zeigte sich die Leitung der anglikanischen Kirche als politisch verantwortungsbewusster Bestandteil der britischen Zivilgesellschaft. Auf außenpolitischem Gebiet war die anglikanische Kirche eine transnationale Größe ‚in the making': *Errors and Omission Excepted.*

Anmerkungen zur Standortbestimmung der Kirchlichen Zeitgeschichte

von Martin Greschat

In den folgenden Überlegungen geht es um den Versuch, den aktuellen Stand der Erforschung der Kirchlichen Zeitgeschichte zu umreißen. Wo stehen wir? Was war früher einmal intendiert? Was wurde erreicht – und was nicht? Ausdrücklich sei betont, dass es sich bei den folgenden Ausführungen um meine individuelle Sicht der Vorgänge handelt. Ich denke aber, dass es dabei nicht nur um eine subjektive Auffassung geht.

I.

Die wissenschaftliche Arbeit lebt von der Kooperation. Das bedeutet einerseits, dass sie auf die Zusammenarbeit der Forschenden untereinander angewiesen ist, auf den Diskurs, wozu Anregungen und Anfragen der verschiedensten Art ebenso gehören wie Zustimmung und Kritik. Zu jener Kooperation gehört andererseits die Resonanz in der Öffentlichkeit, also die größere oder geringere Wirkung der Ergebnisse der Forschung. Für beide Faktoren sind wissenschaftliche Organisationen von Bedeutung. Institutionell befassen sich mit der hier verhandelten Thematik das Institut für Zeitgeschichte in München, sodann die von der katholischen Bischofskonferenz eingerichtete ‚Kommission für Zeitgeschichte' sowie die von der EKD getragene ‚Evangelische Arbeitsgemeinschaft für Kirchliche Zeitgeschichte'. Das Münchener Institut gibt eine wissenschaftlich renommierte Zeitschrift heraus, die *Vierteljahrshefte für Zeitgeschichte*.[1] Kirchliche Themen werden, jeweils

---

1 Abgekürzt: VfZ, Bd. 1 ab 1953 ff.

im internationalen Überblick, in der von Gerhard Besier und anderen edierten „Kirchlichen Zeitgeschichte" behandelt.[2] Über eigene wissenschaftliche Reihen verfügen die Katholiken ebenso wie die Protestanten. Darin werden sowohl Quellen als auch Untersuchungen veröffentlicht – wobei die wissenschaftliche Produktion der Katholiken die der Evangelischen sowohl quantitativ als auch qualitativ eindeutig überragt.[3] Ohne hier auf Einzelheiten einzugehen, muss allerdings erwähnt werden, dass die Vorläuferin der heutigen Evangelischen Arbeitsgemeinschaft, nämlich die „Kommission für die Geschichte des Kirchenkampfes in der nationalsozialistischen Zeit" zwischen 1959 und 1975 neunundzwanzig Bände zu dieser Thematik herausgebracht hat.[4] Dabei handelte es sich weitgehend um Studien von Zeitzeugen, die im Lager der Bekennenden Kirche gestanden und agiert hatten. Der Weg zur professionellen wissenschaftlichen Bearbeitung der Kirchlichen Zeitgeschichte war bei den Protestanten erheblich mühsamer und komplizierter als bei den Katholiken.

Darauf kann ich hier nicht weiter eingehen. Nur so viel sei angemerkt: Auf der evangelischen Seite haben sich in erster Linie Kirchenhistoriker, Theologen also, mit der Erforschung der Kirchlichen Zeitgeschichte befasst. Dabei spielten naturgemäß theologische Gesichtspunkte eine wichtige Rolle. Das ist selbstverständlich berechtigt und wichtig. Problematisch erscheint es jedoch, wenn in diesen Studien die theologische Fragestellung zur dominierenden Interpretationskategorie der Geschichte avanciert. Was mit diesem Einwand gemeint ist, lässt sich gut am Beispiel der Darstellungen der erbitterten Auseinandersetzungen innerhalb der evangelischen Kirche über die Wiederbewaffnung und Westintegration der Bun-

---

2 KZG, ab 1987 ff.
3 Während die Kommission inzwischen rund 50 Bände mit Quellen und 100 mit Untersuchungen publiziert hat, darunter Habilitationsschriften, belaufen sich die Zahlen der Arbeitsgemeinschaft auf 8 bzw. 40 Bücher.
4 Vgl. hierzu Gertraud Grünzinger-Siebert (Hg.), Registerband (Arbeiten zur Geschichte des Kirchenkampfes 30), Göttingen 1984.

desrepublik veranschaulichen. Im Mittelpunkt der wichtigen Arbeiten von Diether Koch,[5] Johanna Vogel,[6] Karl Herbert[7] und weitgehend auch noch bei Michael Klein,[8] zu schweigen von Pamphleten in wissenschaftlichem Gewand,[9] steht das Problem der angemessenen theologischen Begründung des Wehrbeitrags, die Auseinandersetzung zwischen konfessionellen Lutheranern hier und den Barthianern auf der anderen Seite. Unterlegt wird diese Interpretation mit dem traditionellen nationalen, nun gesamtdeutschen protestantischen Selbstverständnis. Die Kritik an der CDU/CSU und Adenauers Deutschlandpolitik erscheint dann nur konsequent. Die daraus erwachsenden fragwürdigen Konsequenzen müssen uns jetzt nicht beschäftigen. Für nachdenkenswert halte ich allerdings das Faktum, dass rund ein halbes Jahrhundert lang diese einseitig theologisch qualifizierte Auslegung der Anfangsjahre der Bundesrepublik in evangelischen kirchlichen Kreisen dominierte. Wichtig erscheint mir hier der methodische Hinweis auf die wissenschaftliche Engführung, die darin liegt, dass mit jener kirchlich-theologischen Deutung die Ausblendung zentraler historischer Fakten und Fragestellungen Hand in Hand geht. Abgekürzt formuliert: Nicht die theologischen Auseinandersetzungen im Protestantismus, auch nicht der gute oder böse Wille in Bonn oder Pankow entschieden doch über den politischen Weg Deutschlands nach 1945, sondern die Interessen und Zielsetzungen der beiden Hegemonialmächte, also der USA und der UdSSR.

Gerechterweise muss man erwähnen, dass die vielleicht wichtigsten Beiträge zur evangelischen Kirchlichen Zeitgeschichte nicht unter solchen Auspizien und auch nicht in der offiziellen Reihe er-

---

5 D. Koch, *Heinemann und die Deutschlandfrage*, München 1972.
6 J. Vogel, *Kirche und Wiederbewaffnung*, Göttingen 1978.
7 K. Herbert, *Kirche zwischen Aufbruch und Tradition*, Stuttgart 1989.
8 M. Klein, *Westdeutscher Protestantismus und politische Parteien*, Tübingen 2005.
9 Dazu zählen Martin Lotz, *Evangelische Kirche 1945–1952*, Stuttgart 1992, sowie Andreas Permien, *Protestantismus und Wiederbewaffnung 1950–1955*, Köln 1994.

schienen sind. Ich nenne einige Beispiele, um die Breite und Vielfalt des Erarbeiteten zu veranschaulichen: Die Untersuchungen von Gottfried Mehnert und Jochen Jacke über die Reaktionen evangelischer Kirchen auf Zusammenbruch und Revolution 1918/19;[10] die großen Darstellungen von Kurt Meier und Klaus Scholder zur Geschichte der evangelischen bzw. evangelischen und katholischen Kirche in der Zeit des Nationalsozialismus;[11] die Arbeit von Kurt Nowak über den „politischen Weg des deutschen Protestantismus" in der Weimarer Republik[12] und von Jochen-Christoph Kaiser über die Innere Mission vom Ausbruch des Ersten Weltkriegs bis zum Jahr 1945;[13] die Studie von Clemens Vollnhals zur Entnazifizierung in den evangelischen Kirchen in den westlichen Besatzungszonen[14] und schließlich meine Darstellung der politischen und kirchlichen Weichenstellungen in sämtlichen vier Besatzungszonen nach 1945.[15]

Es kann nicht das Ziel dieser Ausführungen sein, einen vollständigen Überblick über die weitverzweigten Arbeitsfelder der evangelischen Kirchlichen Zeitgeschichte und ihre Ergebnisse zu bieten.[16] Erwähnt seien aber wenigstens die von Günter Brakelmann vorgelegten und angeregten Studien zum sozialen Protestantismus, die Arbeiten zum Verbandsprotestantismus von Jochen-Christoph Kaiser und seinen Schülern, ebenso die Untersuchungen zur Genderforschung, zur Oral History, zur Kulturgeschichte usf. In allen

---

[10] G. Mehnert, *Evangelische Kirche und Politik 1917–1919*, Düsseldorf 1959; J. Jacke, *Kirche zwischen Monarchie und Republik*, Hamburg 1976.

[11] K. Meier, *Der evangelische Kirchenkampf*, 3 Bde., Halle/Saale – Göttingen 1976–1984; K. Scholder, *Die Kirchen und das Dritte Reich*, Bd. 1: Frankfurt/Main 1977, Bd. 2: Berlin 1985.

[12] K. Nowak, *Evangelische Kirche und Weimarer Republik*, Göttingen 1981.

[13] J.-Ch. Kaiser, *Sozialer Protestantismus im 20. Jahrhundert*, München 1989.

[14] C. Vollnhals, *Evangelische Kirche und Entnazifizierung 1945–1949*, München 1989.

[15] M. Greschat, *Die evangelische Christenheit und die deutsche Geschichte nach 1945*, Bd. 1, Stuttgart 2002.

[16] Ausführlicher dazu M. Greschat, *Kirchliche Zeitgeschichte*, Leipzig 2005, bes. 39–81.

diesen Arbeiten werden die kirchlichen und theologischen Vorgänge – wenngleich in unterschiedlicher Intensität – im Kontext der allgemeinen politischen und kulturellen, ökonomischen sowie sozialen Prozesse gesehen und dargestellt. Um diesen wissenschaftlichen Zugriff zu fördern, haben Jochen-Christoph Kaiser und ich zusammen mit dem leider zu früh verstorbenen Kurt Nowak sowie zwei Allgemeinhistorikern, Wilfried Loth und Anselm Doering-Manteuffel, 1988 die Reihe „Konfession und Gesellschaft" ins Leben gerufen. Das Ziel war und ist – ich zitiere aus dem Programm – „die fortdauernde Durchdringung von Konfession und Gesellschaft, Kirche und Gemeinwesen, Theologie und allgemeiner Wissenschaftsentwicklung zu erfassen."

Anders als die offizielle katholische bzw. die evangelische Reihe nimmt „Konfession und Gesellschaft" nicht nur eine, die eigene Konfession in den Blick, sondern bemüht sich um eine interkonfessionelle Ausrichtung. Die Verwirklichung dieses Vorhabens ist schwierig, denn Kirchliche Zeitgeschichte wird in Deutschland – wenn überhaupt – im wesentlichen im Rahmen der konfessionell aufgegliederten Kirchengeschichte in den beiden Theologischen Fakultäten betrieben. Von den bislang über 30, durchweg frei finanzierten Bänden unserer Reihe behandeln immerhin knapp zehn die jeweils angesprochene Thematik konfessionsübergreifend. Dieser Ansatz erscheint wissenschaftlich gesehen als der angemessene. Die Konzentration auf nur eine Konfession besitzt zwar ein beträchtliches traditionelles Gewicht. Aber sie ist darüber hinaus sachlich nicht leicht zu rechtfertigen. Im Zeitalter der Ökumene dürfte der Blick über die konfessionellen Mauern ohnehin wichtig und hilfreich sein, um tradierten Vorurteilen und Verzerrungen in der Wahrnehmung der jeweils anderen Seite zu begegnen. Im Übrigen bestehen vielfältige Parallelen im Verhalten der Leitungen beider großer Kirchen. Dasselbe gilt für die Gläubigen. Aufschlussreiche Gemeinsamkeiten findet man in den Jahren zwischen beiden Weltkriegen, in der Zeit des Nationalsozialismus und vollends nach 1945, zumindest was die Bundesrepublik anbelangt. Vor diesem

Hintergrund treten die jeweiligen Unterschiede dann umso plastischer hervor. Ohne jetzt im Einzelnen den Erklärungswert der Modernisierungstheorie zu diskutieren, lässt sich sagen: Faktisch vollzogen sich im Verlauf des 20. Jahrhunderts in beiden Konfessionen weitreichende Veränderungen, sowohl innerhalb der Kirchen als auch in der Einstellung der Gesellschaft ihnen gegenüber. Dieser Prozess ist seit den sechziger Jahren des vorigen Jahrhunderts regelrecht mit Händen zu greifen. Unübersehbar vollzog und vollzieht sich eine Abkehr von traditionellen dogmatischen, aber auch ethischen Normierungen und gleichzeitig die Gewöhnung an einen selektiven individuellen Umgang mit den konfessionellen kirchlichen und sogar christlichen Angeboten. Daneben lassen sich, wiederum in beiden Kirchen, wenn auch vielleicht nicht ebenso offenkundig, Anzeichen der Verdichtung spezieller, zumeist religiös konservativer Milieus beobachten.

Am Fixpunkt „Konfession" unserer Reihe ist jüngst grundsätzliche Kritik geübt worden.[17] Man könne, lautet knapp zusammengefasst der Einwand, von Konfession nur im Kontext von Kirche reden, also im Rahmen der Ekklesiologie. Von daher seien folglich das Wesen und die Zielsetzung der Kirchengeschichte, mithin auch der Kirchlichen Zeitgeschichte zu bestimmen. Andernfalls rede man von Religion – wodurch sowohl der Sachverhalt als auch die eigene Position des Forschenden verschleiert würden. Ich halte diese Argumentation nicht für zwingend. Selbst wenn man einmal davon absieht, dass es auch innerhalb einer Konfession und sogar im Luthertum unterschiedliche theologische Aussagen über die Kirche gibt, bleibt doch das Problem, wie sich denn solche dogmatischen Sätze auf das Feld der Geschichtswissenschaft übersetzen lassen. Die Kirche als Artikel des Glaubens ist bekanntlich nicht identisch mit der Institution, mit der Organisation und dem Personal, mit der sozialen Wirklichkeit und Lehre, den Lebensformen und nicht zuletzt den gesellschaftlichen Wirkungen der Kirche. Diese Realitäten

---

17 Wolf-Dieter Hauschild, „Grundprobleme der Kirchlichen Zeitgeschichte", in: ders., *Konfliktgemeinschaft Kirche*, Göttingen 2004, 15–72, bes. 35–38.

lassen sich auf der theologischen Ebene allein unmöglich angemessen verstehen. Der Begriff der Konfession dagegen umfasst einerseits die ekklesiologischen Implikationen. Denn selbstverständlich ist „Konfession" theologisch nicht denkbar ohne „Kirche". Aber andererseits wird hiermit deren Ausgestaltung im gesellschaftspolitischen Kontext mit in den Blick genommen. Dabei werden durchaus auch jene einzelnen und Gruppen berücksichtigt, die sich selbst als konfessionslos deklarieren oder die weitgehend „säkularisiert" sind.

Konfessionen bilden, wie wir wissen, ein gewichtiges Element in verschiedenen Sozialmilieus. Zu deren Struktur gehören außerdem die politische, näherhin die regionale politische Tradition sowie sozioökonomische Gegebenheiten. Lepsius hat bekanntlich vier solcher Sozialmilieus unterschieden, wovon zwei – neben den hier nicht zu berücksichtigenden katholischen und sozialdemokratischen –, nämlich das konservativ-protestantische und das bürgerlich-liberal-protestantische für unsere Fragestellung relevant sind.[18] Das bedeutet selbstverständlich nicht, dass es sich bei den Angehörigen dieser Sozialmilieus mehrheitlich um gläubige Protestanten oder erklärte Anhänger der evangelischen bzw. lutherischen Lehre handelt. Der Konnex dieses religiös-theologischen Elements mit den genannten beiden anderen ist historisch und theoretisch kaum reflektiert. Sicherlich ist die zumeist begegnende Ausrichtung an der katholischen Subgesellschaft im Zweiten Kaiserreich als dem modellhaften Inbegriff eines Milieus fragwürdig. Denn einerseits lässt sich dieses idealtypisch entworfene Sozialmilieu historisch nur mit beträchtlichen Einschränkungen verifizieren.[19] Vor allem aber fehlen andererseits vergleichende Studien zu den protestantischen Milieus. Die Aussage schließlich, dass die-

---

18 M. Rainer Lepsius, „Parteiensystem und Sozialstruktur: Zum Problem der Demokratisierung der deutschen Gesellschaft" (1966). Wieder abgedruckt in: Gerhard A. Ritter (Hg.), *Die deutschen Parteien vor 1918*, Köln 1973, 56–80.
19 Vgl. dazu etwa Wilfried Loth, *Katholiken im Kaiserreich*, Düsseldorf 1984.

se sich spätestens nach dem Zweiten Weltkrieg aufgelöst hätten,[20] vermag ich nicht nachzuvollziehen. Bestehen denn nicht z.B. beträchtliche strukturelle Gemeinsamkeiten zwischen den bürgerlich-liberalen-protestantischen Honoratiorenkreisen um 1900 und dem 1951 entstandenen „Kronberger Kreis"?[21]

Implizieren solche Überlegungen über die Relevanz der Konfession im Kontext der Beschreibung von Sozialmilieus die Preisgabe einer konfessionell geprägten Theologie zugunsten eines allgemeinen Religionsbegriffs? Dieser Vorwurf vereinfacht, wie mir scheint, einen komplexen Sachverhalt. Ein dogmatisch-konfessionelles Verständnis der Kirchengeschichte und also auch der Kirchlichen Zeitgeschichte kann im wissenschaftlichen Gespräch doch immer nur die Formulierung des eigenen Standpunkts sein, der individuellen weltanschaulichen Voraussetzung. Aber diese Position muss gleichzeitig, wenn es denn um einen wissenschaftlichen Beitrag gehen soll, dem rationalen Diskurs ausgesetzt werden. Dazu gehört u. a. der Vergleich. Auf dieser Ebene kommen dann allerdings grundsätzlich gesamtchristliche Kriterien zur Anwendung bzw. allgemein religiöse Maßstäbe.

Wie hilfreich eine solche Erweiterung des Konzepts der Konfession über die ekklesiologische Grundlegung hinaus ist, mag ein Beispiel aus der Arbeit der Kirchlichen Zeitgeschichte erhellen. Die Bedeutung, die der christliche Glaube und insbesondere eine evangelische Frömmigkeit im Umfeld des militärischen und politischen Widerstands gegen Hitler spielten, ist hinreichend bekannt. Helmuth von Moltke hat sogar seinen Kampf und Tod als den prinzipiellen Widerspruch des Christentums gegen den Nationalsozialismus gedeutet.[22] Versucht man, diese Frömmigkeit mit dem Maß-

---

20 So Herbert Kühr, „Katholische und evangelische Milieus: Vermittlungsinstanzen und Wirkungsmuster", in: Dieter Oberndörfer u.a. (Hg.), *Wirtschaftlicher Wandel, religiöser Wandel und Wertwandel*, Berlin 1985, 245–261.
21 Vgl. Thomas Sauer, *Westorientierung im deutschen Protestantismus?*, München 1999.
22 Schreiben vom 10. Januar 1945 an seine Frau: Helmuth James von Moltke, *Briefe an Freya 1939–1945*, München 1988, bes. 597–612.

stab einer konfessionellen Theologie zu erfassen, stößt man jedoch schnell an Grenzen. Hier scheint mir, nebenbei erwähnt, ein erheblicher Forschungsbedarf vorzuliegen, ganz generell im Blick auf die Erscheinungsformen protestantischer Frömmigkeit im 20. Jahrhundert. In der Weiterführung von Überlegungen des amerikanischen Religionssoziologen Robert Wuthnow[23] rege ich an, die im Kontext protestantischer Sozialmilieus begegnende konfessionelle Prägung unter dem Gesichtspunkt der Spiritualität weiter zu differenzieren. Diese bewegt sich einerseits im Rahmen des Protestantismus, gewinnt hierin jedoch gleichzeitig, natürlich in Verbindung mit politischen Traditionen und sozioökonomischen Gegebenheiten, eine vielfältig eigene und durchgängig individuelle Ausgestaltung.

Zurück zur Reihe „Konfession und Gesellschaft"! Um eine hieraus gewachsene Größe handelt es sich beim „Arbeitskreis Protestantismusforschung". Er wurde zusammen mit jüngeren Wissenschaftlern – von denen die meisten in diesem Band publizistisch vertreten sind – von Jochen-Christoph Kaiser und mir am 5. April 2003 in der Thüringer Evangelischen Akademie in Neudietendorf gegründet. Zunehmend deutlich hatte sich gezeigt, dass wissenschaftliche Veröffentlichungen allein nicht für die Bearbeitung der Kirchlichen Zeitgeschichte genügen. Ebenso wichtig sind Kristallisationspunkte für alle diejenigen, die sich mit solchen Themen und Problemen befassen. Man muss miteinander diskutieren können, Informationen austauschen und insgesamt ein Forum haben, um nicht nur, aber doch in besonderem Maß als junge Forscherin oder Forscher die Tragfähigkeit des eigenen Konzepts zu überprüfen und gegenüber kritischen Rückfragen zu behaupten. Solche Workshops haben bei den Jahrestagungen des Arbeitskreises besonders viele Teilnehmer angezogen. Hier liegt offenkundig eine große Herausforderung und Chance auch für die zukünftige interkonfes-

---

23 R. Wuthnow, *All in Sync. How Music and Art are revitalizing American Religion*, Berkeley 2003, bes. 21–55. Vgl. auch M. Greschat, „Il faut que l'attentat ait lieu ...", in: Matthieu Arnold (Hg.), *Chrétiens et Eglises face au nazisme: Entre adhésion et résistance*, Strasbourg 2005, 191–203.

sionelle und vielleicht sogar internationale Arbeit der Kirchlichen Zeitgeschichte vor.

II.

Nun noch einige inhaltliche Aussagen zu den „Erträgen" jener Forschungen. Stärker als bisher muss ich mich in diesem Abschnitt mit Andeutungen begnügen. Ich beschränke mich auf drei Gesichtspunkte. Erstens: Die Arbeiten der Kirchlichen Zeitgeschichte haben erheblich dazu beigetragen, die Thematik der deutschen Schuld wach zu halten, zu reflektieren und zu vertiefen. Die genannten Darstellungen zur Geschichte des „Kirchenkampfes" belegen das. So unübersehbar ihre theoretischen und methodischen Mängel sind: Diese Bücher berichten nicht nur von Siegen und Erfolgen, sondern ebenso von Niederlagen und Fehlentscheidungen. Karl Herbert, einer der damals mutigsten Kämpen in Hessen, bekennt in diesem Zusammenhang, dass es „unendlich viel Versagen und faule Kompromisse" gab, „Schweigen, wo wir hätten reden müssen. Wo und wie wir Älteren damals auch gestanden haben, keiner von uns wird wohl mit Stolz und Zufriedenheit auf jene Jahre zurückblicken können. Ich muss im Gegenteil sagen, dass wir es nur mit Beschämung tun können."[24] Nur partiell richtig sind die späteren Aussagen von Niemöller und Heinemann, dass das deutsche Volk und in ihm die evangelischen Christen die Stuttgarter Schulderklärung vom Oktober 1945 zurückgewiesen hätten.[25] Fast möchte man sagen: Natürlich stand die Mehrheit nicht hinter diesem Wort. Wie denn auch! Aber es hat eindeutig weiter gewirkt. In der evangelischen Kirche dominierte in den fünfziger Jahren nur partiell, nämlich keineswegs im Umfeld der Kirchlichen Bruderschaften, das von Hermann Lübbe konstatierte „kommunikative Beschweigen der Vergangenheit".[26] Die Schuldfrage wirkte vielmehr als Mo-

---

24 K. Herbert, *Der Kirchenkampf*, Frankfurt/Main 1985, 286.
25 M. Greschat (Hg.), *Die Schuld der Kirche*, München 1982, 311.
26 H. Lübbe, „Der Nationalsozialismus im deutschen Nachkriegsbewusstsein", in: HZ 236. 1983, 579–599.

ment der Unruhe und Beunruhigung. Richtig ist, dass Theologen, Kirchenmänner und evangelische Christen beiderlei Geschlechts um Niemöller und Heinemann und dann in den Kirchlichen Bruderschaften der anderen Seite vorwarfen, der CDU/CSU und insbesondere früheren Weggenossen wie Hermann Ehlers oder Eugen Gerstenmaier, sie hätten – wie ihre Politik belege – die Thematik der Schuld verdrängt. Die zeitgenössischen Quellen sprechen eine andere Sprache. Zwei Beispiele nur: Auf dem Bundesparteitag der CDU in Stuttgart im April 1956 erklärte Gerstenmaier zum Thema „Zehn Jahre Politik für Deutschland": „Die unabsehbare Heimsuchung der Nation wurde damit für viele der Anstoß zu einer neuen religiösen Erfahrung. Inmitten gewaltiger Erschütterungen und großer Leiden gab es nicht nur Flüche, Angst und wilde Selbsterhaltung, sondern es gab auch eine Einkehr gleich der Hiobs: ‚Ich hatte von Dir mit den Ohren gehört; aber nun hat mein Auge Dich gesehen, darum spreche ich mich schuldig und tue Buße in Staub und Asche!'[27] Im gleichen Jahr 1956 schrieb der Bevollmächtigte der EKD in Bonn, Hermann Kunst, der der CDU nahe stand, an den westfälischen Präses Ernst Wilm, der für die SPD eintrat: „Du weißt, dass ich Dir darin ein unablässiger Gefährte bin, dass in unserem Volk die fürchterliche Schuld jener Jahre nicht vergessen und wir Christen selber daraus die Konsekutiva für unseren Dienst ziehen."[28] Die massive Politisierung des Themas mitsamt der oft sehr einseitigen Entgegensetzung des „Darmstädter Wortes" gegen die Stuttgarter Schulderklärung muss uns hier nicht weiter beschäftigen. Allerdings darf auch nicht verschwiegen werden, dass oft dieselben Persönlichkeiten, die hinter jener Erklärung standen, überaus einseitig gegen die Entnazifizierung Stellung bezogen und dann insbesondere gegen die Verurteilung deutscher Kriegsverbrecher ein enormes Engagement an den Tag legten.[29] Es wäre zu ein-

---

27 E. Gerstenmaier, *Reden und Aufsätze*, Stuttgart 1956, 206–238, Zitat 218.
28 Schreiben vom 4. 8. 1956: EZA Berlin, 87/993.
29 Vgl. dazu C. Vollnhals, „Im Schatten der Stuttgarter Schulderklärung", in: Manfred Gailus/Hartmut Lehmann (Hgg.), *Nationalprotestantische Mentalitä-*

fach, diese Realität nach der einen oder anderen Seite hin auflösen zu wollen. Das Wissen um die deutsche Schuld musste und muss wach gehalten werden, gegen unhistorische Ideologisierungen und leere moralische Ritualisierungen ebenso wie gegen die in der Kirche und in der Gesellschaft gleichermaßen präsente Neigung, hier einen Schlussstrich zu ziehen. Die Kirchliche Zeitgeschichte kann zu diesem Thema in besonderem Maß beitragen, weil sie mit anschaulichen Beiträgen vor Augen zu führen vermag, worum es bei diesem Problem konkret geht.

Analoges gilt für meinen zweiten Punkt, nämlich den Beitrag der protestantischen Kirchlichen Zeitgeschichte für die westliche Orientierung und Einbindung der Bundesrepublik. Zunächst bestanden gerade hier, also im Blick auf die Hinführung der Menschen in unserem Land und insbesondere evangelischer Christen an westliche, demokratische Werte und Normierungen die größten Schwierigkeiten. Diese Defizite traten bei der Auseinandersetzung von Politologen, dann von Vertretern der allgemeinen Geschichtswissenschaft über die Ursachen des Zusammenbruchs der Weimarer Republik und dem Aufstieg des Nationalsozialismus schneidend klar zutage. Das Versagen der evangelischen Kirche wurde dann seit dem Ende der fünfziger Jahre des vorigen Jahrhunderts langsam auch von protestantischen Forschern in verschiedenen Studien und Quelleneditionen analysiert: die betont rückwärts gewandte Haltung der Kirchenleitungen im Revolutionsjahr 1918/19, ebenso die entschieden nationalistisch und schroff antidemokratisch gesinnte Einstellung des Kirchenvolks. Die Kriterien, anhand derer diese Vorgänge dargestellt und beurteilt wurden, waren selbstverständlich diejenigen einer westlichen, an den allgemeinen Menschenrechten orientierten parlamentarischen Demokratie. Doch dieses Geschichtsbild setzte sich weder in der deutschen Gesellschaft noch in der evangelischen Kirche widerspruchslos durch. Eine beträchtliche Förde-

---

ten, Göttingen et al., 379–431. Ferner: Norbert Frei, *Vergangenheitspolitik*, München [2]2003, bes. 133–195; Thomas A. Schwartz, „Die Begnadigung deutscher Kriegsverbrecher", in: *VfZ* 38. 1990, 375–414.

rung erfuhr es aber durch vielfältige Begegnungen mit Vertretern der westlichen Ökumene. Die Kirchen ernteten jetzt, was Vertreter des theologischen und insbesondere politischen Widerstands gegen den Nationalsozialismus, die Anhänger der Theologie Karl Barths und insbesondere die Mitglieder des Kreisauer Kreises, in den Jahren davor in vielen westeuropäischen Ländern gesät hatten.[30]

Die Studien zur Kirchlichen Zeitgeschichte hinkten und hinken sicherlich hinter solchen Aktivitäten her. Nur langsam wird erkennbar, wie niederländische, skandinavische, aber auch französische und nicht zuletzt amerikanische Protestanten das Welt- und Geschichtsbild evangelischer Christen in Deutschland erweiterten, vorsichtig kritisierten, mit anderen Vorstellungen füllten. Der Weg der Annäherung, Verständigung und Versöhnung mit Deutschlands westlichen Nachbarn bildete insofern einen wichtigen Lernprozess auch hinsichtlich der Einübung in demokratisches Gedankengut.

Zurückhaltend blieben die Vertreter der evangelischen Kirche dagegen, wenn es um die westeuropäische Einigung ging. Der französisch-deutsche Bruderrat z. B. verlor dadurch seine Schwungkraft. Das Projekt eines vereinten Europas galt als Förderung der Spaltung des Kontinents, als Unterstützung Adenauers und der CDU/CSU sowie als wesenhaft katholisch. Eine gründliche Korrektur dieser Auffassung hat im deutschen Protestantismus bis heute kaum stattgefunden.

Anders verlief die Entwicklung im Osten. Hier waren es vor allem deutsche Protestanten, die in den fünfziger Jahren des vergangenen Jahrhunderts wesentliche Voraussetzungen schufen für die Gründung der „Konferenz Europäischer Kirchen" (KEK) mit der programmatischen Einbeziehung der Kirchen im Ostblock. In den Sechzigern bereiteten sie durch das „Tübinger Memorandum" sowie vor allem durch die „Ostdenkschrift" insbesondere in der Bun-

---

30 M. Greschat, „Widerstand und Versöhnung. Der Beitrag des europäischen Protestantismus zur Annäherung der Völker", in: A. Doering-Manteuffel/J. Mehlhausen (Hgg.), *Christliches Ethos und der Widerstand gegen den Nationalsozialismus in Europa*, Stuttgart 1995, 139–154.

desrepublik den Boden für eine neue Ostpolitik im Sinn der Verständigung und Versöhnung speziell gegenüber Polen. In diesem Prozess spielten aber auch vertriebene evangelische Christen eine wichtige Rolle. Hartmut Rudolphs große Studie, die 1984 endlich erscheinen konnte, belegt Schritt um Schritt den mühsamen politischen, geistigen und nicht zuletzt geistlichen Weg, der dabei zurückgelegt werden musste.[31] Bei einer Kundgebung des Hilfswerks der EKD im Sommer 1947 erklärte Gerstenmaier zu Recht: „Die Kirchen der Welt haben als erste und bis auf den heutigen Tag als nahezu einzige eine Brücke vorbehaltloser Begegnung und erneuerter Gemeinschaft zwischen uns [d.h. den Deutschen] und ‚den andern' geschlagen, eine Brücke, von der aus nicht nur das Werk der Versöhnung, sondern auch die Stimme der Wahrheit von neuem vernehmbar wurde. Sie haben als die ersten den Gegensatz Freund-Feind überwunden und damit dem Frieden eine Gasse gebahnt."[32] Das Gewicht und die Bedeutung dieses ökumenischen Engagements sind nicht nur im Blick auf die Kirche, sondern für die deutsche Gesellschaft insgesamt kaum zu überschätzen. Zu Recht beschäftigt sich die Kirchliche Zeitgeschichte aber auch mit dem Problem der innerdeutschen Eingliederung der Flüchtlinge und Vertriebenen. Die Forderung nach Gerechtigkeit wurde zunächst im Sinn einer Wiedergutmachung oder sogar der Wiederherstellung der früheren Besitzverhältnisse erhoben. Diese Einstellung löste sich keineswegs von selbst auf. So entstand z. B. 1965, als Reaktion auf die „Verzichtpolitik" der „Ostdenkschrift" die „Evangelische Notgemeinschaft in Deutschland". Uns stellt sich heute Gerechtigkeit dar als die Anerkennung des Leidens und Leids sowohl der Polen als auch der vertriebenen Deutschen. Wie mühsam und kompliziert eine solche Nachbarschaft allerdings noch immer ist, zeigt sich

---

31 H. Rudolph, *Evangelische Kirche und Vertriebene 1945 bis 1972*, 2 Bde., Göttingen 1984–1985.
32 E. Gerstenmaier, „Heimatlose – Flüchtlinge – Vertriebene. Ihr Schicksal als Forderung an die Kirche", in: ders., *Reden und Aufsätze*, Stuttgart 1956, 74–86, Zitat 79.

nicht nur in der Politik, sondern auch bei den Bemühungen um eine wissenschaftliche Aufarbeitung jener Vergangenheit. Sie wird nicht zuletzt dadurch erschwert, dass in weiten protestantischen Kreisen der Blick über die eigenen nationalen Grenzen hinaus ungewohnt ist und deshalb sehr schwer fällt. Ein Beispiel unter vielen liefert dafür der bescheidene Beitrag beider deutscher Kirchenleitungen bei der Entstehung und Ausgestaltung der „Konferenz für Sicherheit und Zusammenarbeit in Europa" (KSZE).[33]

Mein dritter und letzter Punkt betrifft die Bedeutung der Kirchlichen Zeitgeschichte für die Verteidigung und Vergegenwärtigung der christlichen Anthropologie in ihrer spezifisch protestantischen Gestalt. Hier ist ebenfalls Wachsamkeit und Geistesgegenwart in hohem Maß geboten. Bei diesem Thema greifen wichtige Studien allerdings vollends über den zeitlichen Rahmen der Zeitgeschichte hinaus in die früheren Epochen der Kirchengeschichte. Es würde zu weit führen, auch nur einen kleinen Ausschnitt aus der Fülle der hier in Frage kommenden Autoren und Titel zu nennen. Es müssten sämtliche bereits erwähnten Untersuchungen noch einmal aufgeführt werden. Denn sie ringen durchweg um jenes Menschenbild. Worum es dabei geht, führt Helmut Gollwitzer prägnant bereits im Titel seines Buches „Krummes Holz – aufrechter Gang" vor Augen. Dort heißt es zuletzt, als Versuch einer Antwort auf die Frage, was das Evangelium für den Menschen bedeutet: „Nichts ist gleichgültig. Ich bin nicht gleichgültig. Alles, was wir tun, hat unendliche Perspektiven – Folgen bis in die Ewigkeit; es hört nichts auf [...] Wir sind geliebter, als wir wissen. Wir werden an unvernünftig hohen Maßstäben gemessen [...] Wir sind nie allein. Dieses Leben ist ungeheuer wichtig. Die Welt ist herrlich – die Welt ist schrecklich [...] Fazit: ‚Freundlicher Anblick erfreut das Herz, eine gute Botschaft labt das Gebein' (Spr. 15, 30)."[34]

---

33 Vgl. dazu Katharina Kunter, *Die Kirchen im KSZE-Prozeß 1968–1978*, Stuttgart 2000.

34 H. Gollwitzer, *Krummes Holz – aufrechter Gang. Die Frage nach dem Sinn des Lebens*, München 1970, 382.

Die Kirchliche Zeitgeschichte trägt, wenn sie wissenschaftlich, d.h. ernsthaft und verantwortungsbewusst betrieben wird, keine Heldengesänge vor. Sie wird auch desillusionieren und entmythologisieren. Gerade bei diesem Geschäft hält sie sich allerdings von Exhibitionismus und Enthüllungsgier fern. Wer in seriöser Weise die Geschichte der Deutschen und des deutschen Protestantismus im 20. Jahrhundert studiert, begegnet wahrhaftig viel „krummem Holz". Der Aufweis des Versagens und der Brüchigkeit gehört zu den wichtigen Aufgaben der Kirchlichen Zeitgeschichte. Aber daneben oder bisweilen sogar in einem und demselben Menschen finden sich auch erstaunliche Bemühungen um den „aufrechten Gang". Die Menschen der vergangenen hundert Jahre lebten in einer für uns heute meist nur schwer nachvollziehbaren Weise in der Konfrontation mit dem Tod und letzten Dingen: im Ersten und Zweiten Weltkrieg, schon davor, in der Zeit der Weimarer Republik und vollends des Nationalsozialismus, aber durchaus auch nach 1945 und in den Anfangsjahren der DDR. Mit dieser Thematik hat sich die Kirchliche Zeitgeschichte seit längerem befasst. Die verstärkte Zuwendung zur Alltagsgeschichte, auch zur „Oral History", hat diese Bemühungen verstärkt und der Forschung neue Impulse vermittelt. Hier liegen inzwischen reiche Informationen darüber vor, wie Menschen extreme Situationen erlebten und bewältigten, gerade auch dadurch, dass sie mit einer anderen Wirklichkeit rechneten und diese bezeugten. Die große christliche Tradition der Leidensbereitschaft aus Glauben, des Ertragens des Schweren und Bösen, der Hingabe an Gott bis in den Tod hielten und trugen Menschen – keineswegs nur die großen Gestalten, sondern viele einfache Männer und insbesondere Frauen. Von ihnen muss mit besonderem Nachdruck berichtet werden, wenn man die Zeugnisse jener Jahre betrachtet. Der Wert und das Gewicht protestantischer Milieus tritt hier beeindruckend klar zutage, die Kraft der protestantischen Frömmigkeit, die sich auf die Bibel und das Gesangbuch gründete und im Ethos des Dienstes, der Hingabe an das Ganze mitsamt einer davon geprägten Sittlichkeit ihren sozialen Ausdruck fand. Diese Werte haben heute keinen guten Klang. Dieses gesamte Menschenbild scheint gegenwärtig zur Disposition gestellt. Es ist hier nicht der Ort, darüber zu rechten, ob und inwiefern diese christlich-protestantische Anthropologie für unsere Kirche und Gesellschaft wichtig und vielleicht sogar unverzichtbar sind. Die Aufgabe der Kirchlichen Zeitgeschichte besteht darin, an dieses Bild des Menschen und insofern des Humanen zu erinnern, wobei sowohl die Fragwürdigkeiten und die dunklen, bösen Seiten in Rechnung zu stellen sind als auch die Realität der Gnade und Vergebung. Die zahlreichen Arbeiten zur neueren und neuesten Kirchengeschichte berichten durchgängig davon: hautnah, oft sehr unspektakulär, vielfach anregend und nicht selten bewegend.

III.

Ich möchte vor diesem Hintergrund noch einmal kurz auf die eingangs geäußerte Bemerkung zurückkommen, dass zur Kirchlichen Zeitgeschichte auch die öffentliche Resonanz auf ihre Beiträge gehört. Hier wird man konstatieren müssen, dass das, was die Theologen, Historiker und nachdenkliche Zeitgenossen auf diesem Feld leisten, in der Öffentlichkeit, also „in Kirche und Gesellschaft" nur wenig Beachtung findet. Die Erinnerung an die Vergangenheit liegt offenbar, wenn sie nicht idealisiert und vergoldet wurde, den Menschen um uns herum recht fern. Sie reagieren darauf mit Gleichmut, sprich: Gleichgültigkeit. Die Folge davon ist nicht selten eine bodenlose Unkenntnis. Ich spreche nicht vom vielzitierten „Mann auf der Straße" oder der Frau in der Kirche, sondern von angeblichen Fachleuten, auch Zeithistorikern, die ebenso ungeniert wie selbstverständlich kirchliche, theologische oder religiöse Beweggründe, Prägungen und Zielsetzungen beiseite lassen. Dann kann es kaum noch verwundern, dass z.B. der Hamburger Wissenschaftssenator in aller Unschuld fragen konnte, wozu denn die evangelischen Theologen einen Lehrstuhl für das Alte Testament brauchten, wenn sie doch bereits das Neue Testament hätten! Und dass der Präsident der Justus-Liebig-Universität in Gießen sich regelmäßig versprach, indem er „ökonomisch" sagte, wenn er „ökumenisch" meinte ...!

Hierbei geht es nicht um Klagen über die Schmälerung des Einflusses der Theologen, der Kirchlichen Zeitgeschichte oder auch der Kirchen. Wir haben das Faktum vor Augen, dass dem deutschen Protestantismus heute in hohem Maß jene Bildungsschicht fehlt, die ihm jahrzehntelang – um mich vorsichtig auszudrücken – sein Profil gegeben hat. Dieses Defizit zeigt sich im Bücherkauf und in den Lesegewohnheiten. Dasselbe Bild bieten Akademieveranstaltungen mit wissenschaftlichen Themen oder Tagungen zum Gedenken an wichtige politische und kirchliche Ereignisse der jüngsten Vergangenheit. Dass Pfarrerinnen und Pfarrer hierbei in schöner Regelmäßigkeit durch Abwesenheit glänzen, ist ein Thema für sich.

Mit dem Wegbrechen und Abbröckeln der protestantischen Traditionen, das sich zum Verlust des christlichen Erbes in unserer Gesellschaft auswächst, verlieren beide, Kirche und Gesellschaft, Wesentliches. Der Spielraum für andere, alternative Möglichkeiten und Modelle wird enger. Phantasien und Visionen schrumpfen. Unsere Welt wird insgesamt ärmer, weil ihr durch die Abkapselung eines Teils des kollektiven Gedächtnisses Einsichten und Erkenntnisse entschwinden, potentiell mögliche Erfahrungen abgeschnitten werden.

Es mag sein, dass sich daran wenig ändern lässt. Irritierend erscheint allerdings, dass die Vertreter der evangelischen Kirche insgesamt gleichgültig über das hinwegzugehen scheinen, was doch zu den Grundlagen ihres Wirkens gehört. Sicherlich ist sehr ernsthaft in Rechnung zu stellen, dass die Zielsetzungen der Wissenschaft nicht dieselben sind und sein können wie diejenigen der Kirche. Aber es existieren doch Schnittmengen, deren Berücksichtigung hilfreich sein könnte. Erhebliche Finanzprobleme z. B. hat es mehrfach in der Geschichte der evangelischen Kirche im 20. Jahrhundert gegeben. Die gegenwärtige rechtliche Position der Kirche in unserer Gesellschaft ist keine Selbstverständlichkeit, sondern Ausdruck einer besonderen historischen Situation nach dem Zweiten Weltkrieg. Diese Voraussetzungen sind heute kaum noch bekannt, die damals getroffenen Entscheidungen folgerichtig weitgehend unverständlich. Von der Notwendigkeit der Bildung schließlich wird in kirchlichen Kreisen viel geredet. Aber wo wird im Sinn dieser Einsicht in den eigenen Reihen gehandelt?

Es mag sein, dass die Vertreter der Kirchlichen Zeitgeschichte ihre Einsichten überschätzen. Es könnte auch sein, dass letztere allzu akademisch, sprich: langweilig offeriert werden. Doch ebenso ist denkbar, dass die Vertreter der Kirche über alles ohnehin Bescheid zu wissen meinen und sich am allerwenigsten von akademischen Theologen und Kirchenhistorikern etwas sagen lassen wollen. In der Tat: Die Auseinandersetzung mit den Erträgen der Kirchlichen Zeitgeschichte hat auch etwas mit Anstrengungen zu tun. Ob dabei die Phantasie blühen kann, wie die notwendige Brücke von jenen Erkenntnissen zu diesen Verantwortlichen besser gebaut und vor allem begangen werden könnte, steht dahin. Hilfreich wäre das Suchen eines solchen Suchens sicherlich für beide Seiten.

Die Autorinnen und Autoren

Friedrich, Norbert, Dr. phil., geb. 1962, Historiker und Theologe, Leiter der Fliedner-Kulturstiftung, Düsseldorf-Kaiserswerth

Greschat, Martin, Prof. Dr. theol., geb. 1934, Kirchenhistoriker (em.), Justus-Liebig-Universität Gießen, Münster

Kiec, Olgierd, Prof. Dr. phil., geb. 1965, Historiker, Universität Zielona Góra/Polen

Kaiser, Jochen-Christoph, Prof. Dr. phil., geb. 1948, Kirchenhistoriker, Philipps-Universität Marburg

Kaufmann, Thomas, Prof. Dr. theol., geb. 1962, Kirchenhistoriker, Georg-August-Universität Göttingen

Kuhn, Thomas K., Prof. Dr. theol., geb. 1963, Kirchenhistoriker, Universität Basel und Ev. Fachhochschule Rheinland-Westfalen-Lippe, Bochum

Kunter, Katharina, geb. 1968, Priv.-Doz. Dr. phil., Historikerin, Universität Karlsruhe (TU)

Kunze, Rolf-Ulrich, Priv.-Doz. Dr. phil., geb. 1968, Historiker, AOR, Universität Karlsruhe (TU)

Lehmann, Hartmut, Prof. Dr. phil., geb. 1936, Historiker, Direktor em. des Göttinger Max-Planck-Instituts für Geschichte, Kiel

Löffler, Roland, Dr. theol., geb. 1970, Kirchenhistoriker, Leiter der Abt. ‚Trialog der Kulturen' der Herbert-Quandt-Stiftung, Bad Homburg v.d.H.

Ueberschär, Ellen, Dr. theol., geb. 1967, Theologin, Generalsekretärin des Deutschen Evangelischen Kirchentags, Fulda

Personenregister

Adenauer, Konrad, 31, 265, 275
Ahner, Max, 109
Algermissen, Konrad, 66
Altherr, Alfred, 102
Arendt, Hannah, 76
Aron, Raymond, 74, 75

Bahro, Rudolf, 160
Balabán, Milan, 150
Barth, Karl, 8, 71, 194, 275
Barth, Willi, 125, 128, 139
Baur, Ferdinand Christian, 92, 93, 95, 103
Bebel, August, 63
Bell, George, 229, 231
Ben Gurion, David, 227
Bender, Harold, 34
Bergman, Samuel Hugo, 252
Besier, Gerhard, 69, 142, 264
Beyer, Hermann Wolfgang, 110
Biedermann, Alois Emanuel, 92, 93, 95–97, 99–101
Bizer, Ernst, 29, 32
Blanke, Richard, 170

Bols, Louis Jean, 213
Bonhoeffer, Dietrich, 80, 149
Bornkamm, Heinrich, 31–34
Boyens, Armin, 142, 218
Bräuer, Siegfried, 26, 106–109, 114, 119
Brakelmann, Günter, 15, 266
Brecht, Martin, 24, 35
Bremer, Thomas, 145
Brodský, Petr, 150
Brown, George Francis Graham, 248, 250–258, 261
Brüning, Heinrich, 67
Brunner, Emil, 149
Buber, Martin, 252, 253
Bucer, Martin, 20, 32
Bultmann, Rudolf, 149
Burleigh, Michael, 62
Bursche, Julius, 175–177, 180, 185
Bush, George W., 56

Čapek, Petr, 150
Cecil, Sir Robert, 229
Churchill, John, 199
Churchill, Winston S., 199

Conway, John S., 14
Cranach, Lucas d.Ä., 22–24

Dähn, Horst, 123, 127
Dalfert, Ingolf, 85
Damberg, Wilhelm, 14
Davidson, Randell, 229–231
Dibelius, Otto, 67, 132
Dierker, Wolfgang, 76, 77
Dinter, Artur, 65, 68
Dmowski, Roman, 171
Dobia, 160
Doering-Manteuffel, Anselm, 14, 15, 218, 267
Don, Alan, 250
Dus, Jan, 141, 145, 150, 156, 157, 159
Dus, Jaromir, 150

Ebeling, Gerhard, 8
Ehlers, Hermann, 273
Eisner, Kurt, 245
Elliger, Ilse, 114
Elliger, Karl, 107
Elliger, Walter, 105–114, 116–120
Emery, Susanna P., 246
Eyal, Gil, 159

Fiennes, Joseph, 21
Finsler, Diethelm Georg, 87, 90, 91, 93, 98
Fojtú, Pavel, 150

Francke, August Hermann, 55
Friedrich, Norbert, 105
Fritzsche, Hans-Georg, 116

Gäbler, Ulrich, 43–45, 88
Gebhardt, Rudolf, 88, 94, 96
Gelzer, Johann Heinrich, 104
George, David Lloyd, 222
Gerstenmaier, Eugen, 193, 273, 276
Goebbels, Joseph, 77
Goerdeler, Carl, 195
Graf, Friedrich Wilhelm, 190, 191
Greeven, Heinrich, 117
Greschat, Martin, 8, 11, 13–15, 18, 20, 32, 58, 177, 179, 192, 218, 263, 266, 271, 272, 275
Guardini, Romano, 73

Haendler, Gert, 105, 112
Hafa, Herwig, 133
Hagenbach, Karl Rudolf, 100, 101
Hájek, Jiří, 145, 151
Harnack, Adolf von, 89
Hartmann, Eduard von, 93
Hauer, Jakob Wilhelm, 65
Heckel, Theodor, 193, 194
Heiler, Friedrich, 73
Hejdánek, Ladislav, 159, 162, 163

Heller, Hermann, 76
Herbert, Karl, 265, 272
Herrmann, Siegfried, 119
Herzl, Theodor, 235, 236
Hildebrand, Klaus, 62
Himmler, Heinrich, 65, 77
Hitler, Adolf, 26, 68, 76, 77, 111, 270
Hitze, Franz, 15
Hockerts, Hans-Günter, 76
Hörler, Franz, 101
Hogebrink, Laurens, 155
Holl, Karl, 29, 34
Holzem, Andreas, 14
Hornig, Gottfried, 117
Horowitz, Joseph, 252
Hromádka, Josef L. , 149, 158, 160–162
Huntington, Samuel, 167
Husák, Gustav, 146, 148, 149
Hussein von Mekka, 219–221

Inglehart, Ronald, 56

Jacke, Jochen, 266
Jacob, Günter, 80
Jatho, Karl Wilhelm, 89
Jelinek, Wiera, 184
Johannes Paul II., 155, 182

Künneth, Walter, 66
Kaiser, Jochen-Christoph, 14, 15, 18, 19, 38, 59, 266, 267, 271, 283
Kalus, Vladimír, 150
Kapler, Hermann, 259
Karásek, Svatopluk, 145, 150, 153
Kark, Ruth, 213
Karwehl, Richard, 71
Kaufmann, Thomas, 11, 17, 283
Kiec, Olgierd, 167, 283
Kissinger, Henry, 146
Klein, Michael, 265
Knote, Ferdinand, 89
Kocáb, Alfréd, 143, 145, 147, 150, 154, 164
Kocáb, Darja, 147
Koch, Diether, 265
Kock, Manfred, 15
Köhler, Walther, 32
Kohlbrugge, Hanna, 199
Kohlbrugge, Hebe, 192, 198–202
Kohlbrugge, Hermann Friedrich, 198
Kohn, Hans, 252
Komárkova, Božena, 153, 161–163
Krämer, Gudrun, 221
Krasowski, Krzysztof, 176
Krebs, Bernd, 175
Kühn, Heinz, 118
Kuhlemann, Frank-Michael, 14

Kuhn, Thomas K., 85, 283
Kunter, Katharina, 141, 160, 283
Kunze, Rolf-Ulrich, 189, 283

Lübbe, Hermann, 272
Lademacher, Horst, 189, 190, 202
Lang, Cosmo Gordon, 250, 254–257, 261
Lang, Heinrich, 95–97, 103, 104
Lehmann, Hartmut, 11, 43, 283
Lindemann, Gerhard, 142
Lindt, Andreas, 43, 44
Linthout, Dik, 191, 192, 202, 203
Lochmann, 160
Löffler, Roland, 213, 283
Lohmeyer, Ernst, 110
Lojek, Milos, 150
Loth, Wilfried, 14, 15, 267
Ludendorff, Erich, 65
Luther, Martin, 17, 19, 21–31, 33–37, 111, 112, 164, 194
Lutz, Annabelle, 158

MacInnes, Rennie, 229, 251, 261
MacMahon, Sir Henry, 219–221
Maier, Hans, 62, 75

Masaryk, Tomáš Garrigue, 148, 158, 160, 162, 164
May, Lizzy Sara, 201
Mehlhausen, Joachim, 11
Mehnert, Gottfried, 266
Mehring, Franz, 128
Meier, Kurt, 110, 266
Melanchthon, Philipp, 32, 33, 113
Moeller, Bernd, 28, 33, 35
Molnar, Amadeo, 160
Mommsen, Hans, 76, 195
Morée, Peter, 145
Most, Johann, 64
Müller, Hanfried, 112
Müller-Streisand, Barbara, 112
Müntzer, Thomas, 105, 106, 109, 112–114
Musil, Robert, 70

Newton, Francis, 247, 248
Niebuhr, Reinhold, 149
Niemöller, Martin, 190, 272, 273
Nolte, Ernst, 10
Norris, Pippa, 56
Nowak, Kurt, 14, 18, 19, 218, 266, 267
Nuschke, Otto, 123

Ott, Katrin, 15
Otto, Rudolf, 73, 75

Palach, Jan, 163
Patočka, Jan, 160, 161
Pauwels, Ferdinand, 26
Peterson, Erik, 76
Pfeiffer, Carl Wilhelm Theodor, 94
Philipp II., 206
Picot, François-George, 219–222
Piłsudski, Józef, 171, 173
Pötsch, Paul, 26
Potter, Philipp, 156

Rádl, Emmanuel, 162
Raiser, Konrad, 142, 143
Ratschow, Carl Heinz, 117
Rejchert, Miloš, 150
Renan, Ernest, 206
Reventlow, Ernst Graf zu, 65
Rhein, Ernst, 260
Riggenbach, Christoph Johannes, 95, 101
Riggenbach, Johann Jakob, 102
Rissmann, Michael, 76
Ritter, Gerhard, 33, 34
Rodr, Miroslaw, 150
Rogge, Joachim, 105
Rómmel, Juliusz, 185
Roon, Ger van, 192, 195–198
Rosenberg, Alfred, 65, 67–69
Rost, Leonhard, 114

Rothschild, Lord Walter, 221, 238
Rudolph, Hartmut, 276
Rumpf, Johann Wilhelm, 100
Ruppin, Arthur, 252

Samuel, Herbert, 213
Sarx, Tobias, 16
Sasse, Hermann, 68
Satke, A.M., 150
Schieder, Theodor, 207
Schmale, Annika-Christine, 16
Schneemelcher, Wilhelm, 116, 117
Schneller, Ludwig, 242, 244, 248
Schölch, Alexander, 221
Scholder, Klaus, 18, 266
Schreiber, Johannes, 118
Schreiner, Klaus, 69
Schrempf, Christoph, 89
Schulthess, Johannes, 90
Schulze Wessel, Martin, 170, 173
Schutte, Gerrit J., 198
Schwarz, Ulrich, 26
Schweizer, Alexander, 103
Schweizer, Carl Gunther, 66
Seeberg, Reinhold, 66
Semler, Johann Salomo, 76
Severing, Carl, 67
Shalom, B(e)rit(h), 252, 253

Sheffer, Gabriel, 221
Sholem, Gershom, 252
Šimsa, Jan, 150, 161, 164
Skilling, Gordon, 158
Sláma, Vlastimil, 150
Småberg, Maria, 228, 257, 258
Söhngen, Oskar, 119
Souček, 160
Spener, Philipp Jakob, 55
Staehle, Wilhelm, 195
Strauss, David Friedrich, 92, 93, 99
Stupperich, Robert, 31, 32
Sykes, Sir Mark, 219–222

Thielecke, Helmut, 80
Thorbecke, Johan Rudolf, 206
Thyssen, Fritz, 15
Till, Eric, 25
Tillich, Paul, 149
Tilly, Charles, 205, 206
Troeltsch, Ernst, 29, 34, 57
Trojan, Jakub, 143–145, 149, 150, 163
Trotzki, Leo, 245

Ueberschär, Ellen, 121, 283

Vatke, Wilhelm, 92
Veber, Jiří, 150
Vereté, Mayir, 221
Vischer, Friedrich Theodor, 92

Visser't Hooft, Willem Adolf, 192–194
Voeglin, Eric, 74, 75
Vogel, Johanna, 265
Voigt, Frederick A., 74, 75
Vollnhals, Clemens, 266, 273

Wallmann, Johannes, 21, 43, 45, 106, 107
Wandel, Jürgen, 15
Wandel, Paul, 123–126
Wantuł, Andrzej, 177
Wasserstein, Bernard, 221
Wauchope, Sir Arthur, 250, 255
Weber, Max, 8, 29, 34, 57
Weingärtner, Erich, 156, 157
Weizmann, Chaim, 223, 251, 255, 257
Werner, Anton von, 26
Wielenga, Friso, 189
Wilhelm I. von Oranien-Nassau, 205, 207
Wilson, Harold, 146
Wolfensberger, Johann Rudolf, 97
Wright, Jonathan, 258
Wuthnow, Robert, 271

Zeller, Eduard, 92, 93
Zinzendorf, Nikolaus Ludwig Graf von, 55
Zlatohlavek, Jan, 150